湖南省自然科学杰出青年基金项目（2017JJ1016）

智力资本跨国流动的技术进步效应：影响机理与中国经验

仇 怡 吴建军 著

中国财经出版传媒集团
中国财政经济出版社

图书在版编目（CIP）数据

智力资本跨国流动的技术进步效应：影响机理与中国经验／仇怡，吴建军著． －－北京：中国财政经济出版社，2020.11

ISBN 978-7-5223-0026-9

Ⅰ. ①智…　Ⅱ. ①仇…　②吴…　Ⅲ. ①智力资本－资本流动－研究－中国　Ⅳ. ①F014.391

中国版本图书馆 CIP 数据核字（2020）第 170374 号

责任编辑：田明晖　　　　　　　责任校对：徐艳丽
封面设计：陈宇琰　　　　　　　责任印制：刘春年

中国财政经济出版社 出版

URL：http://www.cfeph.cn
E-mail：cfeph@cfeph.cn

（版权所有　翻印必究）

社址：北京市海淀区阜成路甲 28 号　邮政编码：100142
营销中心电话：010-88191522　编辑部门电话：010-88190670
天猫网店：中国财政经济出版社旗舰店
网址：https://zgczjjcbs.tmall.com
北京财经印刷厂印刷　各地新华书店经销
成品尺寸：170mm×240mm　16 开　12.75 印张　230 000 字
2020 年 11 月第 1 版　2020 年 11 月北京第 1 次印刷
定价：55.00 元
ISBN 978-7-5223-0026-9
（图书出现印装问题，本社负责调换，电话：010-88190548）
本社质量投诉电话：010-88190744
打击盗版举报热线：010-88191661　　QQ：2242791300

作者简介

仇怡，女，经济学博士、博士后，二级教授，博士生导师，是教育部新世纪优秀人才支持计划人选、湖南省优秀青年社会科学专家、湖南省优秀教师、湖南省自科杰出青年基金获得者、湖南省高校学科带头人、湖南省优秀研究生导师、湖南省高校青年骨干教师、湖南省一流本科专业建设点负责人、湖南省青年社会科学研究人才"百人工程"学者。主要研究方向为开放经济、技术进步与区域创新。主持国家自科基金面上项目、国家自科基金青年项目、国家社科基金重大招标项目子项目、教育部人文社科青年项目、湖南省自科杰出青年基金项目等各级课题近20项。公开发表学术论文近50篇，出版专著3部（其中合著1部）。获湖南省高等教育教学成果一等奖、教育部高等学校科学研究优秀成果（人文社会科学）二等奖、湖南省哲学社会科学优秀成果三等奖等各类奖励20余项。兼任中国区域科学协会常务理事、中国工业经济学会常务理事、湖南省市场学会副会长、湖南省经济学学会理事等。

吴建军，男，经济学博士，教授，博士生导师，国家公派英国里丁大学访问学者，主要从事开放经济与技术进步问题研究。主持国家社科基金项目、教育部人文社科规划基金项目、教育部人文社科青年基金项目、湖南省社科基金项目、湖南省自科基金项目、湖南省软科学项目、湖南省哲学社会科学成果评审委员会课题等各级课题等各级课题10余项。公开发表学术论文20余篇，出版专著1部。获湖南省哲学社会科学优秀成果三等奖、湖南省自然科学优秀学术论文二等奖、湘潭市哲学社会科学优秀成果二等奖等各类奖励近10项。

前　言

近年来世界经济增长震荡前行，各国竞推经济改革，调整产业结构，重塑比较优势。与此同时，全球资源正频繁地在世界范围内流动，这不仅包括货物、资本、技术、信息等资源，更包括了智力资本这一各国竞相争夺的稀缺资源。在经济全球化进程继续推进和科学技术日新月异的21世纪，智力资本的跨国流动已成为当前世界经济社会发展过程中的一个重要特征。全球智力资本跨国流动不仅在规模上呈逐年递增之势，而且还呈现出外流、回流、环流等多种流动形式。世界各国的发展经验表明，作为技术进步的关键生产要素，智力资本的跨国流动对流出（入）地的技术创新产生了深远影响。中国作为世界上最大的发展中国家，经过改革开放40年的持续发展，中国在经济、科技、社会等各方面都取得了长足的进步，其中本国与外国智力资本为中国的技术进步与经济增长提供了重要的智力支持和人才支撑。

从全球智力资本国际流动的发展趋势来看，随着世界经济一体化、全球化进程的推进，智力资本跨国流动规模呈递增趋势，高素质人才已成为国际智力流动主体，且国际间的智力流动主要由欠发达国家流向发达国家。随着共建"一带一路"倡议的提出，"一带一路"沿线各国的智力资本流动日益频繁。从中国智力资本跨国流动的现状来看，(1) 中国移入移民量、移出移民量与"移民赤字"均呈上升趋势，中国已成为世界第四大移民输出国（主要包括投资移民和技术移民），美国是中国海外移民的首选目的国，也是中国海外移民存量最多的国家。(2) 外国来华留学生规模迅速扩大，1978年到2017年底，海外来华留学生从432人增加到489172人；境外来华专家规模不断扩大，由2011年52.9万人次增加到2015年60余万人次，年均增长5%以上。(3) 党的十八大以来，中国已有累计近

300万留学人员学成归国，占改革开放以来回国总人数的三分之二，形成了我国历史上最大规模的留学人员归国潮。

无论是中国还是世界其他国家，智力资本的国际流动按照流动方向，大致可分为智力外流、智力流入和智力环流三种形式，其中智力流入包含了外国智力流入与本国智力回流。当前我国的智力资本流动已呈现出多种形式并存的新局面，我国正日益从"智力外流"国逐渐转变为世界最主要的"智力回流、环流"接纳国。因此，本书基于"创新发展"与"开放发展"两大发展理念，结合中国正在实施的"创新驱动"与"人才强国"两大国家战略，揭示全球与中国智力资本跨国流动的基本内涵及发展规律，研究智力资本跨国流动与一国技术进步的内在关系与作用机理，测算中国智力资本跨国流动的技术进步效应及其对城市创新的影响等问题，对于中国深入实施人才强国战略和创新驱动发展战略，实现经济高质量发展，具有重要的理论与现实意义。

本书首先概述了智力资本、智力资本跨国流动以及技术进步效应等相关概念。其次，分别从国际人力资本流动及迁移理论、智力资本流入相关理论、智力资本流出相关理论三个方面阐述了智力资本国际流动的理论基础；接着从智力外流、智力流入、智力环流的视角，分析了智力资本跨国流动的方向与趋势，并分别探讨了影响智力资本国际流动的主要因素；在此基础上构建智力资本跨国流动的技术进步效应理论分析框架。再次，从流动规模、流动方向、流动动因等方面考察全球智力资本跨国流动的发展趋势；从本国智力外流、海外智力流入、本国智力回流等方面分析中国智力资本的国际流动现状。最后，从以下三个维度分别探讨智力资本跨国流动的技术进步效应：（1）运用中国移出移民数据，检验智力资本外流对母国技术创新的影响效应；（2）运用中国留学生相关数据，测算用海归表征的智力资本回流对母国技术进步的影响效应；（3）运用中国地级及以上城市的来华留学生数据，考察海外智力流入对我国城市创新能力的影响及其传导机制，并根据学生类别、区域分布、城市规模和来华时间进行异质性分析。在上述理论分析与实证经验的基础上，本书提出了有效发挥智力资本跨国流动技术进步正效应的对策建议，并对未来研究的方向进行了展望。

本书从最初提出研究设想到梳理文献资料、从采集挖掘数据到实证检验分析，历时数十载，整个研究过程虽深感不易，但让我们更深地体会到了"不忘初心、潜心钻研"的治学之道。本书在理论分析上还有很多方面有待进一步完善，在实证研究中也还有许多地方需要进一步扩充，未来我们将继续深入思考与探索！

作者
2020 年 8 月

目 录

第1章 绪 论 ……………………………………………………（ 1 ）
 1.1 研究背景与意义 ……………………………………………（ 1 ）
  1.1.1 研究背景 ……………………………………………（ 1 ）
  1.1.2 研究意义 ……………………………………………（ 3 ）
  1.1.3 概念说明 ……………………………………………（ 4 ）
 1.2 研究思路与内容 ……………………………………………（ 8 ）
  1.2.1 研究思路 ……………………………………………（ 8 ）
  1.2.2 研究内容 ……………………………………………（ 8 ）
  1.2.3 创新之处 ……………………………………………（ 10 ）

第2章 智力资本跨国流动技术进步效应的研究进展与理论基础 …（ 12 ）
 2.1 国际人力资本流动及迁移理论 ……………………………（ 13 ）
 2.2 智力资本跨国流动的方向与趋势 …………………………（ 16 ）
  2.2.1 智力外流：不利还是有益 …………………………（ 16 ）
  2.2.2 智力流入：外来与回流 ……………………………（ 18 ）
  2.2.3 智力环流："人才共享"新模式 ……………………（ 20 ）
 2.3 影响智力资本国际流动的主要因素 ………………………（ 22 ）
  2.3.1 智力外流动因研究 …………………………………（ 22 ）
  2.3.2 智力回流动因研究 …………………………………（ 24 ）
  2.3.3 智力环流动因研究 …………………………………（ 27 ）
 2.4 智力资本跨国流动的技术进步效应分析 …………………（ 28 ）
  2.4.1 本国智力资本外流的技术进步效应 ………………（ 29 ）
  2.4.2 海外智力资本流入的技术进步效应 ………………（ 32 ）

1

  2.4.3 本国智力资本回流的技术进步效应 …………………（33）
  2.4.4 国际智力资本环流的技术进步效应 …………………（37）
 2.5 本章小结 ………………………………………………………（38）

第3章 全球智力资本国际流动的发展动态与中国现状 …………（40）
 3.1 全球智力资本跨国流动的发展趋势 …………………………（40）
  3.1.1 全球智力资本流动规模 ………………………………（42）
  3.1.2 全球智力资本流动方向 ………………………………（43）
  3.1.3 全球智力资本流动动因 ………………………………（45）
 3.2 中国的智力资本国际流动现状 ………………………………（47）
  3.2.1 本国智力外流 …………………………………………（47）
  3.2.2 海外智力流入 …………………………………………（52）
  3.2.3 本国智力回流 …………………………………………（57）

第4章 智力资本外流对母国技术创新的影响：基于中国移出移民的实证分析 ……………………………………………………（65）
 4.1 我国移出移民地区分布与动因 ………………………………（66）
  4.1.1 我国移出移民流向分布 ………………………………（66）
  4.1.2 我国海外移民分布聚类分析 …………………………（68）
 4.2 智力资本外流影响母国技术创新的理论模型 ………………（71）
  4.2.1 模型设定 ………………………………………………（71）
  4.2.2 变量说明与数据来源 …………………………………（72）
 4.3 中国移出移民影响本国技术创新的实证分析 ………………（73）
  4.3.1 中国移出移民与技术创新发展现状 …………………（73）
  4.3.2 计量分析结果 …………………………………………（76）

第5章 中国智力资本回流的技术进步效应：基于留学生回流的经验分析 ……………………………………………………………（80）
 5.1 中国留学生回流动因分析 ……………………………………（80）
  5.1.1 中国海外智力回流动因的代表性研究 ………………（81）
  5.1.2 影响中国海外智力回流的主要因素 …………………（84）

5.1.3　中国留学生回流动因的实证研究 …………………（89）
5.2　中国留学生回流的技术外溢效应：基于省际面板数据的
　　实证研究 ……………………………………………………（97）
　　5.2.1　中国留学生回流特征 …………………………………（97）
　　5.2.2　模型设定、变量说明与数据来源 ……………………（98）
　　5.2.3　实证检验 ……………………………………………（101）
5.3　中国留学生回流的技术溢出效应：基于空间计量模型的
　　经验分析 ……………………………………………………（106）
　　5.3.1　中国留学生回流的技术进步空间扩散效应测度 …（106）
　　5.3.2　基于空间杜宾模型的经验研究 ……………………（113）
5.4　智力资本回流对创新效率的影响研究：以中国高新
　　技术产业开发区为例 ………………………………………（123）
　　5.4.1　国家高新区与留学归国人员 ………………………（123）
　　5.4.2　影响机理与研究假设 ………………………………（125）
　　5.4.3　模型构建与指标选取 ………………………………（127）
　　5.4.4　实证结果分析 ………………………………………（130）

第6章　海外智力流入对中国城市创新能力的影响：基于来华留学生的研究 ……………………………………………（136）

6.1　来华留学生对城市创新能力的影响及其传导机制 ………（137）
　　6.1.1　海外智力流入对城市技术创新的影响 ……………（137）
　　6.1.2　海外智力流入影响城市技术创新的传导机制 ……（138）
6.2　来华留学生发展动态与特征 ………………………………（139）
　　6.2.1　来华留学生的总体规模 ……………………………（139）
　　6.2.2　来华留学生生源国分布 ……………………………（140）
　　6.2.3　来华留学生结构分布 ………………………………（142）
6.3　海外智力流入影响城市创新能力的计量模型 ……………（149）
　　6.3.1　模型设定 ………………………………………………（149）
　　6.3.2　变量说明 ………………………………………………（149）
　　6.3.3　数据来源 ………………………………………………（150）
6.4　来华留学生影响中国城市创新能力的实证分析 …………（151）

  6.4.1　基准回归结果分析 …………………………………（151）
  6.4.2　异质性回归结果分析 ………………………………（153）
  6.4.3　中介效应检验 ………………………………………（157）

第7章　结论与展望 ……………………………………………（159）
 7.1　主要研究结论 ……………………………………………（159）
 7.2　政策建议 …………………………………………………（161）
  7.2.1　推动有益智力外流，减少本国智力流失 …………（161）
  7.2.2　加大海外招才引智，促进本国智力回流 …………（163）
  7.2.3　推进国际智力环流，构建人才共享模式 …………（164）
 7.3　未来展望 …………………………………………………（166）

参考文献 ………………………………………………………………（168）

后　记 …………………………………………………………………（187）

表目录

表 2.1　海外智力回流技术外溢效应的代表性文献 …………（33）
表 3.1　非学历外国来华留学生统计（2003—2017 年）………（54）
表 3.2　中国留学生回流规模及年增长率（2000—2017 年）……（60）
表 3.3　各类出国留学人员情况（2000—2017 年）……………（61）
表 3.4　各类留学回国人员情况（2000—2017 年）……………（62）
表 3.5　中国留学生在主要国家或地区的分布情况（2000—2017 年）…（63）
表 4.1　聚类结果与中国移出移民目的国分布 …………………（71）
表 4.2　相关变量的描述性统计 …………………………………（76）
表 4.3　时间序列平稳性检验 ……………………………………（76）
表 4.4　Granger 因果关系检验结果 ……………………………（78）
表 5.1　中国海外智力回流动因的代表性研究 …………………（81）
表 5.2　各变量 ADF 单位根检验结果 ……………………………（92）
表 5.3　Johansen 协整检验结果 …………………………………（93）
表 5.4　标准化协整系数（一个协整向量）……………………（93）
表 5.5　Granger 因果关系检验 …………………………………（95）
表 5.6　各区域面板数据比较分析（2000—2017 年）…………（104）
表 5.7　各地区全要素生产率 Moran 指数 I ……………………（110）
表 5.8　中国留学生回流的技术扩散效应测度回归结果 ………（111）
表 5.9　空间依赖性检验 …………………………………………（112）
表 5.10　各地区全局 Moran 指数 I ………………………………（118）
表 5.11　空间杜宾模型的估计结果 ……………………………（120）
表 5.12　直接效应、间接效应和总效应估计 …………………（122）
表 5.13　国家高新区创新效率评价指标体系 …………………（129）

表 5.14　各变量相关系数、均值和标准差……………………………（130）
表 5.15　随机前沿生产函数假设检验结果………………………………（131）
表 5.16　智力资本回流影响创新效率估计结果…………………………（131）
表 6.1　来华留学生人数前 10 位的来源国（2003 年、2008 年、
　　　　2013 年和 2018 年）………………………………………………（141）
表 6.2　来华留学生的地区分布情况（2003 年、2008 年、2013 年
　　　　和 2018 年）…………………………………………………………（146）
表 6.3　变量说明及描述性统计……………………………………………（151）
表 6.4　基准回归结果分析…………………………………………………（152）
表 6.5　分地区的样本回归分析……………………………………………（153）
表 6.6　分城市规模的样本回归分析………………………………………（155）
表 6.7　分时间段的样本回归分析…………………………………………（156）
表 6.8　中介效应检验………………………………………………………（157）

图目录

图1.1　智力资本跨国流动方向 …………………………………（ 5 ）
图1.2　海外留学人员环流模式 …………………………………（ 7 ）
图3.1　国际留学生总数变化趋势（2003—2017年）……………（ 42 ）
图3.2　不同收入国家的入境留学生人数变化情况（2003—2017年）
　　　　………………………………………………………………（ 43 ）
图3.3　不同收入国家的出国留学生人数变化情况（2003—2017年）
　　　　………………………………………………………………（ 44 ）
图3.4　国际留学生流入五大洲的占比情况（2003—2017年）……（ 45 ）
图3.5　五大洲学生流出情况（2003—2017年）…………………（ 46 ）
图3.6　中国移民数量变化情况（1990—2015年）………………（ 48 ）
图3.7　中国大陆投资人获得美国EB-5签证数（2006—2018财年）
　　　　………………………………………………………………（ 50 ）
图3.8　非中国大陆投资人获美国EB-5签证占比（2006—2018财年）
　　　　………………………………………………………………（ 51 ）
图3.9　中国获得美国E1-E4类签证数（2006—2018财年）……（ 52 ）
图3.10　来华留学生类别构成（2017年）…………………………（ 53 ）
图3.11　外国来华留学生学历层次情况（2003—2017年）………（ 54 ）
图3.12　外国来华留学生地区分布情况（2003—2017年）………（ 55 ）
图3.13　境外来华专家总量及增长率（2003—2014年）…………（ 56 ）
图3.14　中国出国留学人数与留学回国人数及回流率（1978—2017年）
　　　　………………………………………………………………（ 58 ）
图4.1　中国大陆地区移民的前20大目的地国家（2015年）……（ 67 ）

图 4.2 按经济发展水平划分的中国移民分布情况（1990—2015 年）
　　　　……………………………………………………………（ 68 ）
图 4.3 按世界区域划分 1990—2015 年中国移民分布情况…………（ 68 ）
图 4.4 中国移出移民目的地聚类结果树状图 ……………………（ 70 ）
图 4.5 中国研究与试验发展（R&D）经费支出（1991—2015 年）
　　　　……………………………………………………………（ 75 ）
图 4.6 中国国内三种专利授权量（1991—2015 年）……………（ 75 ）
图 4.7 方差分解结果 ………………………………………………（ 79 ）
图 5.1 中国留学生回流规模与 GDP 的相关关系 …………………（ 86 ）
图 5.2 中国财政科技拨款及其占 GDP 比重（1978—2017 年）…（ 87 ）
图 5.3 中国财政教育经费支出及其占 GDP 比重（1990—2017 年）
　　　　……………………………………………………………（ 88 ）
图 5.4 中国出国留学人员与学成回国人员人数增长率对比
　　　（2000—2017 年）……………………………………………（ 98 ）
图 5.5 留学生回流研发溢出存量和全要素生产率的 Moran 散点图 …（119）
图 5.6 国家高新区留学归国人员情况（2013—2018 年）…………（124）
图 6.1 全球及"一带一路"沿线国家来华留学情况（2003—2018 年）
　　　　……………………………………………………………（140）
图 6.2 来华留学生生源洲际分布（2003—2018 年）………………（140）
图 6.3 来华留学生生源国分布（2004 年、2013 年、2018 年）…（143）
图 6.4 中国学历和非学历来华留学生人数及其增速（2003—2018 年）
　　　　……………………………………………………………（144）
图 6.5 学历来华留学生构成情况对比（2003 年、2018 年）………（145）
图 6.6 来华留学生专业分布情况对比（2003 年、2018 年）………（145）
图 6.7 来华留学生地区分布情况（2004 年、2016 年）……………（148）

第 1 章

绪 论

1.1 研究背景与意义

1.1.1 研究背景

近年来随着世界经济一体化进程的不断推进，国际人才流动开始呈现外流、回流、环流等多种形式。人力资本这种特殊生产要素的跨国流动不仅会影响人才流入国的工业化、信息化发展，在长期内也会给人才流出国带来显著的经济、社会影响（Beine 等，2001、2008；Kugler 和 Rapoport，2006；Kuhn 和 Mcausland，2006）。从国内外研究现状及发展动态来看，随着国际竞争日趋激烈和世界人口在全球范围的加速流动，智力资本跨国流动对人才流入国与流出国的技术进步效应，也日益受到学者们的关注。

从全球经济发展环境来看，当前国际经济正处于大发展、大变革、大调整时期。世界处于百年未有之大变局，中国处于近代以来最好的发展时期，两者同步交织、相互激荡，给中国经济发展既带来机遇又带来挑战。特别是 2020 年因新冠肺炎疫情导致的经济下行压力，更给全球经济带来了很大的不确定性。当前，中国制造业规模跃居世界第一位，制造体系门类齐全、独立完整，但与发达国家相比还有较大差距，自主创新能力较弱，关键核心技术与高端装备对外依存度高，制造业大而不强的特征较为明显。总体上，中国产业处于全球价值链的中低端环节，仍有许多产业如机械及运输设备产业、电子产业、高新技术产业、杂项制品产业等核心技术被外国垄断，"缺芯少魂"没有得到根本性转变，2018年的"中兴芯片被禁事件"就是鲜活案例。而美国特朗普政府坚持"美国优先"目标下对全球多国推行的贸易保护政策，不仅严重影响了全球贸易的发展，也引发了中美贸易摩擦。在2020年上半年新冠肺炎全球大流行期间，美国特朗普政府出台的一系列移民限制政策，如收紧部分中国理工科留学生的签证、拟暂停高科技类及其他工作签证，不仅阻碍了中美双方人力资本的正常流动，未来也必将使美国损失大量的移民劳动力①。

从中国经济社会发展的现实基础来看，改革开放40多年来，智力资本对中国经济增长的重要性日益显著。特别是进入21世纪以来，随着新一轮科技革命和产业变革的兴起，中国迎来了崭新的人才回流时代，这为经济发展注入了新的活力。根据教育部公布的《2018年度我国出国留学人员情况统计》，从1978年到2018年底，中国各类出国留学人员累计达585.71万人，其中153.39万人正在国外进行相关阶段的学习和研究，432.32万人已完成学业，365.14万人在完成学业后选择回国发展，占已完成学业群体的84.46%。同时，留学生回流也呈现出新的发展特征：（1）中国的人才政策对留学与回流人员规模影响较大，政策的开放性及灵活性与以上两者的数量变化趋同；（2）留学及回流人员数量跟中国的经济社会发展存在较显著的正相关关系；（3）高层次人才回流率偏低仍是我国海外人才回流面临的问题。与此同时，中国的技术创新水平也有一个飞跃式发展。一方面，从创新投入来看，1990年到2018年，全国的研究与试验发展（R&D）经费投入总量从125.4亿元增加到19677.9亿元，R&D经费投入强度从0.67%增加到2.19%，全国的R&D人员总量也从61.71万人年增加到438.1万人年。另一方面，从创新产出来看，1990年到2018年，全国发明专利申请受理量与授权量分别从10137件和3838件增加到154.2万件和43.2万件，高技术产品出口贸易额从26.86亿美元增加到7468.66亿美元。目前，中国已逐步将吸引海外人才提升到国家战略高度，如何充分开发国内外人才资源，积极引进和用好海外人才特别是出国留学人员，有效

---

① 根据美国皮尤研究中心（Pew Research Center）的数据显示，移民工作者们填补了大多数美国公民不愿意从事的行业空白。

发挥其技术外溢效应，对于中国实施人才国际化战略和创新驱动发展战略意义重大。因此，在我国经济从高速增长阶段转向高质量发展阶段的过程中，要不断增强我国经济创新力和竞争力，就必须充分发挥各类智力资本的驱动作用。

1.1.2 研究意义

本书基于创新发展和开放发展的视角，在分析全球智力资本国际流动的发展趋势基础上，考察全球以及中国智力资本跨国流动的趋势与规律，研究影响中国智力资本跨国流动的主要因素，以中国移出移民为例研究智力资本外流对母国技术创新的影响，以中国留学生回流为例测算国际智力资本回流的技术进步效应，以来华留学生为例测度智力跨国流动对城市创新能力的影响效应。最后在理论分析与实证经验的基础上，提出创新驱动发展视角下有效促进国际智力资本流动的对策建议，对于我国深入实施人才优先发展战略，提高自主创新能力，具有一定的理论研究价值和现实借鉴意义。当前新的科技革命和产业变革呈加速态势，世界范围内创新要素加速流动，知识创造和技术创新进程不断加快，在这样的世界经济格局背景下，研究智力资本跨国流动问题，对于中国统筹开发利用国际国内人才资源，深入实施人才强国战略，增强国家核心竞争力意义重大。

智力资本跨国流动不仅包括单向的人才流动（如移民）和双向的人才流动（如互派留学生与专家），还包括了人才环流（如"海鸥"现象）。改革开放以来，中国智力资本的跨国流动呈现规模逐年递增、形式日新月异的发展趋势，人才流动对中国技术创新与经济增长起到了重要的促进作用。同时，中国的人力资本存量与发达国家相比仍有一定差距，如人力资本存量偏低、人力资本利用效率不高、人力资本结构失衡等。因此，在当前世界政治格局变化趋势加快，科技与产业发展日新月异的背景下，如何促进各类人才的有益流动，充分发挥其带来的技术外溢效应，提高智力资本对中国技术进步及经济增长的贡献率，促进中国早日步入创新型国家行列尤显重要。

党的十八届五中全会提出，坚持创新发展，必须把创新摆在国家发展全局的核心位置；深入实施创新驱动发展战略，必须发挥科技创新在全面创新中的引领作用。党的十九大报告明确指出："坚定实施科教兴国战略、人才强国战略、创新驱动发展战略……培养造就一大批具有国际水平的战略科技人才、科技领军人才、青年科技人才和高水平创新团队。人才是实现民族振兴、赢得国际竞争主动的战略资源。要坚持党管人才原则，聚天下英才而用之，加快建设人才强国。实行更加积极、更加开放、更加有效的人才政策，以识才的慧眼、爱才的诚意、用才的胆识、容才的雅量、聚才的良方，把党内和党外、国内和国外各方面优秀人才集聚到党和人民的伟大奋斗中来，鼓励引导人才向边远贫困地区、边疆民族地区、革命老区和基层一线流动，努力形成人人渴望成才、人人努力成才、人人皆可成才、人人尽展其才的良好局面，让各类人才的创造活力竞相迸发、聪明才智充分涌流。"

创新驱动实质上是人才驱动，当前我国的智力资本流动已呈现出多种形式并存的新局面，我国正日益从"智力外流"国逐渐转变为世界最主要的"智力回流、环流"接纳国。因此，基于"创新发展"与"开放发展"两大发展理念，结合我国正在实施的"创新驱动"与"人才强国"两大国家战略，揭示全球与我国智力资本跨国流动的基本内涵及发展规律，研究智力资本跨国流动与一国技术进步的内在关系与作用机理，分析智力资本跨国流动的技术进步效应及其对城市创新的影响等问题，对于我国深入实施人才优先发展战略，提高自主创新能力，早日跻身创新型国家和人才强国行列，实现经济高质量发展，具有非常重要的理论与现实意义。

1.1.3 概念说明

1. 智力资本

国内外普遍认为最早提出智力资本概念的是美国经济学家加尔布雷思（John Kenneth Calbraith）。他于1969年首次提到智力资本概念但没有给出智力资本的完整定义。他指出智力资本在本质上不仅仅是一种静态的无形资产，而且是一种思想形态的过程，是一种达到目的的方法。给智力资本最早下定义的是美国学者托马斯·斯图尔特（Thomas. A. Stewart），他提出了智力资本的"H—S—C"结构，即企业的智力资本价值体现在企业的人力资本、结构资本和客户资本三者之中。随着西方人力资本理论的不断发展，智力作为人力资本的重要组成部分逐渐被社会认可。但是，由于智力资本是无形的，且影响因素众多，用于解释智力资本的观点和术语歧义纷呈，难以形成一个统一的概念。由此，本书借鉴已有文献，将智力资本界定为人的一种综合能力，一种能够创造价值或效用的能力，也是智力和知识相互融合带来效益的资本。

2. 智力资本跨国流动

与普通的人力资本不同，智力资本因其具有更高的创造价值或效用的能力，使得拥有这种综合能力的人会加速其在工作区域或工作岗位上的流动，并且这种流动会呈现出向具有更好工作环境、更高工作职位、更高的收入水平、更好社会服务地区流动的规律性。在人才全球化时代，智力流动作为国际知识转移的一种新形式，逐步从国内流动延伸到跨国流动。从图1.1智力资本跨国流动的方向来看，大致可以分为三类，即智力资本从流出国单向流动到流入国（如移民），智力资本在流出国和流入国之间双向流动（如互派专家或留学生）以及智力资本在流出国、流入国与其他国家之间的互动交流（如"海鸥"现象）。

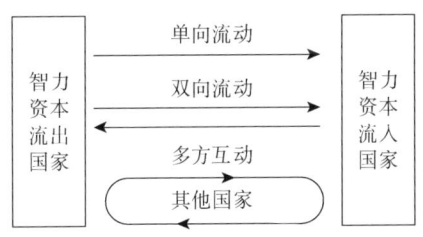

图 1.1　智力资本跨国流动方向

本书所指的智力资本跨国流动是指拥有专业技术或受过高等教育的人才的跨国流动，基于智力流动的方向，主要讨论三种形式，分别是海外智力流入（包括本国智力回流）、本国智力外流（包括智力流失）以及国际智力环流。

（1）智力外流（Brain Outflow）。较早研究此问题的学者 Grubel 和 Scott（1966）将其定义为在一国接受训练而在另一国居住和工作的高技能者的迁移。Benie 和 Docquier（2001）指出，智力外流的对象包括医生、科学家、工程师等高技能人才，也包括部分拥有相对较高人均受教育程度人才。李平等（2012）借鉴 Grubel 和 Scott（1966）的定义，从普遍意义上把智力外流界定为受过高等教育的人才的国际迁移，将外流人才界定为在国外获得本科及以上学历或者在国内获得了本科及以上学历并在国外深造或工作的人。本书认同李平等（2012）对智力外流的普遍意义界定，认为本国智力外流是指在一国接受了训练，而不在该国工作，转移到其他国家居住、生活和学习的人才迁移（Crubel 和 Scotton，1966），且主要指接受了高等教育的人才跨国流动（Kanbur 和 Ranpoport，2005）。这里需要说明的是，与国内部分学者把"Brain Drain"翻译为智力外流不同，本书认为智力外流（Brain Outflow）与智力流失（Brain Drain）不一样，存在前者包含后者的关系。可以说，对流出国而言，智力流失是智力外流的极端结果，主要指迁徙至其他国家的高技能国际移民，移民入籍是智力流失的标志之一（谭崇台，2004；李明治和李丞，2012）。智力流失强调母国的人力资本流失到其他国家，并且对母国会产生负面影响，即高技能人才通过移民的方式到其他国家后会使母国的人力资本水平降低。智力流失往往表现为智力资本单向地、永久地由一国流向他国，在这种情况下，智力流失国通常被认为是受害国，智力流入国则是受惠国。而外流的智力资本随着时间的推移，有可能会携带技术、资金等回到母国并继续为母国服务。

（2）智力流入（Brain Gain）。主要指外国专家或留学生来东道国工作或学习。本书是指进入中国境内的境外来华工作专家、海外来华留学生等具有高素质和专业技术的人才。

（3）智力回流（Brain Return）。国际智力回流的主体包括学生（Park，2004）、工人（Le，2008；Damette 和 Fromentin，2013）、科技人员（Edler 等，2011；Gibson 和 Mckenzie，2014）等。目前，由于受限于样本数据的获取，已有关于海外智力回流的相关研究大多选取该国的回流留学生为研究对象。本书研究的智力资本回流是指出国留学完成学业后回国发展的人员即留学生回流。

（4）智力环流（Brain Circulation）。这是目前国际人才流动的一种新趋势，相对于外流和回流的单向流动，环流则是一种循环流动，他们频繁往来于流出国、流入国或第三国，其企业或合作项目往往跨越两个国家以上。图1.2描绘了占智力资本跨国流动重要比重的海外留学人员环流模式，他们在现实生活中的流动区域已不再局限于母国与留学目的国,而是会根据其工作或学习的需要,将流动的范围扩展到原籍国和留学国之外的国家和地区。人才环流目前还没有一个被广泛认可的定义,联合国开发计划署的研究报告将其主要特征概括为四个方面:在空间上,至少跨越两个国家;在时间上,涵盖从数个月的短期流动到终生的循环流动;在重复次数上,至少包括一次循环;从发展的角度看,来源地国家和目的地国家都会从人才的流动中受益。

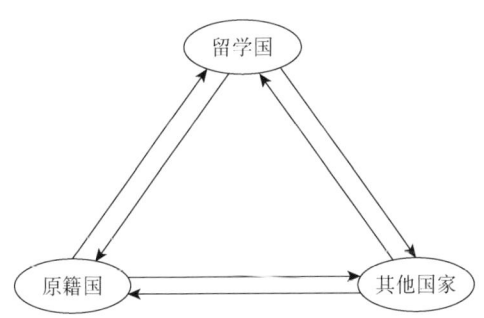

图 1.2　海外留学人员环流模式

3. 技术进步效应

开放经济中,促进一国技术进步的途径主要包括两个方面:技术创新与技术扩散。有关技术创新的理论,学术界首推熊彼特(Joseph A. Schumpeter)的"创新"观点。熊彼特把"创新"归结为五种情况,即产品创新、技术创新、市场创新、资源配置创新和组织创新。熊彼特的创新理论指出了创新或技术进步是经济系统的内生变量,强调了创新、模仿和适应在经济增长中的决定作用,认为创新是经济发展的本质规定,但是并未明确界定"技术创新"的概念。

技术扩散是指新技术在不同使用者之间的转移和传播,它既包括有意识的技术转移与引进,又包括无意识的技术外溢,可以通过有偿或无偿、公开或秘密的方式,扩散到别的国家、单位以及个人。技术扩散也可理解为技术贸易、技术转让、技术交流、技术传播等的总称。技术转移与引进一般需要受益方支付一定的费用才能获得,有时也可以采取无偿的方式,这个过程包括了供给方的技术转让行为和需求方的技术引进行为,主要途径有进出口贸易、专利买卖、技术交流、人员培训等。与技术转移需要支付一定费用不同，技术外溢（或技术溢出）则是技术需求方通过国际贸易、国际投资、国际交流等各种技术外溢渠道获得先进技术而无需为其支付成本（仇怡，2008）。由此，本书把通过各种渠道进行的技术创新活动和获得的技术扩散界定为基于该渠道的技术进步效应。本书的研究对象即基于智力资本跨国流动带来的技术进步效应。

1.2 研究思路与内容

1.2.1 研究思路

围绕智力资本跨国流动对本国技术进步的影响效应这一核心问题，本书旨在研究以下几个主要方面：有关智力资本跨国流动技术进步效应的研究进展如何？智力资本跨国流动影响本国技术进步的内在机理怎样？全球以及中国的智力资本跨国流动呈现出怎样的发展趋势？影响全球与中国智力资本跨国流动的动因有哪些？海外智力流入、本国智力回流、本国智力流出等中国技术进步产生怎样的作用？智力跨国流动对城市创新能否带来正的技术创新效应？针对以上研究结果，中国应采取怎样的政策措施来构建加大海外智力引进、促进本国智力回流，推动有益智力外流、减少本国智力流失的开放型人才政策体系，为实施人才强国战略提供政策建议？基于此，本书按照"提出问题→理论分析→经验研究→对策建议"的研究思路，对我国智力资本跨国流动的技术进步效应展开具体研究。

1.2.2 研究内容

根据以上研究思路，本书共分为7个章节，各章具体内容安排如下：
第1章：绪论。本部分首先阐述了本书的选题背景与研究意义。其次对智力资本、智力资本跨国流动以及技术进步效应等概念进行了说明。最后介绍了本书的研究思路、研究内容以及创新之处。

第2章：智力资本跨国流动技术进步效应的研究进展与理论基础。本章的理论分析是基于文献综述基础上的研究。首先分别从国际人力资本流动及迁移理论、智力资本流入的相关理论、智力资本流出的相关理论三个方面阐述了智力资本国际流动的理论基础。其次，梳理国内外相关研究文献，从智力外流、智力流入、智力环流三个方面，分析智力资本跨国流动的方向与趋势。再次，从智力外流、智力回流、智力环流三种流向，分别探讨影响智力资本国际流动的主要因素。最后，基于本国智力资本外流、海外智力资本流入、本国智力资本回流、国际智力资本环流四个视角，构建智力资本跨国流动的技术进步效应理论分析框架。

第3章：全球智力资本国际流动的发展动态与中国现状。研究智力资本跨国流动能否产生技术进步效应，首先需要对智力资本国际流动的发展历程进行系统分析，以辨别全球特别是中国智力资本国际流动的特征及发展趋势。本章在第2章理论分析的基础上，首先从流动规模、流动方向、流动动因等方面考察全球智力资本跨国流动的发展趋势；其次，从本国智力外流、海外智力流入、本国智力回流等方面分析中国智力资本的国际流动现状。

第4章：智力资本外流对母国技术创新的影响：基于中国移出移民的实证分析。本章在前面理论机理与现状分析的基础上展开经验研究，主要运用中国移出移民的数据来实证检验智力资本外流对母国技术创新的影响效应。首先，运用中国移出移民数据和聚类分析方法，考察中国移出移民的流向分布与动因；其次，构建智力资本外流影响母国技术创新的理论模型；最后，在中国移出移民与技术创新发展现状分析的基础上，实证检验智力资本外流对母国技术创新的影响效应。

第5章：中国智力资本回流的技术进步效应：基于留学生回流的经验分析。本章主要运用中国留学生的相关数据，检验用海归表征的智力资本回流对母国技术进步的影响。首先，考察影响中国留学生回流的主要因素并对中国留学生回流动因进行实证分析；其次，基于留学生回流的省际面板数据，测算中国留学生回流的技术外溢效应；再次，运用空间杜宾模型，研究中国留学生回流的技术进步空间扩散效应；最后，以中国高新技术产业开发区为例，研究智力资本回流对高新区创新能力的影响。

第6章：海外智力流入对中国城市创新能力的影响：基于来华留学生的研究。本章运用中国地级及以上城市的来华留学生数据，考察海外智力流入对我国城市创新能力的影响及其传导机制，并根据学生类别、区域分布、城市规模和来华时间进行异质性分析。首先，从理论上分析来华留学生对城市创新能力的影响及其传导机制；其次，从留学生规模、生源国分布、留学生结构、留学地区位等方面，考察全球及"一带一路"沿线国家来华留学生发展动态与特征；最后，构建计量模型，运用地级及以上城市的来华留学生数据，测算来华留学生对城市创新能力的影响程度，并进一步进行异质性分析与中介效应检验。

第7章是对本书研究内容的总结、对策建议和未来展望。基于以上影响机理分析和经验研究结果，提出加大海外智力引进、促进本国智力回流，推动有益智力外流、减少本国智力流失的相关政策建议。最后在总结本书研究的基础上，对本书存在的不足和未来的研究方向提出一些看法。

1.2.3 创新之处

本书主要考察智力资本跨国流动的技术进步效应影响机理，与已检索到的相关文献相比，本书可能的创新点主要有：

第一，尽管已有部分学者对智力资本跨国流动与一国技术进步之间的关系做了一些探索性研究，但是从智力流出、流入、环流的视角，系统考察智力资本跨国流动技术进步效应的文献仍显不够，这也是本书选题的主要原因。而且，已有文献对全球智力资本跨国流动的现状与趋势暂未展开系统分析，仅从单向的外流、回流等方面进行了少量研究，没有基于全球视角做比较分析，更缺少对中国情况的详细探讨。由此，本书在对现有文献归纳、梳理、总结的基础上，融合新增长理论、区域经济学、创新经济学、人力资本理论等相关知识，基于智力资本流出、流入、环流的视角，系统讨论智力流动与技术进步的内在逻辑与理论框架。

第二，已有关于智力资本跨国流动与一国技术进步关系的实证或案例分析，大多只是从智力外流、移民、留学生回流等单个渠道研究其对技术进步的影响，智力环流的研究尤其偏少。为此，本书基于智力流动的方向，分别从本国智力外流、海外智力流入、本国智力回流等视角，运用全球与中国的智力资本跨国流动数据，采用统计分析与计量经济分析方法，系统考察全球与中国智力资本跨国流动的发展趋势、影响因素及其给中国带来的技术进步效应。希望进一步完善人力资本和技术进步的相关理论研究，并为中国实施创新驱动发展战略和人才强国战略提供有益思路，为各地区促进人才国际流动、增强自主创新能力提供政策参考。不过，由于数据的可得性，关于智力资本环流的经验研究仍未完成。

第三，在研究过程中，本书采用了将文献研究与理论归纳相结合、案例研究与现场调研相结合的研究方法。同时，将定性分析与定量分析有机结合，以定量分析为主；将规范分析与实证分析有机结合，以实证分析为主。运用Arcgis、Tableau等软件以及大量图表数据，通过纵向对比与横向比较的方法，考察全球与中国智力资本跨国流动的规模、方向及趋势；运用中国移出移民数据，采用统计分析与空间计量方法，检验智力资本外流对母国技术创新的影响效应；运用中国留学生相关数据，分析海外智力回流动因，基于中国省际面板数据测算国际智力资本回流的技术进步效应；运用中国地级及以上城市的来华留学生数据，考察海外智力流入对我国城市创新能力的影响及其传导机制，并根据学生类别、区域分布、城市规模和来华时间进行异质性分析。

第 2 章

智力资本跨国流动技术进步效应的研究进展与理论基础

随着经济全球化、工业化和信息化程度的不断加深,国际智力在全球范围内的流动更加频繁也更加多样化,国际智力流动不再是以从"穷国"流向"富国"的单一形式呈现,而是出现了智力回流、环流、对流等多种形式。进入21世纪以来,中国智力流动的多样化发展态势日益显著,综合国力的提升与改革开放的推进使中国迎来了全新的人才跨国流动新时代。当今世界国际竞争日益加剧,特别高层次人才已成为世界各国竞相争夺的对象,与此同时,中国也已把引进海外人才和智力提升到国家战略高度,并制定了更加积极的吸引海外人才政策。因此,面对全球智力资本跨国流动新趋势,如何遵循国际智力流动规律,使拥有高水平的海外智力通过跨国流动充分发挥其技术进步效应,对于中国有效实施人才国际化战略和创新驱动发展战略意义重大。因此,本章将在梳理智力资本跨国流动技术进步效应的研究进展基础上,考察智力资本跨国流动与中国技术进步的理论联系与影响机理。首先,分别从人力资本流动及迁移、智力资本流入、智力资本流出的视角,对已有文献进行分类整理与综述;其次,从促进还是阻碍的角度,分析影响智力资本国际流动的主要因素;最后,从海外智力资本流入、本国智力资本回流、本国智力资本外流、国际智力资本环流四个方面,提出一个智力资本跨国流动的技术进步效应作用理论分析框架。

2.1 国际人力资本流动及迁移理论

早在20世纪60年代，人力资本的国际流动就引起了学术界的广泛关注。人力资本作为经济增长的重要生产要素，其流动涉及政治、经济、文化、法律、国际关系及个人心理等多方面因素（Mincer，1958；Schultz，1961；Becker，1964）。在国际人力资本迁移理论的发展初期，学术界主要关注的是"智力流失""智力外流"问题。随着人才流动的复杂化与多元化，学者们开始从不同角度解释人力资本的跨国流动现象，并试图对智力回流、环流、对流等多种人才流动形式进行理论分析。其中，作为国际人才流动的重要形式，海外智力回流已成为了当前学术界的重点研究方向之一。关于国际人力资本流动及迁移理论主要包括：推拉理论、结构主义理论、移民网络理论、新古典经济学迁移理论、跨国主义理论和新迁移经济学派理论等。

（1）推拉理论。英国统计学家Ravenstein（1885）对20多个国家的国内人力资本迁移进行了统计分析，总结出"迁移的七大定律"。Herberle（1938）在"七大定律"的基础上首次提出了"推拉理论"。Bogue等（1969）基于运动学的观点，把人口迁移看作两种相反作用力同时作用的结果，进一步完善了该理论。推拉理论认为，"推"和"拉"的双重因素决定了国际移民的存在与发展。迁出地资源枯竭，生活成本增加，劳动力过剩，经济发展落后等是推动当地人口迁移的因素；迁入地物资富饶，教育资源丰富，经济发达，就业机会较多等是吸引外来人口的重要拉力。东道国及母国的"推""拉"力量、移民自身对这些因素的价值判断等均会影响智力资本的流动决策。20世纪80年代后，学者们在该理论基础上，根据回流过程的多元化及异质性特点，对回流特别是国际移民的回流提出不同视角的经典理论解释。Ravenstein（1989）从经济发展角度进行了研究，并建立了"推力——拉力"模型，认为人口迁出地和迁入地都存在一定的拉力和推力因素，人们会选择迁移到推力因素和拉力因素合力较大的地区。Bach（1998）从国际层面丰富了推拉理论，他认为发达国家在教育、科技、环境等方面对世界各国的人力资本具有强大的"拉力",而发展中国家在这些方面的劣势恰恰形成一股股"推力"。

(2) 结构主义理论。该理论在 20 世纪 70 年代被提出,现已成为分析国际人力资本流动的经典理论。该理论认为,经济结构转型或产业结构调整对劳动力市场需求的作用会影响国际智力的流动方向(Piore,1979)。当一些高科技产业集中到某些国家或地区时,高层次国际人才流动现象也会随之产生(王蓉蓉,2012)。比较具有代表性的是,近年来软件行业逐渐从美国转往亚洲国家及地区,这些地区软件人才迁入数量大为增加的同时,在他国留学及工作的本地区智力回流趋势亦较为明显。印度很多新科技企业由回流人员创办,软件业约 30%~40% 的高技术人员具有相应的海外工作经验(Commander 等,2004)。类似的情况也发生在中国台湾新竹、北京中关村及上海张江高科技园等地区。

(3) 移民网络理论。移民网络理论以社会资本理论和累计因果关系理论为基础,将移民迁入地与迁出地的亲情、友情关系以及文化背景相联系,所建立的一系列特殊联系,它将移民与迁出地、迁入地连接在一起。这种联系能够在降低迁移成本,增加迁移收益的同时降低迁移风险,从而增加迁移的可能性(Massey 等,1994)。移民网络有两个假设:其一,移民网络具有积累性效应,该效应在促进移民成功方面扮演着至关重要的角色;其二,移民网络是移民络绎不绝的重要原因和机制(Emma Herman,2006)。梅瑟(1987)经过调查统计发现,渴望前往美国的墨西哥本土移民中,如果其家族中有成功迁移到美国的经历,则他们移民的可能性与成功性将大大增加,并再次迁移时会大大依赖以往移民网络中积累的社会资本。那些已经融入当地移民网络的新迁移者,可以获得更多的工作机会,从而得到更高的收入。已有研究发现,移民网络主要通过两条途径影响移民回流决策:第一,生活在母国的家人和朋友。外流人员与他们的联系越紧密,就越倾向于回流(Dustmann 和 Kinchkamp,2002;Constant 和 Massey,2002)。第二,先期回国人员。他们在母国的事业及生活状况会对海外人员起到示范作用,从而影响其最终迁移决策(高子平,2012)。Kugler 和 Rapoport(2006)研究发现,发展中国家当期智力回流数量与智力回流的存量存在正相关关系。

(4) 新古典经济学迁移理论。该理论以个人收益极大化为理论基础,主要通过工资差异（Dustmann，2001；Dustmann 和 Kinchkamp，2002）、预期收益（Borjas 和 Bratsberg，1996；Mayr 和 Peri，2008）等来解释迁移行为。只要人力资本价格水平出现相对或者绝对的差异，人力资本就会从富裕地区流向匮乏地区（李保元，2009）。回流也可能是源于外流人员对流出国的消费有较高偏好，或者是外币在流出国具有更高购买力（Dustmann，1997；Dustmann 和 Weiss，2007）。当人才输入国的期望收入未达到迁移者的预期目标时，回流的可能性就大大增加（陈怡安，2014）。消费偏好与货币购买力通过改变个人收益，从而影响海外智力的回流决策。此外，外国学者还从制度入手，对新古典经济学迁移理论进行了拓展，认为人力资本流动不仅受国家间工资差异的影响，而且还受其财产制度（Dustman 和 Kinchkamp，2002）、法律法规（Barrientos，2007）、政治文化（Dustman，1995、1997）等因素的影响。

（5）跨国主义理论。该理论认为，跨国联系主要体现在三个维度，即政治、经济与文化。目前，学者们主要是从经济维度来分析智力流动的原因，他们认为随着全球化进程以及世界市场的产生，商品、资本、信息的国际流动，必然会推动人才国际流动（Sassen，1998）。该理论认为智力跨国流动只是社会经济联系循环系统中的一个环节，并不代表迁移过程的结束。

（6）新迁移经济学派理论。该理论源于古典派理论，但它将家庭作为追求收益的最大化主体，认为回流是迁移者从家庭层面衡量效用最大化的结果。而家庭收益主要从经济与情感两方面来衡量：从经济方面来看，当母国的货币贬值时，其海外人员更倾向于在东道国赚取收入再寄回母国消费（Yang，2006）；从情感方面来看，当海外人员的孩子、配偶、父母留在母国时，其回流的可能性就会增加（Constant 和 Massey，2002；Dustmann，2003）。

以上国际人力资本迁移理论的研究思路，不论是从宏观层面（如推拉理论，结构主义理论）、中观维度（如移民网络、跨国主义等），还是微观视角（如新古典主义、新迁移经济学等），都不同程度地对智力资本跨国流动的动因进行了科学探讨。尽管没有一种理论能全面诠释海外智力跨国流动的各类现象，但其仍为相关研究提供了一定的理论依据。

2.2 智力资本跨国流动的方向与趋势

从二十世纪五六十年代开始，智力外流就一直困扰着发展中国家，非洲、亚洲以及中美洲成为了主要的智力外流地区。当时，全球人才跨国流动以发展中国家的智力外流为主，因此发展中国家经历了严重的人才流失负外部效应。随着部分新兴工业国家和发展中国家的经济快速发展，八九十年代开始出现发展中国家外流智力回流现象。其中，中国、印度等是主要的智力回流国。近年来，一种新的国际人才流动现象——人才环流也日益受到关注。目前，大部分学者认为人力资本迁移的演变过程可以分为三个阶段：智力外流——智力回流——智力环流。

2.2.1 智力外流：不利还是有益

20世纪60年代，发展中国家开始出现大量"智力外流"现象，由此引发了学术界对智力外流影响流出国技术进步或经济发展问题的探讨。Haque和Kim（1995）通过对非洲、亚洲等发展中国家的智力外流数据进行统计表明，在1960—1975年年均流出1800人，1984—1987年年均流出23000人。韩国在1950—1970年间有9成留学生选择在国外发展，显而易见，智力外流对东道国和母国经济发展的影响是不同的。对智力流入的东道国而言，人才流入增加了人力资本存量与资金，有利于社会经济的良好运行（王辉耀，2013）。然而，对智力流出的母国来说，智力外流究竟是抑制或促进经济发展，这在发展经济学和国际人力资本迁移理论的研究中一直没有一致的观点。随着智力资本外流研究的不断丰富，通过梳理现有文献可以发现，学者们关于智力外流如何影响母国经济发展的研究结果出现了"不利（或抑制）的智力外流"与"有益（或促进）的智力外流"两种不同的观点。

持"不利（或抑制）的智力外流"观点的学者认为，智力外流对流出国来说是净损失，特别是高素质智力流出会导致国内人才匮乏，降低该国总体人力资本存量,由国际移民引发的人才流失损害了流出国的经济发展与技术进步,造成"人才外流负效益"。不仅如此,一旦外流智力带来的经济效应比他们生产的边际产品大,还会减少国内人才的福利待遇(Grubel 和 Scott,1996;Johnson,1967;Wong 和 Yip,1999)。Bhagwati 等(1974、1976)认为,优秀人才往往选择流入拥有强大经济实力、优厚福利待遇的发达国家和地区,从而导致不发达国家和地区面临更严重的人才外流问题,对流出国的经济技术发展形成不利影响。Todaro(1996)认为,外流的人才很少再回流,不合理的人才流动会阻碍第三世界国家经济和科技发展。Agrawal 等(2011)通过研究贫穷国家的技术移民现状发现,虽然移民能对母国的技术创新产生促进作用,但是这些技术移民者若选择留在母国不移民他国,将会对国内技术创新产生更大的推进作用。Ngoma 和 Ismail(2013)研究发现,对于发展中国家来说,技术移民短期会对国内人力资本积累产生不利影响,而且从长期来看,其促进作用也不明显。另外一些学者也强调了智力外流通过信息不完善(Bhagwati 和 Hamada,1974)、财政损失及其他类型的外部性经济效果(Bhagwati 和 Rodriguez,1975)等渠道会对流出国的经济增长产生负面影响,从而对流出国人力资本水平的提高和技术进步造成间接阻碍。白敏植(2007)认为,高素质人才培养需要投入大量的物质与人力资本,而人才外流会导致这些投入无法得到补偿,并且高素质人才流失会降低一个国家的人力资源质量。

持"有益(或促进)的智力外流"观点的学者则认为,随着全球经济增长和后发国家的不断崛起,东亚、东欧等智力外流规模较大的地区出现了较快的经济增长速度,这说明从长期动态的视角来看,智力外流对流出国具有正的外部效应,发展中流出国的负面经济影响在长期可能得到弥补,甚至出现"有益智力外流"(Beneficial Brain Drain,BBD)。智力外流不仅可以通过其他渠道弥补人才的流出所带来的消极影响,还会在一定程度上给流出国带来正面的影响,如 Bhagwati(1974、1982)认为,智力流出所收取的人才税能给政府带来可观的收益,适当程度的智力外流有益于流出国的经济发展与人力资本积累,并最终促进经济增长(Mountford,1997;Winters 等,2004;Beine 等,2003、2008;Midekssa 和 Torben,2007)。关于国际移民的研究也表明,移民可以通过多种渠道促进母国经济和智力发展,这包括移民后的生活前景会刺激母国教育投资(Benine

等，2001、2008)、高技术水平人员和企业家的回流（Mayr 和 Peri，2009；Dustmann 等，2011）以及海外移民网络带来的外国知识溢出（Kerr，2008；Agrawal 等，2011）等。国内如王德劲（2011）、李平等（2013）、叶阿忠等（2014）、杨立娜（2014）的研究表明，适度的国际智力外流可以提升母国的技术创新能力。Naghavi 和 Strozzi（2015）发现移民带来的技术外溢可以为国内创新者提供新的知识来源，从而进一步促进国内创新发展。詹国辉和李泽恺（2018）研究发现，智力资本外流会对技术创新产生显著性正向影响。

2.2.2 智力流入：外来与回流

本书所指的智力资本流入包括海外智力资本流入与本国智力资本回流两个组成部分。海外智力资本流入主要指境外来东道国工作的专家以及海外留学生等高素质专业型人才。海外智力资本一般指拥有高级知识技能的人才，他们往往选择高新技术产业开发区、创业园等产业集聚区以及高等院校、科研院所开展工作。考虑到数据的可获取性，本书重点分析以留学生回流为代表的本国智力资本回流情况。

本国智力回流主要是指智力外流人员从他国返回祖籍国的一种国际迁移方式（吴建军等，2015）。二十世纪八九十年代，随着全球化的不断深入，世界各国出现了大量外流人才回国现象（林琳，2009），从而"人才回流"理论兴起。刘宏（2018）认为，"人才回流"不仅是一个移民现象，更是一种经济学现象，新兴工业化国家的人才与经济发展规律表明，当一个国家的人均国民生产总值达到 4000 美元以上、产业技术资本密集达到 60%以上、第三产业贡献率达到 64%以上的时候，人才将大幅度回归；当教育经费占国民生产总值 5%以上、研究开发经费占国民生产总值 1.9%以上、科学家工程师人均研究开发经费达每年 6 万美元以上、从事研究开发的科学家每百万人口 1500 名以上的时候，归国的海外人才会大幅度增加。例如，20 世纪 90 年代以后，亚洲四小龙的经济高速发展，开始有大量外流移民回归，成功逆转了当地人才外流。从研究对象来看，智力回流主要包括：留学生回流和高科技人才回流两类群体。其中，研究留学生回流的代表性文献有：Park（2004）、Le（2010）、林琳和孟舒（2009）、李平和许家云（2011）、宋艳涛（2012）、Lip 等（2014）、仇怡和聂莼辉（2015）、吴建军和黄丹（2017；2018）等；研究高科技人才回流的代表性文献有：Ackers（2010）、高子平（2012）、郑巧英等（2014）、刘晓璨等（2014）、Geuna（2015）、杨芳娟等（2018）等。

从研究主题来看，国内外关于智力回流的研究主要集中在回流现状、回流动因、技术进步等三大方面。首先，OECD、国际移民组织等会定期报告全球智力流动的现状；其次，中国作为主要的智力回流国，国内也有一批机构持续关注智力回流现状，如中国与全球化研究中心、南方国际人才研究院等。关于智力回流动因的代表性研究有：张再生（2003）、中国海洋大学课题组（2004）、孙健等（2005）、花军委（2007）、孙瑜（2007）、杨海（2010）、林琳（2012）、许家云和李淑云（2012）、田海嵩（2012）、杨河清和陈怡安（2013）、仇怡和聂莼辉（2014）、张振（2018）等。虽然学者们所选取的影响因素存在不同程度的差异，但均考虑母国经济发展潜力、科技教育水平、政策环境等外部因素对智力回流的影响。此外，王辉耀（2010）、高子平（2012）认为爱国情结、职业发展、留学生的个人特征与留学过程等也均是影响海外人员自身愿意回流的主要因素。关于智力回流与技术进步的研究，普遍观点认为，智力回流有利于国际技术溢出和母国技术创新，从而促进母国技术进步与经济发展。其研究主题主要集中在技术溢出和技术创新两方面，也有一批学者对智力回流的创业效应和出口效应进行了研究。智力回流有利于国际技术溢出的代表性研究如：Park（2004）、Le（2010）、李平和许家云（2011）、仇怡和聂莼辉（2015）、吴建军和黄丹（2017；2018）等。以上学者，大多从国际或国内地区层面，运用实证分析方法证实了智力资本回流的积极性。智力回流有利于母国技术创新的代表性研究如：李平和许家云（2011）、范兆斌和刘德学（2012）、罗思平和于永达（2012）、张枢盛和陈继祥（2013）、张信东和吴静（2016）、李平和董馨莉（2017）、蒋艳辉等（2018）等，关于智力回流与技术创新的研究已经深入到企业微观层面。

根据 OECD 相关数据显示，有 20%~50% 的移民一般在 5 年内会离开目的国并选择继续迁移或回到母国。Zucker 和 Darby（2007）发现很多发达国家工作的高层次人才有着强烈的回国倾向，20 世纪 90 年代韩国的回流比高达 60%。选择回流的人才大多拥有高学历、高素质、较高的技术创新能力、良好的海外社会关系（魏浩等，2009、2012）。这些回流的人才创办了许多技术企业，提高了母国技术创新能力（Wahba，2011；Ommander 等，2004）。Stark（1985）通过研究发现，智力外流虽然在短时间内会降低流出国的智力水平，流出的高收益刺激国内增加教育投入，提高教育水平。Beine 等（2008）通过实证研究发现，虽然有大量的人才流出，但是母国的人力资本存量却增加了。特别地，作为智力资本回流的主要载体，归国留学生在海外学习期间获得了更好的教育资源，他们的回流直接促进了回流国人力资本量的积累和质的提高。同时，留学回国人员不仅可以运用其社交网络为母国带来海外投资，还可以利用其在海外学习的新的融资方式及理念帮助母国筹集物质资本，带动母国自主创业活动的发展。当掌握先进科学技术知识的人员回国，在一定程度上会减少本土人员的就业机会，即产生"职位挤出效应"，进而可以激励本土人员增加教育投资来提升自身的竞争力水平。同时回流人员高效的工作和处事方式都会在潜移默化中影响周围人群，显示出一定的示范效应。

2.2.3 智力环流："人才共享"新模式

"人才环流"这个概念最初被提出主要是针对人才流失现象的一种替代性模式，Saxenian（2001、2002、2005）将其进一步系统化和深化，从其源头、方式、作用等方面进行了深入研究，认为高科技人才可以通过人才环流，对移民的输出国和输入国双方都做出重要贡献。智力环流的发展大致可从以下两个方面来梳理：一是发达国家的全面推动。长期以来，发达国家都是广大发展中国家智力流失的主要集聚地，近年来，英国、日本等发达国家积极推动智力流入和流出政策，通过获取其他国家的知识和智力资源，从而构筑有利于本国科技创新的全球知识网络系统。二是发展中国家的积极参与。随着世界经济一体化进程的不断推进，部分发展中国家也开始积极倡导人才环流，力图将人才流失损失降到最低的同时，最大化地利用海外智力资本。如巴西提出"科学无国界"计划，向世界各国输送优秀学生。目前很多发展中国家已逐步形成了"不求所有、但求所用"的人才观，并通过更加灵活的签证政策和引智计划，面向全球吸引高端智力资本。《中国海归发展报告（2013）》统计数据显示，随着我国的人才政策从强调"回国服务"变为强调"为国服务",从强调"人的回归"演变为同时强调"才的回归","海鸥"即进行跨国环流的留学生群体已成为我国吸引海外人才归来的重要方式。

人才环流是人才外流论与人才回流论的新发展以及个人投资收益最大化的选择,其过程复杂多向,取代了以往人力资本从外围国家向中心国家的单向流动(Cao,1996;Saxenian,2002;黄海刚,2017)。智力资本环流相对于人才的单向或双向流动,是一种更加复杂的人才流动类型,是一种多方向的人才流动。它强调人才在全球各国间的循环流动,是对人才流入国和流出国都有益的智力跨国流动类型(Saxenian,2005)。智力环流是近年来人才国际流动的新现象。Johnson 和 Regets(1998)、Saxenian(1999)和 Straubhaar(2000)认为,智力环流是智力外流与智力回流方式的更替。Saxenian(2002)认为,智力环流主要强调流出国与流入国之间的智力流动,而不是单纯的"人才外流"。Yun Chung(2007)认为,人才环流的前提是世界人才流动频繁、智力资源共享,人才不能永久性停留在同一个国家。

在深度全球化的背景下,将国际人才流动置于人才环流的大环境下更利于充分发挥高级人力资本的价值,增强技术的正外部性(Tung,2008)。已有研究者主要是从动因分析及经济发展效应这两方面对智力环流进行研究。关于智力环流动因分析,主要存在分歧的地方是个人主观意愿占主导地位还是社会网络趋势。关于经济发展效应,普遍观点是人才环流有利于国际化发展,对流入、流出国均是有利的,尤其是能促进流出国经济的发展 Rauch 和 Trindade(2002)、Kugler 和 Rapoport(2006)。管理者、企业家、专家等人在南北国家间日益频繁的流动,会对全球化经济和社会产生深远影响(Zweig 和 Chung,2006)。往返于硅谷、中关村、班加罗尔等高科技产业园区的高科技人才,有利于园区内产业发展和技术进步。当然,智力资本环流也会因环流效果不对称而产生负面影响,在某些情况下,可能会强化智力输出与输入国的人力资本不平衡状态,从而使得落后国家出现更加严重的智力流失。

2.3 影响智力资本国际流动的主要因素

世界经济发展的实践表明，全球经济一体化和国际分工的发展是智力资本跨国流动的重要原因，是世界经济发展到一定阶段的必然现象。具体来说，可以从内在因素和外在因素进行分析：内在因素包括对个人发展前景、工作条件、经济收益的预期等，外在因素包括各国文化差异、政治差异、经济差异、技术差异等。

2.3.1 智力外流动因研究

随着经济全球化的不断推进，全球智力资本跨国移动的频率也不断加强。可以说，当今世界各国都面临着不同程度的智力外流问题，特别广大发展中国家由于无法像发达国家那样为智力资本提供更好的工作环境和更高的福利水平，因而其面临的人才流失问题更为严重。对于一直存在的人口迁移现象特别是国际移民，"推—拉"理论一直发挥着较好的解释作用。该理论认为，大部分发展中国家由于经济发展水平较低、综合国力不强、工作生活环境不理想等因素影响，其对于智力资本的拉力明显小于推力；而发达国家则依靠其较高的经济增长率、良好的工作条件和社会福利水平，对各国尤其是发展中国家的智力资本产生了巨大的拉力，由此导致了智力资本外流的产生。进一步，在"推—拉"理论的基础上，越来越多的学者对智力资本跨国流动的动因展开更加深入地研究。Lewin（1951）认为个人的生产率不仅仅依靠于其个人素质和能力，而且与周围环境存在着密切的关系，当其认为自身所处的环境不适合自己进一步的发展则会选择离开当下环境以寻求更好的发展，因此产生了智力的流动。学者们通过研究发现，这种环境因素不仅仅包括国家之间的经济环境差异、人才政策环境差异，也包括个人对于更好工作、创业环境以及更高经济收益环境的追求（马冰心和李会明，2004；魏浩等，2009）。

1. 学术职业发展机会

优质的教育资源是发达国家吸引智力资本的重要因素。一般地，发达国家的教育质量科研环境会优于发展中国家，在发展中国家的教育选择是有限的。在发达国家可以与一流的团队合作，使用更加先进的设施，从而学术造诣可以更上一层楼（Gibson，2010；Stephan 和 Scellato，2015）。从现实情况来看，科学家们的迁徙往往跟他们的学术发展有关。国际合作是科学研究的成熟机制，将最有才华和最有资格的人聚集在一起，汇集知识、技术和财政资源，有利于科学家更好地发展自己的学术生涯（Appelt，2015）。此外，更好的就业机会也是促进智力资本外流的重要因素。李建忠（2002）提到发展中国家出国的工程师比他们在国内有更多的就业机会，工作环境更好，同时能获得资金、设备以及技术支持等国内难以获得的资源。Bound（2009）的研究显示在美国授予的博士学位中，越来越多的获得者是海外留学生，这些海外留学生大多是基于在劳动力市场上有更好的机会，选择赴美深造。

2. 工资薪酬待遇差异

薪酬待遇往往也是导致智力资本外流的重要因素。发展中国家与发达国家之间的经济发展程度差距较大，基于个人追求自身效用最大化的目标，当前移民的大体情况依然是从发展中国家向发达国家流动。如果这种收入差距没有被发展中国家缩小，那么人才的流失就是必然的（Bhagwati 和 Hamada，1974；Perkins，2014）。很多发展中国家人才在比较自身的价值和国家能给予的回报，再考虑移民所需要的时间、家庭因素以及个人情感诉求等隐性成本后，依然得出移民的收益更大，因而他们决定从发展中国家流向发达国家（刘健和牛强，2005；李宝元，2009；龙应贵，2010）。

3. 人才管理激励机制

合理人才管理模式能有效地吸引人才。在美国，人才流动很自由，对人才的实行"松散的"管理模式，以适应科研人才的发展为准（张阳，2016）。发展中国家普遍存在科研环境复杂，人才评价机制缺乏公正，人才激励机制的实际效果不佳等现象，与经济发展水平相适应的人才选拔、人才培养制度尚未形成。因而,在这样的环境里很多科研人才无法实现自己的人生价值,加速了人才的流失(熊菲,2008;高子平,2008;张槔槔,2009;翟丽丽等,2013)。

4. 科研教育环境

良好的科研教育环境能够促进人才的较好成长。科研教育环境不仅仅是接受高等教育的学生和科研人员所处的氛围,更是所处的法律环境、人文关怀等大环境(周琴,2012)。比起西方讲究规则注重法制的环境来说,我国受传统文化影响,讲究"人情世故",影响了科研人才的发展。很多发展中国家的技术人员认为:发达国家的社会人文环境有利于科研团队的合作以及知识的生产,而且科研人员有较高的社会地位(罗静怡,2012;任增强,2012)。随着我国经济的发展,很多高净值人群为了后代可以获得更好的教育环境,选择让子女移民。

5. 政策制度环境

经济科技发达的国家特别重视人才的作用,因而也出台了很多政策,这很好地吸引了其他国家特别是发展中国家的科研技术人才。比如美国就多次修改移民法案,对技术人员有政策倾斜,还有逐年增加的工作签证数量,也大大吸引了人才流入美国(任增强,2012)。同时,发达国家通过给予宽松的签证政策、丰厚的奖学金以及灵活的实习就业政策,也吸引了大量海外留学生。加大对世界级的科研项目投资,建立世界级的研究机构,在国际上开展交流合作、搭建平台,也很好地吸引了海外智力(易丽丽,2016)。

2.3.2 智力回流动因研究

国际智力回流不仅发生在发达与发展中国家之间,而且存在于发达国家之间以及发展中国家之间,目前学术界主要关注的是国际智力资本从发达国家回流到发展中国家的相关问题。由于每个国家都各具特点,再加上研究人员所选择的研究视角亦存在差异,关于国际智力回流的动因很难一言概括。Dustmann等(1996)通过研究欧洲的移民回流状况发现,移民回流与东道国的经济状况、政策变化息息相关，而且从不同国家流出的人员其回流倾向也不同。

1. 薪酬待遇上升

研究表明，国家人均收入水平达到 4000 美元时，人才就会大量回流，回归人数甚至超过外流人数（王玉婷，2010）。当初发展中国家出现人才流失问题，薪酬待遇是很重要的原因。但当智力资本流出国的科技人才工资水平提升后，会吸引海外智力资本回流（林琳，2009；许家云和李淑云，2012）。

2. 经济发展较好

改革开放以来，中国经济发展态势良好，而一些发达国家受 2008 年金融危机影响，经济下行，就业市场低迷，使得一些留学生（杨玉杰和朱建军，2010；林琳，2012；仇怡和聂尊辉，2016）、海外移民（陈程，2016）选择回国。中国海洋大学课题组（2004）、杨河清和陈怡安（2013）通过对海归回国数量和 GDP 的关系进行线性回归，证明了我国留学生回流和中国经济发展是正相关关系。魏浩和耿园（2019）研究发现，东道国与来源国之间的服务贸易、知识密集型高技术服务贸易进出口均能够显著提升东道国对国际科学家的吸引力。

3. 人才吸引政策

当回流国的科技政策给予了迁移者足够的发展机会，并营造出良好的竞争环境，是会吸引人才回流的（Saravia 和 Miranda，2005；Zweig，2010）。近年来中国提出了一系列吸引海外人才回家的计划如"百人计划""千人计划"以及"春晖计划"等，为我国吸引了大量的高端人才回国（王蓉蓉，2012）。相反，一些侨居国，比如澳洲，随着移民政策的缩紧，政府公共服务支出下降，出现了一股华人回流的浪潮（颜廷和张秋生，2014）。

4. 科技教育水平

一国的科技和教育水平越高，该国的核心竞争力就越强，就越能吸引人才。林琳（2012）提出只有国内的 R&D 和教育水平接近发达国家时，海外人才回国后才能继续之前的研究。我国的科研和教育投入逐年增加对于流失的人才是一种拉力。孙瑜（2007）通过研究建立中国海外人才回流模型，说明上海海外人才回流与科研投入和高等教育的发展有密切关系。杨河清和陈怡安（2013）建立动态面板模型，对我国海外智力回流影响因素做了实证研究，得出科研经费投入对于海外人才回流的影响程度较大。魏浩和耿园（2019）研究认为，东道国对高等教育重视程度的提高能够显著地促进国际科学家流入，专家型人才、国际科学家会更倾向于选择高等教育水平较高的国家。

5. 社会文化因素

这一要素也在促进智力资本回流中起到了重要作用。东西方文化差距较大，中国注重的是家庭关系、民族团结，而西方国家更关注自我发展以及自我价值实现。有很多中国人在海外生活多年，收入也很可观，然而因为融入不了主流社会，最后依然选择回国（冉红霞，2008）。对于很多留学人员来说，对中华传统文化的依恋、子女的教育以及父母的赡养问题成为了他们考虑回国的重要因素（陈昌贵和阎月勤，2000）。另一方面，受到我国传统价值观的教育，我国的知识分子民族责任感很强，认为自己对祖国的繁荣复兴有着责任，在一项对回归中国人员的调查中，超过一半的人把报效祖国作为自己回国的主要原因（林琳，2012；吴建军等，2015；张振，2018）。

6. 产业结构调整

产业结构的调整，意味着与之匹配的劳动力供给结构也要发生改变。美国互联网泡沫破灭之后，进行了高科技产业调整，转移了一些产业到发展中国家和地区，这带动了一批高层次人次流动（王蓉蓉，2012）。改革开放40年来，中国产业结构不断优化升级，这也促使了一些海外智力回流（Chen，2008；林琳，2012）。Saxenian（2001）在考察硅谷和台湾新竹工业园的，得到了发达国家的产业结构升级会推动海外人才带着自己的资金回国创业这一结论，同时他们还会继续跟发达国家的工业园区保持联系，以应对变化的市场和技术。

当然，也存在一些因素阻碍海外智力回流。如政府政策的不完善，刘小璞（2013）指出由于我国目前双重国籍认定、人才选拔培养制度、个人所得税相关政策等政策存在不合理的地方，影响了海外人才回流。贾辉（2012）通过对北京市海归人员开展问卷调查和实地访谈，发现当前我国的政策导向和归国人员的实际需求不匹配，而且体制中的一些弊端，如用人体制僵化以及服务体系不完善等问题对海外人才的归国是一种阻碍。施忠良（2014）指出科技人才受体制性因素而流通不畅，比如户籍管理制度。此外，中西方文化差异会使得归国人员在一开始的时候出现不适应（Herman 和 Tetrick，2010；闫燕，2011）。

2.3.3 智力环流动因研究

近年来，随着信息技术和交通网络的便利以及各国的优惠政策，使得人才流动变得更加复杂，不再是单一的流入流出，人才流失和人才回流的概念逐渐被人才环流所代替。（黄海刚，2017）。分析智力资本跨国流动的历史阶段可以发现，智力资本跨国流动在经过外流、回流阶段后，会发展到环流阶段。研究表明，影响智力环流的因素主要包括：

1. 就业与工作需要

更好的就业机会是影响人才环流的重要因素，尤其是对于受教育程度高的人才来说，他们的迁移过程，不仅有利于他们自身的发展，也可以促进贸易、投资和知识交流（Gibson，2012）。有迁移经验的人才比没有迁移经验的人才，更容易选择再次迁移，因为他们更容易在不同的国家获得工作。随着迁移的次数增加，这些人才的迁移资本增加，进而面临的风险就会越小，成功的概率就会越大（Kerr 和 Lincoln，2010；林琳，2011）。在人才环流的众多因素中，最核心的要素是追求更好的职业发展，这也是科学家外流最重要的理由（黄海刚，2017）。

2. 人才管理机制

我国目前的用人制度存在两方面的问题，首先是人才评价制度存在偏颇。对于人才的评价多是从职位、论文和项目的数量上来评价的，而对质量关注不够。其次是人才激励机制实际效果不佳（高子平，2008；张阳，2016）。我国目前缺乏为海外人员在国内发展提供服务的中介机构（花军委，2007）。以上在人才管理机制方面的问题，容易使得回流的人才，再"归海"。

3. 政策制度环境

面对人才流失的问题，越来越多的国家开始承认双重国籍，比如韩国、印度、菲律宾等，这样的一种举动便利了人才在国际的流动（林琳，2011）。除了双重国籍的认定，各国还采取了一些经济激励、搭建世界级科研项目平台等政策来吸引人才（易丽丽，2016）。针对流失在外的人才，很多国家都制定了符合该国自身发展的散居者策略。比如，印度的国家认同体系，不仅加强了流失在外的印度人的联系，而且发挥了这些精英参与印度的经济社会发展的积极性。同时"了解印度"等项目，推动了人才环流（黄海刚，2017）。

4. 经济全球化的发展

随着经济全球化的推进，科技的发展，交通运输的便利，降低知识、资金等资源在全球中流动的成本。同时，经济全球化发展，各国的经济依赖性增强，形成的地方产业网络以及跨国公司有力的推动了人才环流（文婷，2008；周聿峨和郭秋梅，2010；林琳，2011）。全球化的推进，加速了各国产业结构的调整，而产业结构的调整又往往伴随着劳动力市场的供需变化，一些人才会随着产业的转移而迁移（Commander 和 Kangasniemi，2003）。

2.4 智力资本跨国流动的技术进步效应分析

随着新增长理论关于经济增长驱动要素研究的不断深入，智力资本的跨国流动已被学术界证实是国际技术外溢的重要渠道。根据目前已收集到的文献可以发现，关于智力资本跨国流动的技术进步效应有两种不同的研究结论：有效或无效促进母国与东道国的技术进步。如 Fallick（2006）认为具有高素质的科技人才的跨国流动是技术外溢的主要载体，科技人才的流动大大促进区域科技创新水平提高。Le（2008）用面板协整检验证明了跨国流动的劳动力可以在流出国和流入国之间实现技术转移，整个技术转移过程中，人力资本起着决定性作用。研究表明，通过人力资本的跨国流动，导致知识、技术在发达国家和发展中国家之间流动，流动过程中带来的技术知识能有效推动发展中国家的技术进步，并带来经济增长。随着中国改革开放与开放型人才政策的深入推进，中国的国际智力资本流动日益频繁，一方面，越来越多包括外国专家和受过高等教育的留学生在内的智力资本持续流入国内，另一方面，也面临着一定程度上的智力资本外流，如技术移民等。在人才激励竞争的全球化时代，研究智力资本跨国流动的相关问题，为国内学者提供了重要的研究方向。目前国内已有文献主要集中在研究智力外流和智力回流问题，关于智力环流的研究非常少。

2.4.1　本国智力资本外流的技术进步效应

从已有关于智力外流对母国技术进步影响的文献来看，主要存在两种观点。早期的研究认为智力资本外流阻碍了流出国的技术进步，如 Bhagwati 和 Hamada（1974）在一般均衡框架中分析了技术移民对输出国的福利会带来不利影响。20 世纪 90 年代以来，随着发展中国家智力外流速度加快，部分学者通过研究发现，一方面智力资本外流到发达国家会给母国的人力资本水平、技术进步以及经济增长带来负面影响，即带来"流出效应"（Drain Effect）；另一方面从长期动态的视角看，智力资本外流有利于促进母国的技术进步，即产生"增智效应"（Brain Effect），如 Stark（1998）、Beine 等（2001）、Mountford（1997）等分别讨论了增智效应的三个机制，并指出了这三个机制对智力输出国社会经济福利的增进作用。杨立娜（2014）对智力外流影响母国技术创新的机制进行实证分析后发现，海外智力外流短期内会减少母国的人力资本存量，但是长期来看，智力外流可以通过多种渠道使母国的技术创新能力得到提高。

1. 流出效应（Drain Effect）

关于流出效应的研究主要是考察国际移民对母国带来的不利影响

(Grubel 和 Scott, 1966; Bhagwati 和 Hamada, 1974; 杨立娜, 2014; 陈波, 2015; Lundall, 1985; Wei 等, 2016)。第二次世界大战后从英国到北美的科学家的人口迁移，被英国皇家学会称为移民流出国的"智力外流"(Gibson 和 McKenzie, 2011)。这对于移民国来说，不仅导致了国内接受过系统教育特别是高等教育人群的流失，降低了国内人力资本存量，而且这种智力外流会通过转移科研成果等方式直接削弱母国的技术创新能力，同时会直接影响到流出国的人力资本结构，从而对流出国的技术进步与经济增长产生负效应。国内外收入福利水平和工作生活环境的差异，以及智力资本流失带来的示范效应，可能会使得母国面临更多的智力流失，增加了流出国高技术人才移民的可能性。而且由于国内的技术人群习惯从外流人员技术带来的外部性影响中获益，外流技术移民对于母国技术人群的生产率产生负面影响（Miyagiwa, 1991; Rauch, 1991; Celline, 2007）。这也让智力外流特别是技术移民在很长一段时间内都保持着由发展中国家流向发达国家的趋势。

此外，智力外流会直接造成流出国财政与税收收入减少从而产生各种连锁反应。不论企业还是个人缴税，高技能的智力资本往往是一国税收的主要来源。他们的流失，会让流出国的税收收入减少，从而会间接影响到政府用于教育投资与 R&D 投资的经费。可以说，对于流出国而言，智力外流特别是技术移民，不仅是这些国家"人"和"才"的流失，同时也会带来"财"的流失。Wei 等（2016）运用中国 1980—2005 年的省级面板数据，分别检验了永久移民和临时移民对来源国人力资本形成和经济增长的影响，发现二者对移民来源国的经济增长存在不利影响，智力外流所带来的增益效应并不能完全补偿人才流失对来源国经济增长的负面影响。

2. 增智效应（Brain Effect）

关于增智效应的研究主要从以下三个机制方面展开分析。首先，智力外流会产生对流出国教育投资的激励效应。由于在较长一段时间里智力外流的主要趋势是从发展中国家流向发达国家，技术移民在发达国家获得的高回报水平，激励了更多的发展中国家居民加大对教育的投资，进而有助于提升发展中国家的整体人力资本水平和技术创新能力（Mountford, 1997; Vidal, 1998; Karin 和 Giovanni, 2008; Krieger 和 Lange, 2010; 许家云等，2016；詹国辉和李泽恺，2018）。Beine 等（2008）使用 Docquier 和 Marfouk（2007）汇编的移民数据，通过对 127 个发展中国家的截面数据实证检验了劳动力跨国流动对人力资本产生的激励效应，分析发现智力外流有助于发展中国家人才数量的增加，劳动力移民的概率与人力资本积累积极相关。随着时间的推移，在对发展中国家教育投资激励效应持续发挥作用下，技术移民率的偶然激增可以通过人力资本的代际转移，使流出国走出智力流失陷阱（Vidal，1998；Stark，2004；Fan 和 Stark，2007）。

其次，智力外流会推动流出国的智力回流（或回迁）效应。对于存在智力外流现象的国家，只要这种外流现象是暂时性的而不是永久性的，那么经过一段时间，智力回流的现象就会出现。虽然技术移民直接导致了国内的智力流失，但是他们通过在国外学习更先进的技术和技能，并通过不同的渠道回流至智力流出国，这就能对母国带来技术进步效应。Mayr 和 Peri（2008）发现智力回流推动了技术扩散，提高了流出国的生产效率，并且在一定程度上弥补了智力外流所产生的损失。但智力外流到东道国以后，他们会对流出国和流入国的工资收入、社会福利、工作环境等方面进行对比，当被流入国筛选为低能力者而不能获得高回报时，这些人员就存在回流或回迁的可能。这些智力回流通常情况下可以给母国带回丰富的人力资本、物质资本和社会资本，从而有助于母国的技术创新。特别当智力流出国以更高的工资、更好的工作环境和更优越的社会福利吸引外流人员时，这种回流效应就会很明显。

最后，智力外流会给流出国带来网络效应。由于血缘、文化等原因，外流智力不论迁移到哪里，一般都会与母国保持一定的联系，特别是处在互联网时代的当下，智力外流的网络效应处处可见。根据 Saxenian（2005）对印度海外移民的研究结果可以发现，居住在海外的人才与母国人员存在着基于亲情或者友情的社会关系网络，并且这种网络效应加强了母国和流入国的知识技术交流，从而有助于母国的技术创新。研究表明，海外移民通过网络效应有助于促进先进技术知识的传播，进而促进母国经济的发展（Kerr，2008）；通过移民产生的商务网络不仅带动了国内贸易的发展（Rauch 和 Trindade，2002；崔雅静，2012），而且大大促进了母国的技术进步（Gao，2003；杨希燕和唐朱昌，2011；李平和许家云，2011；杨立娜，2014）。

2.4.2 海外智力资本流入的技术进步效应

随着经济全球化和信息化浪潮的逐步深化，智力资本流动的趋势和方向由单一的"穷国"到"富国"形式演变为回流、环流、对流等多种形式。一般地，海外智力资本流入对一国技术进步应该有显著的促进作用。基于智力资本流入国的人力资本水平差异，下面从流入国是人力资本存量高的发达国家，还是人力资本存量低的发展中国家分别展开分析。

首先，智力资本从人力资本存量低的国家流入人力资本存量高的国家，或者智力资本在人力资本水平相当的国家之间流动。前者表现为现实中比较普遍存在的智力资本从发展中国家流入发达国家，后者则一般表现为智力资本从发达国家流入发达国家或者从发展中国家流入发展中国家。由于发达国家一般拥有比发展中国家更高的人力资本水平，因此流入的智力资本可能会拥有高于发达国家平均水平的技术或才能（否则他们难以进入发达国家）。这些智力资本的流入会占用东道国的就业岗位，从而会对该国人才产生"职位挤出效应"（李平，2011）。东道国国内人才面对海外智力流入的激烈竞争，要通过各种方式提高自身的竞争力，从而会使该国的人力资本平均水平得到整体提升。人力资本水平的提升则更多地表现在智力资本的技术创新能力方面。新增长理论认为，人力资本积累是促进技术进步的重要来源，而人力资本又分为内部效应和外部效应，技术进步则源于"干中学"和创新，其中"干中学"是人力资本内部效应的体现，而创新则是人力资本外部效应的体现（Romer，1990；Grossman 和 Helpman，1991；Aghion 和 Howit，1992）。通过人力资本、吸收能力和技术溢出的关系发现人力资本是影响技术溢出的关键因素，人力资本丰富的国家能从知识和技术溢出中得到更多利益。此外，若智力资本流入与流出国的人力资本水平相当，流入的智力资本同样会对流入国的人才产生职位挤出效应，从而促进该国人力资本平均水平提升与技术进步的原理同样适用。

其次，当智力资本从发达国家流向发展中国家，即从人力资本存量高的国家流入人力资本存量低的国家。Coe 和 Helpman（1995）、Griffith（2000）、Keller（2002）研究发现人力资本不只是单一的流向人力资本丰富的国家。McCormick 和 Wahba（2001）研究认为人力资本流向发展中国家时，能增加该国的人力资本积累，提高人力资本水平，从而在一定程度上促进该国的经济发展和技术进步。此外，海外智力资本流入会给流入国带来空间集聚效应。由于他们大都是拥有高级知识技能的人才，一般选择高新技术产业开发区或创业园等产业集聚区进行工作，空间集聚能降低运输成本、信息成本等从而有助于知识溢出的进一步扩散（邬滋，2010）。海外智力资本所在企业会与其上下游企业建立更加紧密的联系，甚至形成空间上的集聚，使得海外智力资本的知识技能实现良好的循环溢出效应（Audretsch 和 Stephen，1996）。

2.4.3 本国智力资本回流的技术进步效应

人力资本的跨国流动与经济社会发展密切相关，这种特殊生产要素的流动不仅会影响智力流入国的工业化、信息化发展，在长期内也会给智力流出国带来积极的经济、社会影响。尤其国际智力回流现象的出现，更是"有益智力外流"的最好证明。目前，由于受限于样本数据的获取，海外智力回流技术外溢效应研究选取的对象大多是留学生。关于留学生回流的技术外溢效应代表性文献有：Park（2004）、Le（2010）、李平和许家云（2011a）、许家云（2012）、宋艳涛等（2012）、仇怡和聂萼辉（2015）等。表2.1分别从研究对象所在国家与地区、样本数据处理、研究方法三个方面对已有文献进行了归纳。

表2.1　　海外智力回流技术外溢效应的代表性文献

研究者	研究对象所在国家与地区	样本数据处理	研究方法
Kokko Ari（1994）	OECD、以色列等国家之间的留学人员	假设留学生平均在东道国滞留年限为3年	协整分析
Park（2004）	OECD、土耳其等国家之间的留学人员	假设留学生平均在东道国滞留年限为5年	协整分析
Le（2010）	76个发展中国家的在外留学人员	假设留学生平均在东道国滞留年限为3年	协整分析
李平和许家云（2011）、许家云（2012）	中国回流留学生（整体与分区域研究）	总体数据为年回流量（选取的几个主要留学国），各省份数据由综合引力指数计算而得	以C-D函数及CH模型为基础，运用OLS方法及2SLS方法进行估计

续表

研究者	研究对象所在国家与地区	样本数据处理	研究方法
宋艳涛等（2012）	中国回流留学生	海外人才回流变量由学成回国人员数与国内高技术人员数之比表示	以 C-D 函数为基础进行技术外溢与能力溢价测度
朱敏（2013）、朱敏、许家云（2013）	中国回流留学生	海外人才回流变量用历年的学成回国人员数来衡量	以 CH 模型为基础进行技术外溢测度
陈晓毅和林敏（2013）	中国回流留学生	用全国各年留学回国总人数乘以各年各地区人才回流综合引力权数，推算出各年地区的留学回国人数	动态面板模型的系统 GMM 分析
许家云等（2013）	中国的学成回国留学人员	仿照 Lichtenberg 和 Potterie（1996）度量进口贸易溢出量的方法来计算历年海归人员在中国的研发溢出存量	构建 HHI 指数，采用 GMM 方法检验海归技术溢出通过产业集聚对中国产业技术进步的贡献
陈怡安和杨河清（2013）	中国回流留学生	各省份数据由综合引力指数计算而得	以 CH 模型为基础，进行技术外溢测度
李程宇和卢现（2014）	中国回流留学生	各省份数据由综合引力指数计算而得	基于知识生产函数运用空间滞后模型、空间误差模型
陈怡安（2014）	中国回流留学生	构造海归引力综合权数；总体数据为年回流量（选取的几个主要留学国），各省份数据由综合引力指数计算而得	以 CH 模型为基础，运用进行技术外溢测度；运用固定效应模型进行估计
仇怡、聂尊辉（2015）	中国回流留学生	各省份数据由综合引力指数计算而得	以 CH 模型为基础，构建基于留学生回流的技术外溢测度模型
吴建军、黄丹（2017、2018）	中国回流留学生	各省份数据由综合引力指数计算而得	以 CH 模型为基础，构建空间滞后模型、空间误差模型；以空间杜宾模型进行技术外溢测度

续表

研究者	研究对象所在国家与地区	样本数据处理	研究方法
李平和董馨莉（2017）	中国回流留学生	各地区历年留学生回国水平为各地区历年留学回国人员数与历年各地区取得学位的高校毕业生数的比值；智力外流规模用各地区历年留学人员数表示	以 C-D 函数为基础，运用 OLS、FE、2SLS、GMM 及门限回归方法进行估计
黄丹（2018）	中国回流留学生	2000—2015 年中国省级面板数据	运用普通面板模型、空间滞后模型（SLM）、空间误差模型（SEM）及空间杜宾模型（SDM）分别对中国各地区留学生回流的技术溢出效应进行估计

资料来源：作者整理。

通过对已有文献的阅读与梳理，本书认为留学生回流的技术进步效应机理可归纳为人力资本效应、物质资本效应、竞争示范效应以及网络集聚效应。

1. 人力资本效应

相关研究显示，从发达国家归来的人才与发展中国家的本土人才比较而言，具有更高的平均人力资本水平，即存在工资和生产能力溢价（Stark 等，1998；中国海洋大学课题组，2004；Mayr 和 Peri，2008）。发达国家之间、发展中国家之间的人员流动也会产生技术外溢。国际智力回流不仅为母国带来了人力资本量的积累，而且促进了质的提高（McCormick 和 Wahba，2001；Kapur 和 Mchale，2005）；另一方面，对发展中国家而言，由于其愿意为发达国家的回流者支付更高的工资、给予更好的福利，这会促使本土人员追求更高的学历、进行更多教育、培训投资，从而进一步增加本国接受高等教育人员的数量，提高本国整体的人力资本水平（Beine 等，2001；Mayr 和 Peri，2008）。

2. 物质资本效应

该效应主要通过三种形式来体现：第一，个人储蓄、吸引外商直接投资（FDI）与融资。在发展中国家，资金短缺是约束个人事业特别是创业者发展的重要瓶颈。在海外留学及工作的人才，若将积累的储蓄随着自身回流带回母国，该部分资金即可成为事业发展所需，这有利于打破信贷约束对个体创业活动的限制（Dustmann 和 Kinchkamp，2002；Mesnard，2004）。而且，回流人员在母国的创业活动，不仅能直接创造物质财富，而且还能为社会提供更多的就业机会。第二，回流人员还可能运用社会关系网带回海外投资，如 FDI 等。第三，除了这些可以直观量化的物质资本，更重要的是他们能从海外带回新的融资方式和发展理念，如风险投资或海外上市等。这不仅能为母国筹集物质资本，更重要的是很可能带动和提升这些国家的创业文化，对该国经济社会发展产生深远影响（中国与印度的发展历程已经得到了较好印证）。

3. 竞争示范效应

首先，从企业层面来看，在同一市场领域范围内，为获得更大的市场份额或取得更好的经济效益，企业必然会做出最大努力来提高生产管理技术以及服务水平等。而人才则是实现这些目标的关键，海外人员回流无疑加剧了企业间竞争。同时，由于回流人员一般都集中在高新技术产业，因而人才与商业领域的激烈竞争将有可能引发行业的技术革新，甚至是产业结构转型与升级。另一方面，由于海归企业更多与国际接轨，具有更国际化的视野，因此，对本土企业而言，其先进的生产管理经验、企业发展规划等都可能是其学习、参考与借鉴的对象。其次，从个人层面来看，发展中国家的经济发展水平和科研条件决定了国内有限的工作及科研岗位，而海外人员回流则会与本土人才形成竞争，即产生"职位挤出效应"（李平和许家云，2011），从而促使本土人才通过进一步增加教育投资等方式提高自身竞争力。另一方面，回流人员因具备较为先进的管理与科学技术知识及理念，在工作与生活中都可能对周围人群产生一定的示范效应，从而刺激母国普通员工加强自身专业技能培训，以缩小与回流人员的差距。

4. 网络集聚效应

以回流人员为桥梁，母国人员与海外人员基于亲情或友情等形成的网络可分为社交网络、商务网络和技术网络等（Rauch，2001；Rauch 和 Trindade，2002；Jonkers 和 Tijssen，2008）。海外人员回流后，通过社交网络不仅可以加强两国间的文化交流，而且能带来国家与部门之间的商务交流，进而形成相应的商务网络。商务网络通过减少信息不对称，在一定程度上有助于加强母国与留学地在国际贸易、国际投资等方面的联系，从而吸引留学地更大份额的贸易和投资，获得更多的技术溢出。关于华人网络的研究表明，由其所引致的贸易（Rauch 和 Trindade，2002）、FDI（Gao，2003）是中国对外贸易与吸引外资的重要组成部分，且两者均具有正向技术溢出效应。当拥有高新技术的海外人员回流时，其带回的不仅仅是资本和技术，还有其集聚的丰厚人力资源，中国台湾新竹与上海张江高科技园的迅猛发展，都与海外回流技术人员带回的技术网络密切相关。

2.4.4 国际智力资本环流的技术进步效应

随着全球化、新技术革命以及工业化进程的逐步深入，国际智力资本在全球各国之间的流动更加频繁，开始出现了智力资本环流这一新的流动趋势。与智力资本外流和智力资本回流不同，智力资本环流强调高素质人才频繁地进行跨国流动，是一个复杂、多向的过程，通过环流智力资源可以超越国界进行分享，对输出国和输入国的经济发展以及技术进步都具有重大影响（Chen，2008；Kugler 和 Rapoport，2006；Xiang 和 Shen，2009）。实践证明，智力环流不仅对流入国的技术进步与经济发展有促进作用，同时对流出国也有促进作用。越来越多的回流人才将自己在国外接受的知识转移给自己的母国，不仅保持着与国外的合作网络和知识交流，而且提高了母国的国际化水平（黄海刚，2017；朱琳，2011）。海外智力资本还利用自己的社会商业资源形成了良好的信誉，以此使得发展中国家可以更容易地融入国际贸易和全球生产链（朱琳，2011）。大多数海外智力资本掌握着较为先进的管理技能和技术知识，人才环流有利于国际化发展。各国政府加大引才力度不仅是为吸引海归回流，同时也是为了吸引外国专家到本国工作，进而促进本国经济发展（陈怡安，2014；朱琳，2011）。很多"海鸥"用适合自己的方式为国服务，采用回国创业、教学等各种方式向母国传递先进理念、引进先进技术（王辉耀，2009）。

根据 OECD 相关统计资料，目前人才流动的 1/3 发生在发达国家之间，1/3 为发展中国家流向发达国家，余下的 1/3 发生在发展中国家之间，人才环流格局正在加快形成。不仅发展中国家和新兴国家需要有一批科技人才留在经济最发达或技术最领先的国家去学习最新技术与经验，发达国家也需要一批人才在海外引进本国科技创新（郑巧英等，2014）。人才环流存在知识溢出和传播效应、人才聚集效应及生产力倍增效应，通过这种积极的利益共享机制使得人才输出国和输入国都能从中受益（黄海刚，2017）。通过智力资本环流还有利于实现远距离的信息交换和协作以减少国内外产品的产出差异，对促进流出国和流入国的经济发展和技术进步都具有积极影响（Fangmeng，2016）。此外，Saxenian（2005）通过对中国和印度出生的在硅谷工作的高技术人员进行研究，发现他们通过与国内建立商业联系促进了技术和资本由单向流动向双向流动转变，即通过智力资本环流保证了流出国、流入国以及人才各方的利益，有利于实现资本和技术的双向流动。

2.5　本章小结

综上所述，学术界已有对智力资本跨国流动趋势、动因与技术进步效应等问题的研究，为全面认识这一问题提供了重要参考。不过，从已有文献来看，相比物质资本流动（如国际贸易、国际投资等）技术进步效应的国内外大量文献，从智力或人力资本跨国流动的视角研究技术创新或外溢效应的文献明显偏少。因此，本书重点围绕以下三个方面展开研究。

第一，构建智力资本跨国流动的系统分析框架。首先，相对于以国际贸易、FDI、专利申请与引用等为代表的国际技术外溢的外源性力量，智力资本所发挥的作用已日益被各国特别是后发国家视为其实现技术赶超与经济快速增长的内生动力，发达国家更是将其视为保持本国科技领先地位的重要支撑。现有智力资本跨国流动的研究对象大多集中于以留学生为代表的海外智力回流,而事实上智力流动的主体不仅仅是留学生,还应包括科学家、企业家、技术工人等等。其次,从收集到的国内外资料来看,纵观国际人力资本流动理论及相关研究,暂未发现全面阐述智力资本跨国流动的文献,这不仅包括智力资本的单向流动和双向流动,还应包括环流。

第二,分析智力资本跨国流动形式的动因。现有相关研究主要考察流出国与流入国的宏观因素对智力资本跨国流动的影响,但少有文献从智力资本的个人视角,或者结合个人视角来研究宏观因素对其跨国流动的影响。由于智力资本跨国流动决策具有差异性大、主观性强的个体特征,因此结合智力资本个体的微观特征来考察宏观因素对其跨国流动的影响,以及从跨国流动人才的微观层次特别是异质性人力资本的视角来研究智力资本跨国流动动因,应是一个研究重点。

第三,测算智力资本跨国流动的技术进步效应。一方面,已有研究智力资本跨国流动与一国技术进步联系的文献偏少,特别对中国的研究更是稀缺。因此,本书分别从以下三个方面进行实证分析,即运用中国移出移民的数据研究智力资本外流对母国技术创新的影响、基于中国留学生回流的数据考察智力资本回流的技术进步效应、运用来华留学生的数据测度海外智力流入对中国城市创新能力的影响效应。

全球智力资本国际流动的
发展动态与中国现状

研究智力资本跨国流动能否产生技术进步效应，首先需要对智力资本国际流动的发展历程进行系统分析，以辨别全球特别是中国智力资本国际流动的规模、特征及发展趋势。因此，本章将着重研究全球智力资本国际流动的发展动态与中国现状。首先，从流动规模、流动方向、流动动因等方面考察全球智力资本流动的发展趋势；其次，从本国智力外流、海外智力流入、本国智力回流等方面分析中国的智力资本国际流动现状。通过研究发现，当前国际智力流动过程中，高素质人才已成为智力流动的主体；国际人才流动主要是由欠发达国家流向发达国家，也有部分人才从发达国家流向欠发达国家；全球智力资本跨国流动主要受个体和社会等因素的影响。随着世界与中国经济一体化的推进，中国的海外移民数量也在不断增长，并已成为世界第四大移民输出国；来华留学生规模迅速扩大，非学历留学生仍是其主要群体；境外来华专家规模不断扩大，高级技术专家所占比重上升；随着中国经济实力的不断提升，海外智力回流人数大幅增长。

3.1 全球智力资本跨国流动的发展趋势

经济和人才全球化时代，人才受到利益的驱使在不同的行业和部门、不同的国家和地区之间流动。当前国际智力流动主要特点和规律有：

第一，高素质人才成为国际智力流动主体。人才作为社会财富的创造者，是一国竞争力的重要体现，也是实现可持续发展的核心动力。随着知识经济时代的到来，人才成为社会和经济发展的中心。这里的人才是指那些拥有一定的专业技能或受过高等教育的人，也就是人力资本。知识的溢出是国际技术扩散的重要渠道，人力资本作为知识的载体，并不只是普通的劳动力，也不是简单的资本，是指那些拥有较高教育水平和技术创新能力的人才。Carrington 和 Detragiache（1998）通过对 61 个发展中国家的移民进行了教育水平的分析，结果表明，移民中只有 7% 的人是初等教育水平。中国的移民中也有一半人受过高等教育，可见国际人力资本流动主要是高素质人才的流动。高素质人才流动主要具有以下原因：一方面，全球化的深入发展，国家间经济和贸易往来快速增加，越来越多的跨国工程需要各国相互合作。因此，高素质人才不再是某国专属资本，而是世界人力资本。另一方面，全球化时代，高素质人才为了寻求更好的发展、更高的薪资，得到更多的社会认可，会流向那些更能体现其自身价值的国家和地区。而且随着互联网的日益成熟，网上招聘、网上求职更加方便快捷，给各国人才提供了更多选择，也推动了那些高素质人才的跨国流动。

第二，国际人才主要由欠发达国家流向发达国家。人才全球化时代，发达国家和欠发达国家都存在出现了大量的人才跨国流动，国际人才流动主要是由欠发达国家流向发达国家，也有部分人才从发达国家流向欠发达国家。欠发达国家人才流向发达国家的主要原因有：（1）由于发展中国家经济发展速度慢、教育水平不低难以发挥人才自身价值，实现社会经济发展和人力资本之间的良性循环。（2）由于发达国家拥有更好的薪资待遇和工作环境，更高的教育水平和更大的发展空间，吸引着欠发达国家的人才选择留学或移民。（3）由于欠发达国家经济发展水平低，不能进行大量的教育投入，发达国家国地区的人才不会选择流向欠发达国家和地区。人才由发达国家流向欠发达国家主要原因有：发达国家人才进入门槛较高，并不是所有高素质人才都可以进入，而一些发展中国正处于经济快速发展期，需要大量的优秀人才，推出一系列引才政策，那些想要谋求更大发展、实现价值的人才会选择流向欠发达国家和地区。下面重点以留学生为例，分析全球智力资本跨国流动的发展趋势。

3.1.1　全球智力资本流动规模

随着世界经济一体化、全球化进程的加快，作为主要生产要素的人力资本呈现出日益频繁的跨国流动趋势，其中国际移民已成为人才全球流动的重要组成部分。1960—2017年，全球移民人数由1.55亿人上升至2.58亿人，占全球总人口的3.4%。特别作为智力资本的重要部分，在2003—2017年这15年间，全球国际留学生总数从2652069人增长到5085159人，增加了近1倍的人数。增长速度大致呈现出正态分布的趋势，从2003—2008年增长速度一直是递增的状态，并在2008年到达增长速度的顶峰约7.28%。从2008—2012年，国际留学生总人口的增长速度呈现出递减的趋势，增长速度的差幅达到了将近3.7%。这可能是因为受国际金融危机影响，全球经济低迷，欧美国家财政紧张，减少了对留学生的财政补贴，从而增加了留学成本。随着世界经济回暖，自2012年至2016年，国际留学生总数又出现高速增长状况，并在2014—2016这三年间，以每年6%的速度高速增长。也许是国际留学生总数达到了饱和的状态，在2016—2017年间，总人数出现了15年来的首次负增长，也可以理解为和2016年的人数基本持平，只减少了700多人（见图3.1）。

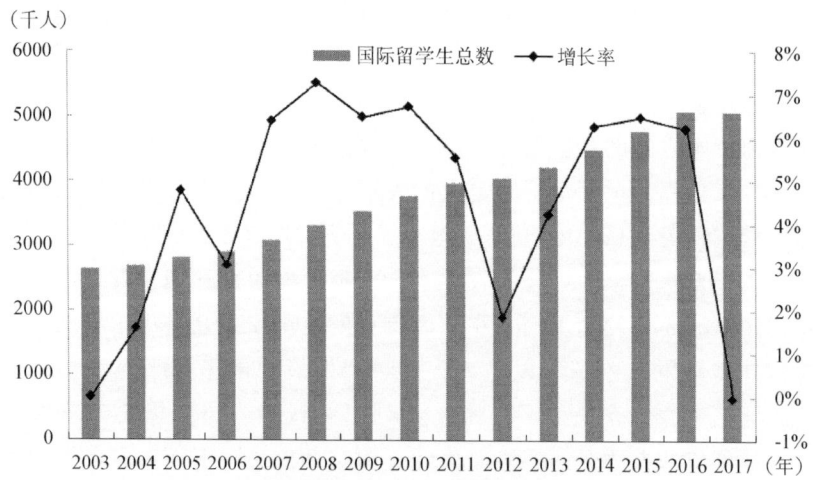

图3.1　国际留学生总数变化趋势（2003—2017年）

数据来源：根据联合国教科文组织统计数据整理绘制。

3.1.2 全球智力资本流动方向

图3.2显示了按国家收入情况分类的入境留学生人数的变化情况。2017年，流入高收入国家的留学生总人数共计3800286人，相较于2016年的高收入国家入境留学生存量来看，上升了4374人，这也是15年来增长率最低的一年，约为0.12%。然而，横向比较中低收入国家、中等收入国家和中高收入国家，入境留学生总人数都较2016年有所下降，只是幅度都在0.8%以下。由于高收入国家大多都为发达国家，教育水平和科研投入均处于世界前列，能够吸引更多的人才前往深造。从统计数据显示，每年入境留学生总人数中，高收入国家占据着绝对的主导地位，大约65%的留学生都会选择前往高收入国家，并且其入境留学生总人数的增长率一直呈现出稳步上升的趋势。虽然留学中等收入国家和中高收入国家的学生占比较少，但是它们的增长率却大于流入高收入国家的增长率，特别是在2008年世界发生金融危机的时候，流入中等收入国家和中高收入国家的学生人数大幅增加。其中，流入中高收入国家的增长速度在2008年为31.35%，达到了历史峰值。

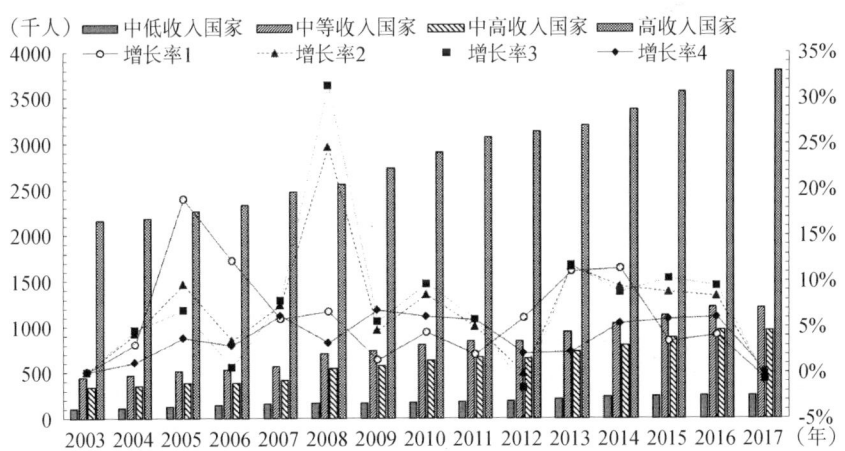

图3.2 不同收入国家的入境留学生人数变化情况（2003—2017年）

数据来源：根据联合国教科文组织统计数据整理绘制。

下面进一步分析不同收入国家的出国留学情况。由于部分数据缺失，这里将所有国家分为三类，即低收入国家、中等收入国家和高收入国家。从上文可知，高收入国家是各国学生留学的主要目的地，而根据本部分的统计数据显示，中等收入国家却是输出大量留学生的重要来源地，其每年的出国留学人数规模占全球留学生总数的60%左右。由图3.3可知，低收入国家对外输送留学生人数也在逐年增加，且增长速度快于中等收入国家和高收入国家，说明其越来越重视教育投资以及人才培养。以2017年为例，相比于2016年度，三大类国家的出国留学生总人数均有所下滑，低收入国家出国留学生人数减少了2323人，高收入国家减少了1748人，中等收入国家减少了20514人，但下降幅度均低于0.75%。

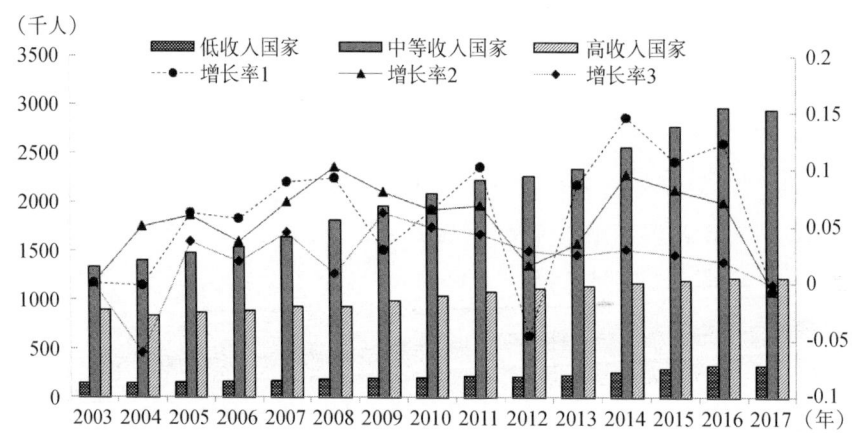

图3.3 不同收入国家的出国留学生人数变化情况（2003—2017年）

数据来源：根据联合国教科文组织统计数据整理绘制。

由于数据的可得性，本部分以2003—2017年的数据分析亚非欧和大洋、北美洲国际留学生的流动方向。由图3.4可知，国际留学生总体上仍趋向于去欧美地区深造。每年前往欧洲的留学生人数占总人数的比重基本保持在43%左右且变化不大。其余各洲的占比也基本保持不变，北美洲约占24%左右，亚洲占8%左右，非洲占20%左右，大洋洲占5%左右。以2016年为例，国际留学生流入亚洲的总人数达到1099770人，增长率达到9.94%；大洋洲的增长率相比其他各洲是最高的，达到10.53%；非洲的国际留学生入境人数是各大洲中唯一出现下降的一个，下降了约2.91%；欧洲和北美洲都呈现出稳定增加的趋势。但到2017年，除大洋洲继续保持两位数的增长率以（11.2%），其余各洲的国际留学生人数增长率都已变缓，亚洲为2.89%、非洲为1.97%、欧洲为3.57%、北美洲为2.93%。

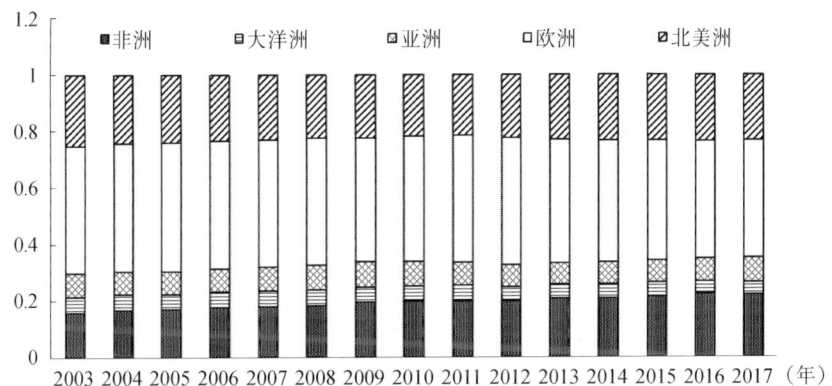

图3.4 国际留学生流入五大洲的占比情况（2003—2017年）

数据来源：根据联合国教科文组织统计数据整理绘制。

可能与人口基数相关，亚洲留学生在国际留学生总数中占领了"半壁江山"，欧洲由于教育科技发达，出国留学门槛也低，所以每年也有很多人选择"海外镀金"。非洲出国留学生人数高于南美洲和北美洲，并不断加大教育投资。由统计数据可知，2017年从亚洲共计流出2278083左右的学生前往世界各地学习，较2016年减少了20000人左右，降幅约0.7%，是近15年来总人数的首次下降。图3.5表明了2003—2017年五大洲学生流出的整体情况，欧洲、北美洲和南美洲的出国留学生人数虽有增加，但是增长率都比较低，分别为0.05%、0.1%、0.21%左右。

3.1.3 全球智力资本流动动因

学者们将政治、气候等多种因素作为智力资本跨国流动的影响要素，形成了智力资本流动动因的基本框架。此后，智力资本流动动因研究受到大量学者重视，随着智力资本流动特点的变化和学者们研究思路的不断改变，智力资本流动动因研究的不断丰富，主要可以分为以下几类：

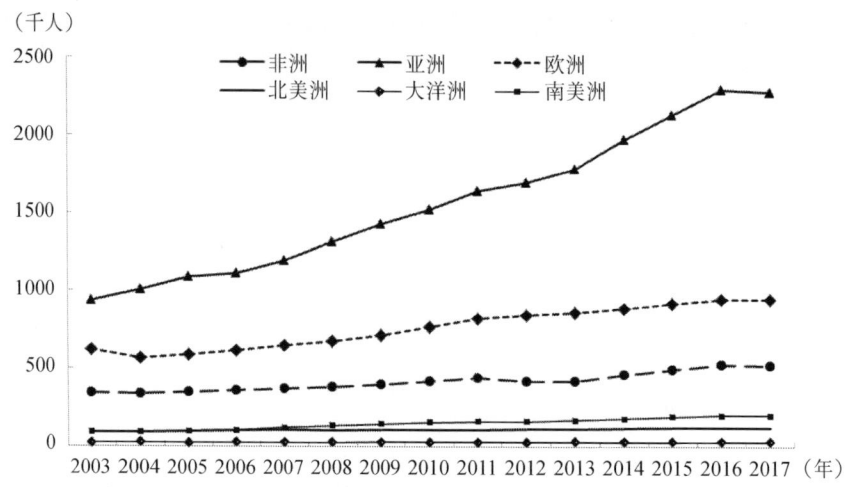

图 3.5 各大洲学生流出情况（2003—2017 年）

数据来源：根据联合国教科文组织统计数据整理绘制。

1. 个体动因研究

个体动因研究认为人才会在自身利益最大化的条件下选择是否流动，该研究注重的是个体选择对人力资本流动的影响。20 世纪 50 年代后，新古典主义对人力资本跨国流动动因进行了分析。新古典主义是一种理性主义，它的研究重点在于个体流动产生的效应变化。Sjaastad（1962）通过对国家间人力资本流动和各国工资水平的研究发现，只有当收益大于成本时，人力资本个体才会选择流动。Toadaro（1969，1970）研究发现，人力资本个体是否移动主要考虑流动多带来的预期收益能否增多。受新古典主义思路的影响，国内学者对此也进行了大量研究。沈文玮（2002）认为，人力跨国流动是一个寻求投资回报最大化的过程，除此之外，潜在的利益也随之提高。荣芳（2000）建立了人力资本流动模型，其中预期收益是人力资本跨国流动的首要影响因素，同时还受人力资本个体自身素质的影响。新古典主义作为人力资本跨国流动动因研究的基础，还存在许多缺陷，新古典主义之后又有许多新的理论。一方面将收入的差异由绝对差异变为相对差异。Stark（1991）通过实证分析发现，影响人力资本流动的原因（收入差异），应该是在同参照群体的前提下进行，而不是在两个不同群体之间进行收益的比较。另一方面，将流动动因进行了拓展。新古典主义将收入作为影响流动的唯一因素不够全面和准确，除了收入之外还有很多因素影响着人力资本流动，甚至有研究发现收入并不是影响人力资本流动的首要因素。有学者认为气候、社会环境等非贸易品才是影响人力资本流动的首要因素。牛敏（2003）提出，人力资本跨国流动不仅受到经济利益影响，还取决于个人价值的实现。因此，影响人力资本流动的因素并不是单一的。

2. 社会动因研究

古典主义强调个体的作用，认为个体利益最大化是决定流动的决定因素。但是该理论比较单一化，对于系统化的研究不足，不能从整体上揭示人力资本跨国流动的动因。为了寻求更深层次的原因，许多学者摆脱了个体的影响，从整体角度进行研究。Ravestein（1985）从社会角度研究了人力资本流动，并提出推—拉概念。Donald（1995）通过这一理论对人力资本跨国流动动因做出了解释，他认为推—拉的合力大小和方向是人力资本流动数量和流向的决定因素。推—拉理论从整体上分析人力资本跨国流动的影响因素，形成了人力资本跨国流动的重要研究方向。李守身（1997）认为经济发展的不均衡是人力资本的流动导致。王东升和侯如云（2004）通过该理论分析了中国人才外流的原因。李全喜（2008）将人力资本流动的影响因素归纳为宏观、中观和微观三个层次。有学者从制度理论角度对影响人力资本流动的因素进行分析。韩伯棠（2003）认为一个国家的产权制度是吸引人才的关键因素，清晰合理的产权制度将吸引人才流入，反之则会刺激人才外流。赵莉（2004）发现由于世界经济发展的不均衡，欠发达国家在人才引入上处于弱势地位，这也是导致欠发达国家人才外流的主要原因。

3.2　中国的智力资本国际流动现状

3.2.1　本国智力外流

因数据的可获取性，本书中关于中国智力资本跨国流动的数据暂未包含中国香港、中国澳门和中国台湾地区。本节重点分析智力外流的重要组成部分——移民。随着世界与中国经济一体化的推进,中国的海外移民数量也不断增长。根据联合国国际移民组织公布的《世界移民报告2018》,中国已成为世界第四大移民输出国,仅次于印度、墨西哥和俄罗斯,有接近1000万中国出生的移民正生活在国外。整体而言,中国移入移民量与移出移民量都呈现出上升趋势。图3.6描绘了1990—2015年中国的移民数量变化情况①。1990年中国对外移民人数为422.78万,而2015年中国对外移民人数达到了954.61万,是1990年的2.26倍。随着改革开放进程的逐步深入以及国际形象的显著提升,中国吸引了更多的国际移民,其移入移民量由1990年的37.64万人上涨到了2015年的97.80万人,扩大了2.6倍。值得关注的是,虽然中国移出移民量与移入移民量都在上涨,但与此同时中国的"移民赤字"也呈现出不断上涨的趋势。1990年中国移民赤字为385.15万人次,2015年为856.81万人次,其涨幅高达122.46%。移民赤字数据的上涨,一定程度上反映了我国资产与人才流失的程度,这当然也包括智力资本。因此,有必要采取有效措施以缓和这种现象,提升中国人力资本水平。

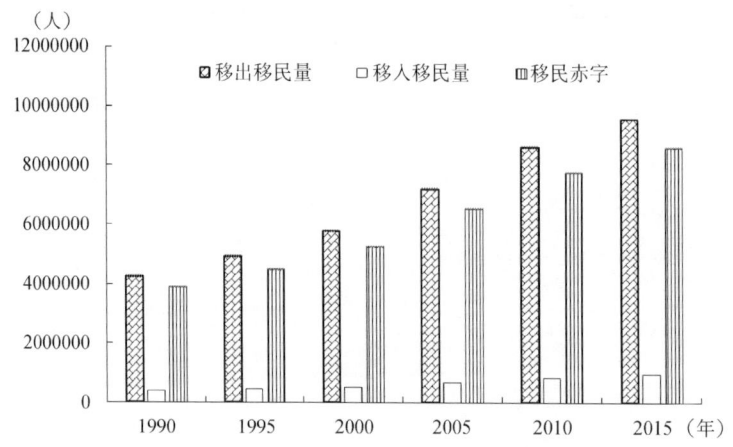

图3.6 中国移民数量变化情况(1990—2015年)

数据来源:联合国国际移民组织(IOM)发布的各年度《世界移民报告》。

---

① 国际移民存量数据由联合国经济与社会事务部更新,目前公布了1990年、1995年、2000年、2005年、2010年和2015年的数据。

目前中国的海外移民分布于世界各地,整体来看,美国、加拿大、澳大利亚、欧盟、日本等发达国家和地区仍是中国海外移民的重要目的地。其中,美国是中国海外移民的首选目的国,也是中国海外移民存量最多的国家。截至2015年,移民至美国的中国大陆人口达到210.4万,占中国海外移民总量的22%。中国的海外移民主要包括投资移民和技术移民两大类。

1. 投资移民

近年来随着中国经济快速增长,中国部分居民的财富积累呈加速度增长,其海外资产配置需求也逐渐提高,海外发达国家的高教育水平和医疗福利体系吸引了大量的中国投资移民。胡润研究院发布的《2018中国投资移民白皮书——新兴移民趋势》,分别从教育、投资目的地、移民政策适用性、海外置业、个人所得税低税负、医疗系统有效性、护照免签、华人适应性八个角度评估了世界主流移民国家在吸引国际移民方面的实力,评出了2018年中国移民指数排名前10的国家,即美国、英国、爱尔兰、加拿大、澳大利亚、希腊、葡萄牙、西班牙、马耳他和塞浦路斯。其中,美国连续四年成为中国投资移民的首选目的地和置业国。移民至美国的中国投资者大多数以给后代一个好的教育环境为出发点,且认为在美国创业更为有利。

在美国的移民类别中,"EB-5"(Employment-based Fifth Preference)是美国移民法中针对海外投资移民者设立的移民签证类别,是美国基于就业的移民类别第五类,即"第五类优先就业型移民签证",于1990年立法设定,1991年起实行。EB-5法案主要内容是:外国投资者只要在美国境内投资100万美元或在经核准的区域中心投资50万美元,并直接或间接创造10个就业机会,就可获发二年期的有条件绿卡,五年投资期满后,资金将予以返还。EB-5投资移民签证相对申请核准时间较短、资格条件限制最少,中国历年申请此类签证的人数也不断增加,中国大陆的投资人是申请EB-5的主力军。根据美国EB-5投资移民行业协会(IIUSA)发布的《投资者市场报告》,1992—2014财年,中国大陆累计13392个家庭获得EB-5签证,占所有获批人数的67.5%,投资金额累计达66.96亿元,远远超过世界其他国家。

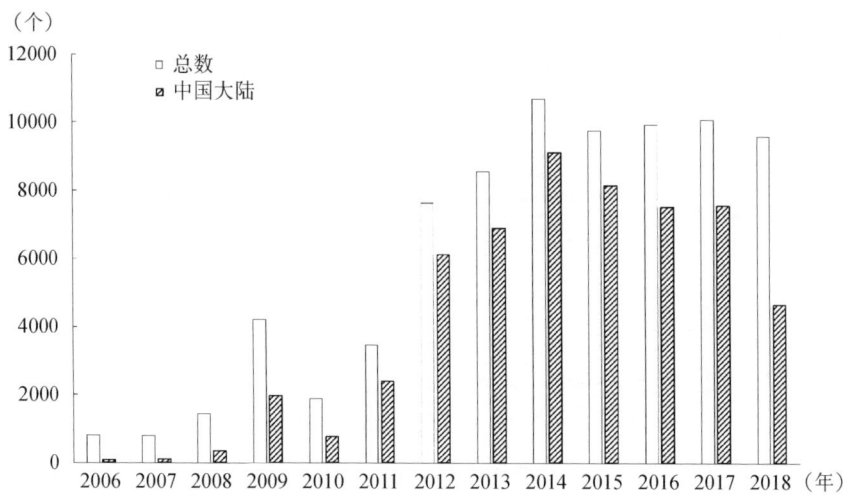

图 3.7 中国大陆投资人获得美国 EB-5 签证数（2006—2018 财年）

数据来源：各年度美国签证统计报告。

图 3.7 显示了 2006—2018 财年中国大陆投资人获得 EB-5 投资移民签证的变化趋势。从总体发展态势上看，中国大陆投资人获得 EB-5 投资移民签证数量在 2014 年形成了一个拐点。2006—2014 财年，中国大陆投资人获批 EB-5 签证数量不断增加，由 2006 年的 96 份上升至 2014 年的 9128 份，特别在 2011—2017 财年中国大陆投资人获得该类签证的占比都在 70%~80% 之间。但从 2015 财年起，中国大陆投资人获批该签证的人数开始下降，2018 财年下滑幅度最大至 38%，这主要是因为自 2015 年开始来自其他国家的投资者申请数量猛增（见图 3.8）。2018 财年中国大陆投资人获批的签证为 4642 份，比 2017 财年少 2925 份，同时越南、印度、韩国、中国台湾、巴西、委内瑞拉、中国香港和墨西哥等国家和地区获得的签证数均有大幅增长。

2. 技术移民

通过对全球移民数据的分析可以发现，随着交通成本下降和国际人才竞争的加剧，大批高技术移民倾向于移民至发达国家。中国作为移民来源大国，因与其他国家特别是美欧等发达国家在经济、科技、教育等方面存在差距，使得拥有高学历、高技能、高科技水平的智力资本成为了技术移民，这是我国智力外流中最令人惋惜的部分。

第3章 全球智力资本国际流动的发展动态与中国现状

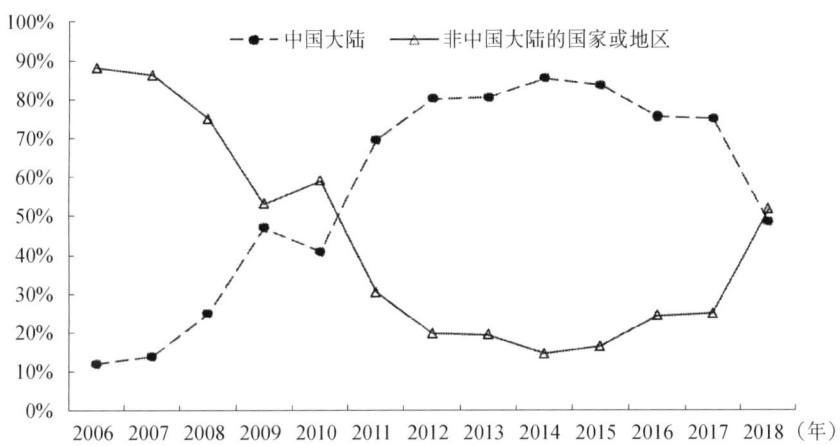

图 3.8　非中国大陆投资人获美国 EB-5 签证占比（2006—2018 财年）
数据来源：各年度美国签证统计报告。

以大多数技术移民的目标国美国为例，美国对于申请其国家签证的人群授予不同类型的签证，其中 E1、E2、E3、E4 类签证主要发给享誉全国或全球的外国人、特殊学术领域里的杰出教授或研究人员、具有高等学位的特殊技能专业人士、技术劳工和专业人员等，这一类人群大部分为高学历、高技能人才。图 3.9 显示了 2006—2018 财年中国移民获得的美国 E1、E2、E3、E4 类签证情况，可以看到中国通过获得美国技术移民签证的趋势有所放缓。这一方面是因为美国技术移民政策的变化，且相对于投资移民签证而言，技术移民签证要求更为严苛，名额一向趋紧；另一方面国内实施的人才政策在一定程度上减缓了技术移民的步伐。虽然技术移民趋势有所放缓，但是从图中仍然可以发现，中国平均每年通过技术移民到美国的人数都超过了 10000 人。这些高技能人群移民带来的不仅仅只是资本的外流，更重要的是高端人才的流失，这不仅直接影响了我国的人力资本存量与结构，更加会在一定程度上给我国的技术创新能力带来影响。

此外，留学生移民也占了一定份额。1978—2017 年的 40 年间，有 195.81 万留学人员选择学成后留在东道国或者移民到其他发达国家，约占出国留学人员总数的 38.82%。这些留学生移民大部分都受过良好的高等教育，他们的加入对于移民接收国来说，既提高了其国内的人力资本存量，优化了人力资本结构，更有助于其技术进步与经济增长。据美国商务部的数据，2017 年国际学生通过学费、食宿、其他费用为美国经济贡献

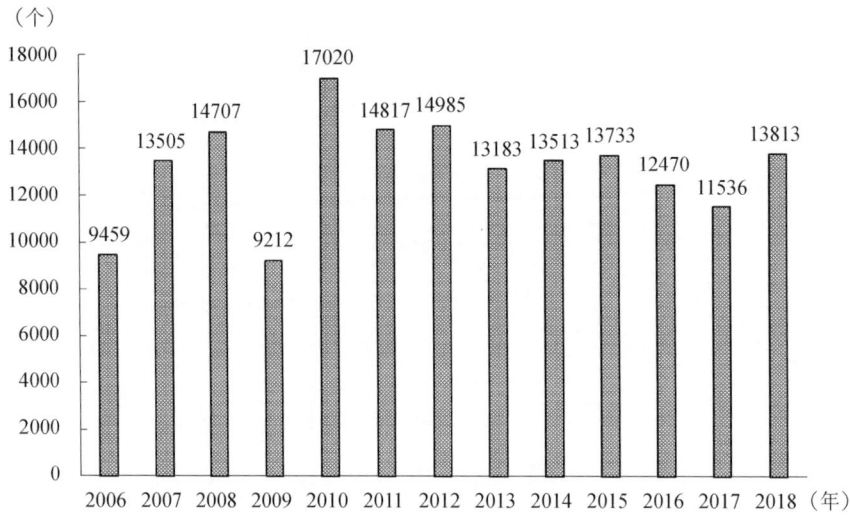

图 3.9　中国获得美国 E1–E4 类签证数（2006—2018 财年）

数据来源：各年度美国签证统计年报。

了 424 亿美元，2017—2018 年度来自中国的留学生数量为 363314 人次，占美国所有留学生的 33.2%，贡献超过 138 亿美元。

3.2.2　海外智力流入

1. 外国来华留学生

1950 年来华留学生人数仅 33 人，1978 年增加到 432 人，2017 年外国来华留学生达 489172 人，来自世界上 204 个国家和地区，来华留学生规模迅速扩大。以 2017 年为例，来华留学生在我国 935 所高等院校、科研院所和其他机构中学习、研修与培训，其中学历留学生 241543 名，占来华留学生总数的 49.4%；非学历留学生 247629 名，占来华留学生总数的 50.6%。学历留学生中的专科生、本科生、研究生人数分别为 8056 名、157728 名、75759 名，在当年来华留学生总数的占比分别为 1.6%、32.2%、15.5%；非学历留学生中的普通进修生、高级进修生、短期留学生的人数分别为 121436 名、2480 名、123713 名，在当年来华留学生总数的占比分别为 24.8%、0.5%、25.3%（见图 3.10）。可见，非学历留学生仍然是外国来华留学生的主要群体，其人数略高于学历留学生人数。而且，普通进修生是非学历留学人数的主要群体，占非学历留学生人数的50.1%。同时，学历留学生人数中的主要群体仍然是本科学历的留学生，占学历留学生人数的65.3%。通过2003—2017年的相关统计结果可以发现，专科生、本科生、研究生、短期留学生的数量都出现了增长，而普通进修生和高级进修生的数量都出现了下降，即学历留学生的增长趋势明显，非学历留学生的占比则是逐步下降。

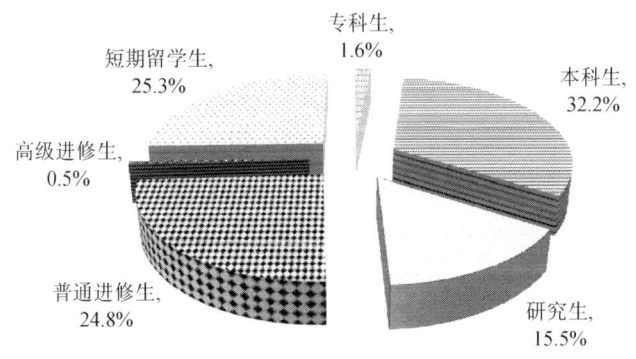

图3.10 来华留学生类别构成（2017年）

数据来源：各年度《来华留学生简明统计》。

除此之外，来华留学生的专业分布不再局限于中文、历史、教育和中医等传统专业，越来越多的外国留学生选择科技、建筑、管理、西医等专业。从图3.11中可见，来华留学生中高素质人才增长迅速，博士研究生、硕士研究生、本科生数量和占比都呈现出明显的增长趋势。2003年来华留学生中，博士生1637人，占外国来华留学生比重为2.1%；研究生3397人，占比4.3%；本科生19319人，占比24.8%；专科生263人，占比0.3%；非学历留学生53099人，占68.3%。2017年来华留学生中，博士生22012人，硕士生53747人，本科生157728人，专科生8056人，非学历留学生247629人，本科以上学历占外国来华留学生比重为47.7%，较2003年增加了16.4%。

由表3.1可知，近年来非学历外国来华留学生占比有明显下降，2003年非学历来华留学生比例高达58.79%，2014年，非学历的来华留学生占比重降低到35.99%。非学历来华留学生仍然是外国来华留学生的主要组

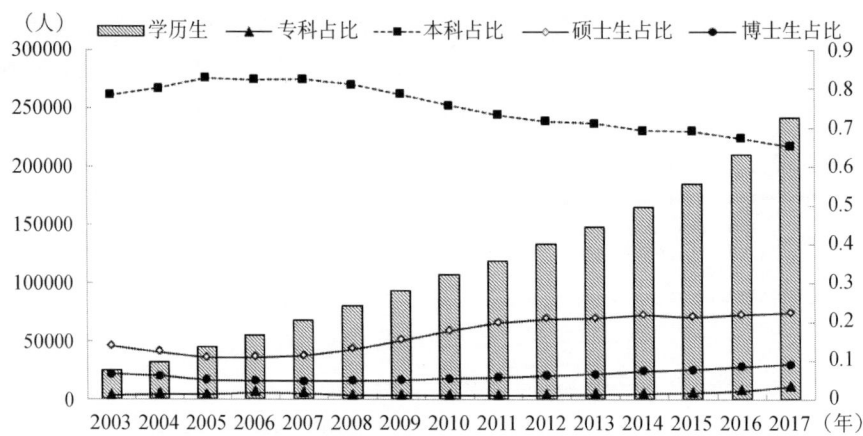

图 3.11　外国来华留学生学历层次情况（2003—2017 年）

数据来源：各年度《来华留学生简明统计》。

成部分，根据中国《国际人才蓝皮书2015》统计，非学历来华留学生进修比例较小，但是却有相当比例会选择留下工作或继续学习，所以重视非学历留学生，扩大招生规模显得十分必要。

表 3.1　非学历外国来华留学生统计（2003—2017 年）

年份	学历生（人）	非学历生（人）	非学历生占比
2003	24616	53099	0.68
2004	31616	79228	0.71
2005	44851	96236	0.68
2006	54859	107836	0.66
2007	68213	127290	0.65
2008	80005	143494	0.64
2009	93450	144734	0.61
2010	107432	157658	0.59
2011	118837	173774	0.59
2012	133509	194821	0.59
2013	147890	208609	0.59
2014	164394	212660	0.56
2015	184799	212836	0.54
2016	209966	232807	0.53
2017	241543	247629	0.51
2018	258122	234063	0.48

数据来源：各年度《来华留学生简明统计》。

近年来随着中国综合实力的不断提升,特别是"一带一路"倡议提出以来,海外来华留学生呈递增趋势。2016 年,外国来华留学生来自世界上 205 个国家和地区,其中,在各大洲中来华留学生统计中亚洲一直位居榜首。纵观 2003—2016 年各大洲来华留学生的分布情况,亚洲来华留学生整体呈现逐年递减趋势,其他大洲则呈逐年递增的发展势头,但亚洲来华留学生仍然是外国来华留学生的主要来源,其次是欧洲来华留学生、非洲留学生、美洲留学生、大洋洲留学生(见图 3.12)。2003 年亚洲来华留学生占外国来华留学生的 84.1%。是欧洲的 11.7 倍、北美洲的 17.9 倍、南美洲的 210 倍、非洲的 30 倍、大洋洲的 120 倍。到 2014 年亚洲来华留学生人数占外国来华留学总人数的比重还是高达 63.2%,是欧洲的 4.3 倍,是北美洲的 11.8 倍,是南美洲的 42 倍,是非洲的 4.5 倍,是大洋洲的 57.5 倍。其中非洲外国来华留学生占比是 2003 年的 5 倍。

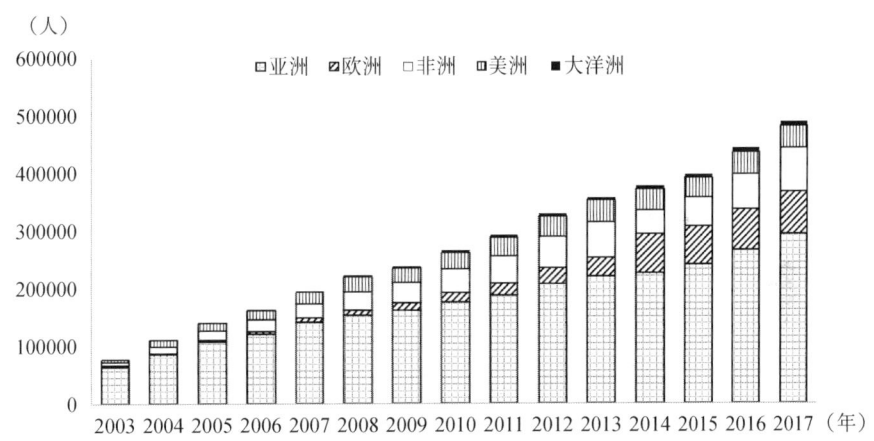

图 3.12　外国来华留学生地区分布情况(2003—2017 年)

数据来源:各年度《来华留学生简明统计》。

2. 海外来华工作专家

外国人才和智力是中国创新体系的重要组成部分。图 3.13 显示了 2003—2014 年的境外来华专家总量及增长率[①]。1979 年在华工作的海外专

---

① 受数据获取所限,本节关于境外来华专家的相关分析暂只使用 2003—2014 年的数据。

家仅820人，2003年海外来华工作专家39万人，2013年上升到61.2万人。期间，由于经济危机的影响，2008年境外来华专家出现负增长，仅为445721人，比上年减少了34825人，下降7.2%。海外来华的专家结构也发生了较大变化，经济类专家减少，文教类专家增加。

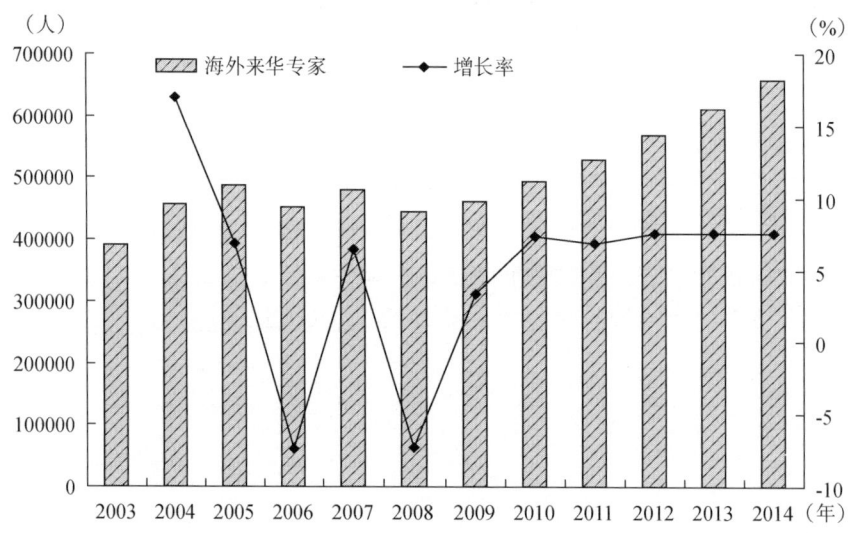

图3.13 境外来华专家总量及增长率（2003—2014年）

数据来源：各年度《境外来中国大陆工作专家统计调查资料汇编》。

从境外来华专家的规模数量来看，根据国家外国专家局的统计数据，"十二五"期间，境外来华专家规模不断扩大，由2011年的52.9万人次增加到2015年的60余万人次，年均增长5%以上，5年总量达300万人次，比"十一五"增长30%左右。同时，外国来华专家和中国港澳台来华专家比例基本保持在3:1左右，长期专家占境外来华专家总量比保持在58%左右，明显高于短期专家占比。从境外来华专家的人才质量来看，境外来华高学历专家增长较快，2013年聘用的专家中硕士学历和博士学历分别为62526人、22209人，比2012年分别增长了6.18%和4.89%。同时，高级技术专家所占比例上升，2012—2013年从事高级管理工作的境外专家占全部境外专家的比例超过40%，在所有行业中排名第一。排名第二的是担任教学职位的境外专家，排名第三的是从事项目（企业）负责人的境外专家。虽然从事高新技术行业的境外专家排名第四位，但其增幅较大，2012—2013年较2011—2012

年分别增长了16.82%和6.56%。从境外来华专家的就业分布来看，海外专家集中分布在企事业单位，2013年企事业单位占来华专家的96.5%、机关和社会团体的来华专家占比3.16%，大型的建设项的专家占比0.34%。据统计，来华的经济、技术和管理类专家主要分布在制造业、批发和零售业，其中，制造业比例最高，2012年制造业占比44.7%左右。

3.2.3 本国智力回流

如何有效吸引留学生回流，是当前中国实施人才发展战略面临的一个重要问题。自二十世纪下半叶以来，随着全球化进程的加速，越来越多的学生远赴国外尤其是发达国家寻求优质教育资源，国际学生流动的程度、频度和广度正呈现上升趋势。中国作为世界上最大的留学生输出国，近年来随着全球人才流动速度的加快，出国留学总人数逐年增加，但增速已明显放缓。进入21世纪以来，中国综合国力的提升与吸引人才政策的实施，有效推动了中国留学生回流，但总体上回流率仍然不高。研究表明，留学生回流会受到国内外诸多因素的影响。党的十八大以来，中国已有累计近300万留学人员学成归国，占改革开放以来回国总人数的2/3，形成了我国历史上最大规模的留学人员归国潮。因此，探讨改革开放以来中国留学生回流的特点与趋势，研究影响中国留学生回流的主要因素，为制定相关人才政策、加速海外智力回流提供借鉴和参考。

1. 改革开放以来中国留学生回流的发展轨迹

（1）从国家相关政策的发展历程来看。

1978年中国实行改革开放政策，邓小平同志发表了扩大人才对外交流的重要讲话，从此中国留学事业进入新时代。改革开放以来，中国派出与吸引留学生回流的政策及学生赴海外留学的情况大致可分为五个发展阶段：第一阶段：20世纪70年代末至80年代初（1978—1982年），这一阶段主要是公派留学生，基本无滞留不归现象。第二阶段：20世纪80年代初至中期（1982—1986年），中国逐步放开自费留学政策与多种留学渠道，单位公派和自费留学生开始成为我国出国留学的新兴群体并首先形成"留美热"，留学生回流问题开始引起注意。第三阶段：从20世纪80年代中后期至90年代初（1986—1992年），该阶段的特点是"留美热"方兴未艾，"留澳热"和"留日热"又相继形成，公派留学稳步发展、自费留学规模逐渐扩大，且大部分人员学成后留在国外。第四阶段：1992年至20世纪末（1992—2000年），政府确立了"支持留学，鼓励回国，来去自由"的留学工作方针，对中国的留学及回国工作起到很大的推动作用，中国留学生滞留海外不归情况有所缓解。第五阶段：进入21世纪后至今，我国留学工作步入成熟发展阶段，中国留学政策得到更加灵活务实的体现，吸引人才回流政策也从"鼓励回国，来去自由"调整为"鼓励海外留学人员以多种形式为国服务"，并形成了以国家公派、单位公派、自费出国留学及留学回国政策交叉组成的国家留学政策体系，留学回国人员规模显著增加。

（2）从留学生的回流数量及回流趋势来看。

近年来我国留学生回流人数有较大幅度的上升，如1980年留学生回流数只占出国留学生数的7.63%，2000年这个比例达23.39%，到2011年第一次回流比超过50%，2017年已上升到79.04%。图3.14显示了中国1978—2017年出国留学人员与学成回国人员数量以及留学生回流率。1978—2017年的40年间，中国出国留学人员总计504.45万，特别是2007—2011年出国留学人员数量连续4年增长比例均超过20%。与此同时，改革开放以来留学回国人员总数为308.69万人，约61.18%的留学人员选择学成后回国发展，回流人员的年均增长率为37.26%。

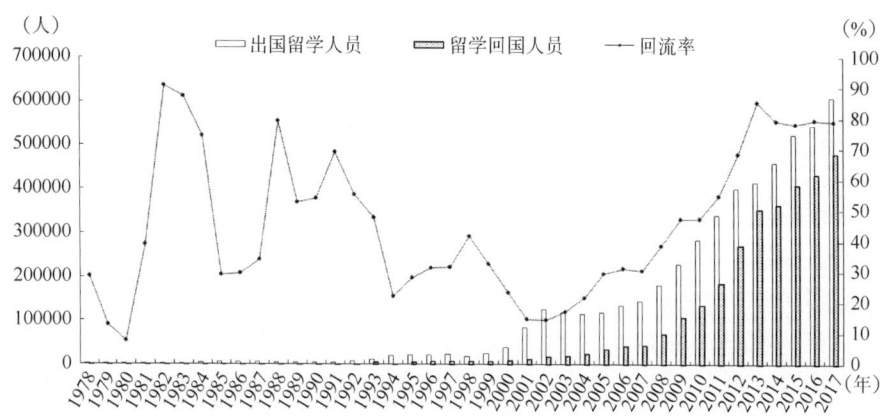

图3.14　中国出国留学人数与留学回国人数及回流率（1978—2017年）

数据来源：各年度《中国统计年鉴》《中国留学回国就业蓝皮书》与《新中国六十五年统计资料汇编》。

通过图 3.14 可看到改革开放 40 年来，中国的留学生回流具有如下特点：

首先，从出国留学人员与留学回国人员规模的发展阶段来看，1992 年之前出国留学人员相对较少，留学人数与回流人数增长较为缓慢；在 1992—2000 年间，两者均有较明显增长；2000 年以后，出国留学人员及回流留学生增长迅速；尤为突出的是 2008 年后，留学归国人员规模的增速得到进一步加快。不过，尽管 21 世纪以来，中国出国留学人员与回国人员数量都有很大的增长，但出国留学的增长幅度远大于回流的增长幅度。总体来看，1978—2010 年，虽然学成后回流学生的数量在不断增加，但学成而居留在外的人员依然多于回国人数；2011—2017 年，学成回国人员开始明显超过留居海外人数。

其次，从回流率的变化趋势来看，以 2000 年为分界点的前后变化明显。1978—2000 年，中国留学生回流率呈现出大起大落的发展状态，20 多年间的出国留学人员和留学回国人员数量都相对较少，且一般当年出国留学的人员不会当年回流，其回流年限存在滞后状况。在流出人员基数较小的情况下，回流人员数量更小，其数量的变动对回流率的影响也越大，从而导致指标变化的不稳定。2000 年以后，伴随着中国经济社会的迅速发展及国际化进程的逐步推进，中国出国留学人员和回流人员数量得到大幅增长，统计指标逐渐稳定，回流率开始呈现出稳定的增长态势。特别 2000 年左右的"千年虫"危机及网络泡沫破灭事件、2008 年以来爆发的"次贷危机"及"欧债危机"，都在不同程度上促成了中国留学生回流。

2. 21 世纪以来中国留学生回流的新特点

进入 21 世纪，经济全球化、科技一体化进程进一步深化，中国自身经济发展迅速且与他国的国际交流更为频繁，这使得新时期的中国留学情况与 20 世纪 90 年代相比具有更显著的特征，主要表现在：留学人数剧增的同时，回国人数也大幅增长；留学从精英化教育逐渐演变成大众教育；留学人员日益低龄化、留学选择更为多样化等等（包括留学目的国选择、就读专业选择、留学方式以及留学层次等方面）。

（1）留学生回流人数大幅增长，但高层次人才回流率仍然较低。

1978—2000 年，中国留学生累计回流人数为 7.8 万人，截至 2017 年，留学生回流总数达到308.63万人，与2000年相比增长了39倍多。2017年，留学生回流人数达到48.09万人，为历史最大规模，比2016年增加11.19%。2000—2017年间，留学回流人员年均增长率为26.92%。表3.2显示了2000年以后中国留学生回流的详细情况，总体来看，中国已进入人才回流期，但累计回流率仍有待进一步提高。同时，值得注意的是，根据国家教育部留学服务中心出具的《万名留学人员回国就业报告（2012）》显示，2012年中国的回流人才以硕士学位课程的毕业生为主，在国（境）外获得博士学位且有相应科学研究工作经历或者其他工作经历的高端留学人才回流率仍处于相对较低水平。

表3.2 中国留学生回流规模及年增长率（2000—2017年）

年份	当年回流人数（人）	年增长率（%）	1978年以来累计回流总量（人）	1978年以来累计回流率（%）
2000	9121	17.72	78622	0.21
2001	12243	34.23	90865	0.20
2002	17945	46.57	108810	0.19
2003	20152	12.30	128962	0.18
2004	24726	22.70	153688	0.19
2005	34987	41.50	188675	0.20
2006	42000	20.04	230675	0.22
2007	44000	4.76	274675	0.23
2008	69300	57.50	343975	0.25
2009	108300	56.28	452275	0.28
2010	134800	24.47	587075	0.31
2011	186200	38.13	773275	0.34
2012	272900	46.56	1046175	0.40
2013	353500	29.53	1399675	0.46
2014	364800	3.20	1764475	0.50
2015	409100	12.14	2173575	0.54
2016	432500	5.72	2606075	0.57
2017	480900	11.19	3086975	0.59

数据来源：中国国家统计局。

(2) 自费留学成热点，其回流人员占比明显增加。

20世纪80、90年代，中国年出国求学人数仅几千人，且以公费出国留学人员为主。进入21世纪以后，随着中国经济迅速发展，人均收入水平逐步提高，自费留学呈现加速式增长，公费留学人员数量增长仅小幅攀升。2000年以来自费留学生占中国留学生总数比例均值达90%以上；2000年，自费留学人员仅3.2万；到2010年，已经上升到26万人；到2017年，已达54.13万人（见表3.3）。

表3.3　　各类出国留学人员情况（2000—2017年）

年份	国家公派（万人）	单位公派（万人）	自费留学（万人）	自费留学出国人员占比（%）
2000	0.30	0.40	3.20	82.05
2001	0.30	0.50	7.60	90.48
2002	0.35	0.45	11.70	93.60
2003	0.35	0.46	10.92	93.09
2004	0.35	0.69	10.43	90.93
2005	0.40	0.80	10.65	89.87
2006	0.56	0.77	12.07	90.07
2007	0.89	0.61	12.90	89.58
2008	1.14	0.68	16.16	89.88
2009	1.20	0.72	21.01	91.63
2010	1.20	1.27	26.00	91.32
2011	1.28	1.21	31.48	92.67
2012	1.35	1.16	37.45	93.72
2013	1.63	1.33	38.43	92.85
2014	2.13	1.55	42.3	92.00
2015	2.59	1.6	48.18	92.00
2016	3.00	1.63	49.82	91.50
2017	3.12	3.59	54.13	91.50

数据来源：教育部网站以及王辉耀主编的各年度《中国留学发展报告》。

与此同时，中国留学也从精英教育逐渐向大众教育演变，且低龄化趋势明显。以中国留学生的首选地——美国为例，根据美国国际教育协会的相关数据，2001—2012年中国在美国留学的研究生所占比例呈明显下降趋势，2001 年该比例为 80.1%，到 2012 年则下降为 45.6%；而本科生所占比例明显增加，从 2001 年的 13.8% 上升为 2012 的 38.4%，赴美攻读学士学位的人数继续保持着上升态势。出国留学特点的这一变化，也使得回流人员逐步呈现出大众化、人员结构由单一向复杂转变的特征。就目前中国留学生回流工作政策主要关注高端人才的大环境来看，一大批没有太多工作、创业经验的回流学生如何适应国内的就业环境将成为挑战。表 3.4 显示了 2000—2017 年中国各类留学人员回流情况，2000 年自费留学回国人员仅 0.44 万人，占回流留学生总数比例不足 50%；到 2017 年，自费留学回流人数为 42.88 万人，占到回流人员总数的 90.09%；2017 年自费留学回流人数比 2000 年增加了 42.44 万人。

表 3.4　　　　各类留学回国人员情况（2000—2017 年）

年份	国家公派（万人）	单位公派（万人）	自费留学（万人）	自费留学回国人员比例（%）
2000	0.25	0.23	0.44	47.97
2001	0.25	0.28	0.63	54.22
2002	0.26	0.35	0.91	60.13
2003	0.26	0.43	1.32	65.57
2004	0.28	0.40	1.84	73.22
2005	0.30	0.48	2.72	77.76
2006	0.37	0.53	3.34	78.81
2007	0.43	0.42	3.60	80.88
2008	0.75	0.50	5.68	81.96
2009	0.92	0.73	9.18	84.76
2010	0.93	0.75	13.05	88.62
2011	0.93	0.77	16.92	90.87
2012	1.10	0.29	25.27	94.79
2013	1.19	1.01	33.15	93.78
2014	1.61	1.26	33.61	92.13
2015	2.11	1.42	37.38	91.37
2016	2.25	2.00	39.00	90.17
2017	2.39	2.33	42.88	90.09

数据来源：根据联合国教科文组织、OECD 数据库以及教育部公布的各类留学人员统计数据整理。

（3）留学生仍集中在发达国家和地区，但留学国别选择开始多样化。

随着留学潮的兴起，中国留学生遍布全球，2015年中国在海外的留学生高达126万，占世界留学生总量的25%。二十世纪八九十年代，中国学生的留学国基本上都选择美国、日本、加拿大、英国、澳大利亚等经济与科技发达的国家。据统计资料显示，1978—2001年，中国在外留学的46万人中，留美人员约有20万；赴日本的留学生约有13万人，仅次于美国。21世纪以来，越来越多的中国留学生开始关注中等发达国家，韩国、意大利、荷兰、爱尔兰等相继成为留学新热点国，以印度、阿根廷等为代表的新兴发展中国家也是不少学生的新选择。根据联合国教科文组织与OECD数据库公布的数据，中国留学生在中国香港、新西兰、法国、德国、加拿大、韩国、英国、澳大利亚、日本、美国等10个国家和地区的人数占总留学人数的平均比例约为80%以上，美国、日本、澳大利亚和英国仍然是中国留学生的主要留学地（见表3.5）。

表 3.5 中国留学生在主要国家或地区的分布情况（2000—2017年）（单位：人）

年份	美国	日本	澳大利亚	英国	韩国	加拿大	德国	法国	新西兰	中国香港
2000	50281	28076	5008	6158	1182	4701	6526	2111	1133	1048
2001	51986	31955	8006	10388	1645	6972	9109	3068	3338	1495
2002	63211	41180	17343	17483	2407	10176	14070	5477	8481	1942
2003	92774	51656	23448	30690	4025	14592	20141	10665	16479	2262
2004	87943	76130	28309	47738	6462	18141	25284	11514	24215	2886
2005	92370	83264	37344	52677	10093	19752	27129	14316	23260	3407
2006	93672	86378	42008	50753	15288	12279	24221	17132	18790	4437
2007	98958	80231	50418	49594	23097	21081	23791	18836	13535	5824
2008	110246	77916	57596	45356	30552	19961	21977	20852	9859	6826
2009	124225	79394	70357	47033	39309	23619	21198	23590	9016	8546
2010	126498	86553	87588	55496	45757	26298	20850	24716	9061	9405
2011	178890	94382	90175	65906	47477	26238	17822	25923	10327	15631
2012	210452	96592	87497	76913	43698	34602	22151	26479	11337	17938
2013	225474	89788	87980	81776	38109	42011	19441	25234	12219	22810
2014	260914	85226	90245	86204	34145	50031	21886	25388	13952	25801
2015	291063	79175	97387	91518	34513	54660	23616	25297	15009	27044
2016	309837	76537	112329	89318	38568	60936	25464	23378	16626	27154
2017	321625	79375	128498	96543	44163	66161	27765	24788	17646	28737

数据来源：联合国教科文组织、OECD数据库。

(4) 回流学生就业选择多元化,创业发展势头良好。

改革开放后的早期,出国留学人员以访问学者居多,这些人员回流后基本集中在科研院所、高等院校等地。随着自费留学规模的不断扩大,从攻读博士发展到攻读硕士,再逐步发展到后来的本科或者高中留学,低龄化趋势愈加明显,回流人员结构开始复杂化,就业方式和就业领域也更为多元化。王辉耀(2010,2012,2013)近年来的多项调研结果显示,留学归国人员主要集中在北京、上海、广州、江苏等发达城市和地区;行业选择以金融及相关服务业为首,教育和科研仍旧是留学生回国发展的主要阵地,新能源、电子信息技术、医疗卫生和制造业等行业也集中了一批留学生,但进入政府和公共事业领域的人员则相对较少。中国经济发展的强劲势头,吸引了大批归国留学生加入创业大军,他们所创办的企业推动了大陆包括互联网、通讯、传媒、IT 等新技术及金融业等诸多领域的进步,与此同时给许多传统行业注入了新鲜血液和发展活力,成为中国新经济和高科技行业的主流。以中关村国家自主创新示范区为例,截至 2017 年共有留学人员创业园 34 个,在园留学人员创业企业 1443 家,在园归国人才 34729 人,创业带动海外人才集聚比为 1:1.9。

第 4 章

智力资本外流对母国技术创新的影响：基于中国移出移民的实证分析

当前"人才战争"硝烟渐起，许多发达国家通过改革移民政策加大人才吸引力度，由此引致的大规模智力外流对经济技术相对落后的发展中国家带来了不同程度的影响。随着世界经济一体化、全球化进程的加快，作为主要生产要素的人力资本呈现出日益频繁的跨国流动趋势，其中国际移民已成为人才全球流动的重要组成部分。根据《2018 年世界移民报告》数据显示，1960—2015 年，全球移民人数由 1.55 亿人上升至 2.44 亿人，占全球总人口的 3.34%。截至 2015 年，中国移出移民存量为 954.6 万人，移入移民存量为 97.8 万人，移民赤字达 856.8 万人；移民总数从 1990 年的世界第七大移民输出国上升为第四大移民输出国，仅次于印度、墨西哥和俄罗斯。纵观世界各国历史可以看到，发展中国家移出移民数量的增加不仅在一定程度上带走了国内高技术人才，也导致了国内资金的外流，从而影响该国实体经济的发展。

目前，中国正处于从"人口红利"向"人才红利"、从"中国制造"向"中国创造"、从"招商引资"到"招才引智"等重要转型期。转型发展过程中，中国不仅需要大力吸引海外智力，更加需要留住国内高水平人才。走中国特色的社会主义发展道路，技术创新是关键，而其中实现技术创新的人才却是重中之重。可见，人才作为技术和知识的重要载体，对于各国在激烈的国际竞争中赢得主动权具有决定性作用。作为世界移民主要输出大国，中国人口特别是高水平人才大量外流，给我国经济、社会和文化发展带来了严峻挑战。而创新驱动发展背景下我国智力外流对技术创新的影响也逐渐引起学术界的关注。已有国内外文献讨论了智力外流对母国技术进步与技术创新的影响，但从中国移出移民的视角考察智力外流影响母国技术创新的研究相对偏少，且大多基于留学生的数据展开研究。因此，本章在综合已有文献的基础上，运用中国1991—2015年的移出移民与技术创新相关统计数据①，考察中国移出移民对母国技术创新的影响程度，以为中国有效实施人才强国与创新驱动战略提供对策建议。

4.1 我国移出移民地区分布与动因

4.1.1 我国移出移民流向分布

从国际移民组织发表的《世界移民报告》数据可知，从中低收入国家向高收入国家的"由南往北"方向的移民，仍是当前世界移民流动的主要趋势。中国作为世界第四大国际移民来源国，其海外移民趋势与世界移民趋势大致趋同。截至2015年，发达国家拥有的中国海外移民共有5984728人次，若不计算中国香港和中国澳门拥有的移民存量，发达国家拥有的中国海外移民存量占比86.1%。随着共建"一带一路"倡议的不断推进，"一带一路"沿线国家和地区也成为了中国移民的重要流向地。《中国国际移民报告（2018）》指出，2015年中国大陆移民的前20大目的地国中，有7个为"一带一路"沿线国家，即韩国、新加坡、孟加拉国、泰国、新西兰、俄罗斯、缅甸。图4.1展示了2015年中国大陆地区移民的前20大目的地国家。由图4.1可知，经济发展水平较高、拥有较多先进技术的美国仍是中国海外移民首选的目的国家，截至2015年分布在美国的中国大陆地区移民存量达到了210.36万人，占中国大陆地区移民的22.04%。就经济发展水平而言，前20大目的国家中仅有6个为发展中国家，且均属于"一带一路"沿线国家，这依旧表明中国海外移民的主要流向是发达国家。

---

① 因国际数据获取受限，本章关于移民数据的分析暂截至2015年。

第4章 智力资本外流对母国技术创新的影响：基于中国移出移民的实证分析

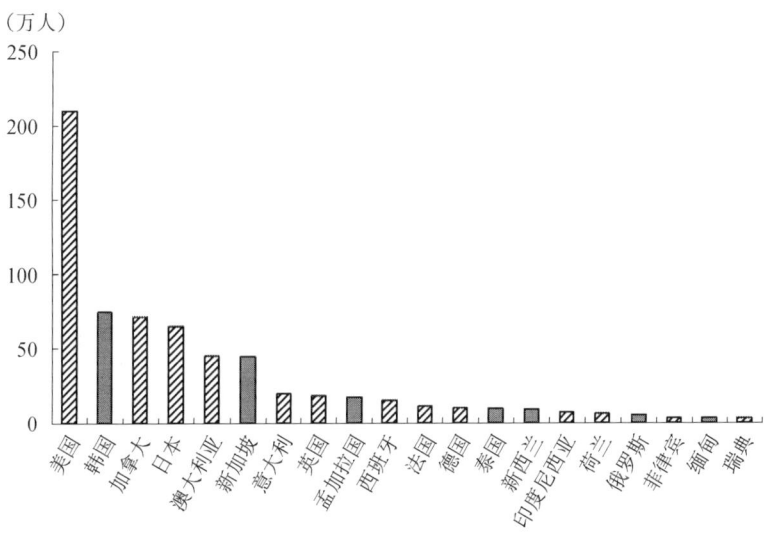

图 4.1 中国大陆地区移民的前 20 大目的地国家（2015 年）

数据来源：联合国经济与社会事务部。

2019 年《华侨华人蓝皮书》指出，海外华侨华人是目前全球最大的移民团体之一，世界各地有 6000 多万华侨华人广泛分布在各大洲 160 多个国家和地区，华侨华人团体涉及贸易、科教和文化等领域，其规模在不断壮大，在全球范围内的影响力也日益增加。图 4.2 展示了根据经济发展水平划分的中国海外移民分布情况。1990 年，发达地区的中国海外移民有 145.61 万人，发展中地区有 277.16 万人，发达地区的人数是发展中地区的 1/2。随着中国经济的快速发展，中国人民对先进技术与物质生活水平的需求日益增长，使得发达地区成为中国海外移民的主要方向。2005 年，发达地区的中国海外移民存量超过了发展中地区。此后，中国海外移民的主要去向是发达地区，并且两者之间的中国海外移民存量差额在逐渐增加。

根据联合国经济和社会事务部使用的六个世界区域划分来看中国海外移民分布情况（图 4.3）。各个区域的中国海外移民存量均在不断增加，并且主要分布在亚洲、北美洲和欧洲。分布在亚洲的中国海外移民最多，截至 2015 年其移民存量为 496.83 万人；其次是分布在北美洲和欧洲，截至 2015 年其移民存量分别为 281.51 万人和 104.22 万人；分布在欠发达地区的拉丁美洲和加勒比海地区以及非洲的中国海外移民较少，截至 2015 年其

67

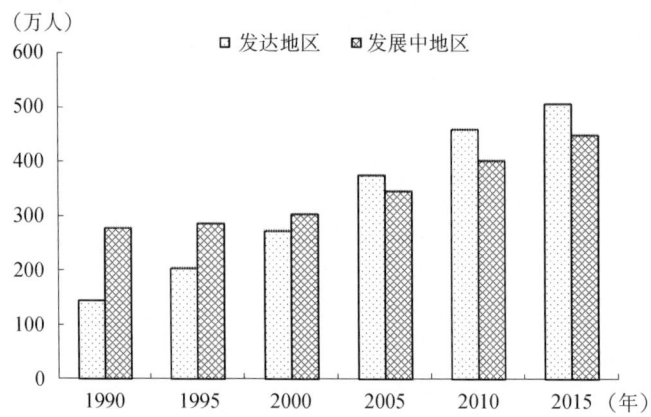

图 4.2 按经济发展水平划分的中国移民分布情况（1990—2015 年）

数据来源：联合国经济与社会事务部。

移民存量分别为 11.87 万人和 4.93 万人，仅占中国海外移民存量的 1.24% 和 0.52%。

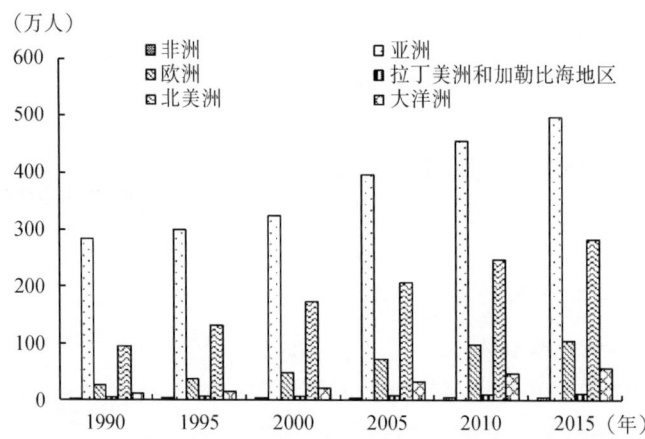

图 4.3 按世界区域划分 1990—2015 年中国移民分布情况

数据来源：联合国经济与社会事务部。

4.1.2 我国海外移民分布聚类分析

进一步对中国移出移民地进行聚类分析，以描述中国海外移民的主要动因及地区分布。这里选取中国移出移民存量达到 50000 人次的 17 个国

第4章 智力资本外流对母国技术创新的影响：基于中国移出移民的实证分析

家，包括美国、加拿大、日本、澳大利亚、新加坡、意大利、英国、孟加拉国、西班牙、法国、德国、泰国、新西兰、韩国、印度尼西亚、荷兰、俄罗斯。2015年这17个国家共有中国移民存量642.6万人次，占中国移出移民存量总数（不包括中国香港和中国澳门的移出移民人数695万）的92.46%。同时，从人均收入水平、科技与教育发展水平、生活环境、历史环境四个方面选取相应指标进行聚类分析。其中，人均收入水平，采用各国人均国民收入（GNI）来衡量，相关数据来源于世界银行；科技与教育水平，采用各国教育支出占GDP的比重进行衡量，相关数据来源于世界银行；生活环境，采用各国公共医疗卫生支出占GDP比重衡量社会福利发展水平、各国法律权利力度指数来衡量治安水平、环境表现指数（EPI）衡量自然环境水平，公共医疗卫生支出与法律权利力度指数数据来源于世界银行，环境表现指数数据来源于《全球环境绩效指数报告》，针对部分国家2015年的缺失数据，本节通过计算该国近年相关指标年平均增长率得出估计数值。历史环境，采用各国拥有中国海外移民存量作为衡量指标，相关数据来源于《国际移民报告》。

首先对所获得变量的数据进行标准化处理，然后选取对观察样本分类处理的Q型系统聚类方法进行具体分析。运用SPSS软件对所选17个国家进行聚类分析，得出聚类结果树状图（见图4.4）。

根据图4.4的聚类结果，可将以上选取的中国移出移民存量达到50000人次的17个国家分为六类。结合中国海外移民存量的数据进行对比分析（见表4.1）。

第一类：美国。美国作为当今世界在经济、科技、军事等领域居世界前列的发达国家，其国内人民生活水平、科技与教育水平、生活环境等均在17个国家中位于前列，也是中国第一大海外移民目的国。截至2015年美国共接收中国移民210.36万人，占美国海外移民总存量的30.27%。

第二类：新西兰、澳大利亚、加拿大。这三个发达国家的教育支出与公共医疗卫生支出占GDP比重较高，法律权利力度指数和环境表现指数也较高。2015年这三国接收的中国海外移民存量达125.49万人，占其海外移民总存量的18.06%。

第三类：荷兰、德国、法国、韩国、英国。这一类国家的教育支出占GDP比重均位于5%左右，公共医疗卫生支出占GDP比重也较高，其中荷

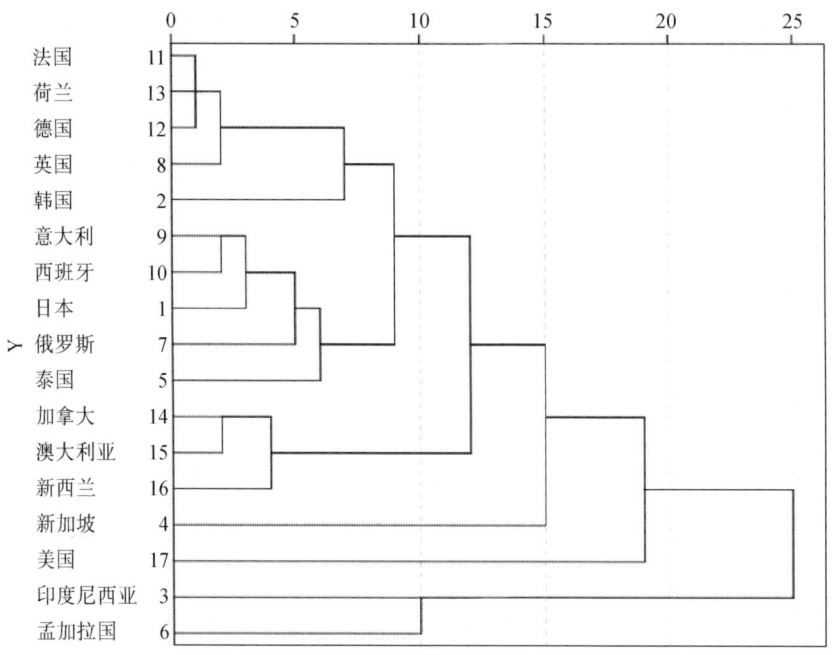

图 4.4 中国移出移民目的地聚类结果树状图

数据来源:根据联合国经济社会事务部、世界银行相关数据整理。

兰最高达到 9.5%,2015 年去往这五国的中国海外移民存量达 120.84 万人,占其海外移民总存量的 17.39%。

第四类:意大利、俄罗斯、泰国、日本、西班牙。除日本外,其余四国的人均 GDP 较 9 个发达国家较低,且法律权利力度指数较低;2015 年去往五国的中国海外移民存量达 116.2 万人,占其海外移民总存量的 16.72%。

第五类:新加坡。新加坡经济发达,人均国民收入最高,教育体系较为完善,环境表现指数、法律权利力度指数较高,但相对其他发达国家,其教育支出、公共医疗卫生支出占 GDP 比重均较小(约 3% 左右)。2015年新加坡接收的中国海外移民存量达 44.9 万人,占其海外移民总存量的 6.45%。

第六类:印度尼西亚和孟加拉国。这两个国家属于发展中国家,人均国民收入、公共医疗卫生占 GDP 比重以及环境表现指数均位于 17 个国家后两位,说明两个国家的经济水平与福利水平均较为落后。2015 年两国接收中国海外移民存量为24.8万人,占其海外移民总存量的3.57%。

根据以上分析可以发现,第一类的美国与第二类的新西兰、澳大利亚和加拿大共接受中国移民335.75万人,占中国海外移民总量的48.33%。这四国均为发达国家,不仅人均收入水平高,且科技与教育水平高、生活环境好,这应该是它们成为中国移出移民目的地的主要动因。

表4.1　聚类结果与中国移出移民目的国分布

分类	国家	2015年中国海外移民存量（万人）	占其海外移民总存量比重（%）
第一类	美国	210.36	30.27
第二类	新西兰、澳大利亚、加拿大	125.49	18.06
第三类	荷兰、德国、法国、韩国、英国	120.84	17.39
第四类	意大利、俄罗斯、泰国、日本、西班牙	116.2	16.72
第五类	新加坡	44.9	6.45
第六类	印度尼西亚、孟加拉国	24.8	3.57

注：这里的中国海外移民存量数据没有包括中国香港与中国澳门的移民数据。
数据来源：根据联合国经济社会事务部数据整理。

4.2　智力资本外流影响母国技术创新的理论模型

4.2.1　模型设定

按照技术创新理论,技术创新包括一种新思想的形成、根据这种新思想所进行的研发活动、将研发成果首次商业化等全过程的人类活动,这里不仅包含本国的研发投入,还包含各种形式的国外研发溢出。本节采用 C-D 生产函数形式,借鉴 Coe 和 Helpman (1995) 的经典技术外溢模型,构建如下关系式：

$$\ln Inno_t = \alpha \ln S_t^d + \beta \ln S_t^f + X_t + \varepsilon_t \tag{4.1}$$

其中,t 表示时间,$Inno_t$ 表示一国的创新活动产出,S_t^d 表示该国国内的创新投入，S_t^f 表示该国通过某种国际技术扩散渠道获得的国外研发溢出，X_t 是影响技术创新的其他变量，α、β 分别表示国内创新投入和国外研发溢出对该国技术创新的产出弹性。本章主要研究以海外移民为代表的中国智力外流对本国技术创新的影响，因此采用 $\ln S_t^{flow}$ 来表示中国基于智力外流这个渠道可能获得的国外研发资本溢出，并将其他影响技术创新的因素作为控制变量 X_t 纳入模型如下：

$$\ln Inno_t = \alpha \ln S_t^d + \beta \ln S_t^{flow} + \gamma \ln X_t + C_t + \varepsilon_t \tag{4.2}$$

在模型（4.2）中，α 和 β 分别代表中国的研发资本和智力外流对母国技术创新的产出弹性。X_t 为控制变量，C_t 是常数项，ε_t 是随机干扰项。

4.2.2 变量说明与数据来源

首先，$Inno_t$ 代表中国在时间 t 的创新产出。本节采用专利授权数作为衡量指标。专利一般分为发明、实用新型和外观设计三种类型，其中，发明专利的技术含量最高、创新价值最大、核心竞争力最强，最能体现一个地域的自主创新能力，它既是一种无形的知识财产，又能通过工业生产和制造转化成现实财富，是衡量一个地区科研产出质量和市场应用水平的综合指标。因此，本部分采用中国每年国内发明专利授权量来衡量中国在时间 t 的创新产出。相关数据来源于中国国家知识产权局统计年报。

第二，中国研发资本存量 S_t^d。这里采用永续盘存法计算，即 $S_t^d = (1-\delta)S_{t-1}^d + RD_t$，其中 S_t^d 表示中国在 t 时期的国内研发资本存量，δ 为研发资本折旧率，S_{t-1}^d 表示中国（$t-1$）时期的研发资本存量；RD_t 为中国历年的研发经费支出，以1991年为基期采用CPI进行平减。中国1991年的研发资本存量采用 Griliches（1980）的方法进行估计，即 $S_{1991}^d = RD_{1991}/(g+\delta)$，其中 g 为1991—2015年每年研发投资支出对数形式增长率的平均增长值，这里测算结果为2.7%，δ 采用 Coe 和 Helpman（1995）回归结果5%。相关数据来源于中国科技统计网以及历年中国科技统计年鉴。

第三，智力外流程度 S_t^{flow}。这里用 S_t^{flow} 表示中国 t 时期的智力外流存量。对外移民是智力外流的重要组成部分，加之智力外流的直接数据不可得，因此本章使用中国每年的移民存量作为智力外流的代理指标。此处研究的一国移民存量是指出生于其他国家而居住在该国的人数，由于作者暂时只能获取中国 1990 年、1995 年、2000 年、2005 年、2010 年、2013 年和 2015 年的移民数据，因此，缺失年份的数据采用李平和杨立娜（2012）的方法根据平均增长率计算得出。所有海外移民相关数据来源于联合国经济与社会事务部各年的《国际移民报告》和世界银行数据库。

第四，控制变量 X_t。文中用专利授权存量（patent stock）S_t^{ps} 来反映一个国家的创新吸收能力，通常认为专利积累会对本国创新水平有一定的促进作用（Hall 等，2001）。使用永续盘存法计算专利授权存量，$S_t^{ps} = S_{t-1}^{ps}(1-d) + PS_t$，其中 S_t^{ps} 表示中国 t 时期的专利授权存量，d 为折旧率，S_{t-1}^{ps} 表示中国 ($t-1$) 时期的专利授权存量，PS_t 为历年的三种专利授权总量。基期计算公式为：$S_{1991}^{ps} = PS_{1991} / (g+d)$。在此，参考 Hall 等（2001）的研究，本章也假设折旧率为 15%，g 为 1991—2015 年间的平均增长率，此处测算结果为 21.52%。同时，增加另一个控制变量 S_t^{edu} 表示一个国家在时间 t 的潜在创新能力，本章采用中国历年高等教育学校招生人数作为衡量指标（Naghavi 和 Strozzi，2015）。相关数据来源于中国国家知识产权局统计年报和历年的《中国统计年鉴》。

4.3　中国移出移民影响本国技术创新的实证分析

4.3.1　中国移出移民与技术创新发展现状

1. 中国移出移民现状

随着中国综合国力不断增强，经济国际化程度逐步加深，近年来流入和流出的国际移民数量呈迅猛增长之势。1970 年中国有 283.9 万人口移民至国外，2015 年海外移民人数上升至 954.6 万，增长了两倍多。同时随着我国对外开放的深入和国际政治地位的提升，中国对国际移民的吸引力也越来越大，居住在中国境内的外籍人士由 1970 年的 28 万人上升至 2015 年的 97.8 万人，中国也开始成为移民吸纳大国。通过前文图 3.6 可以发现，我国"移民赤字"现象仍较严重，移出移民人数远远高于移入移民数量，移民赤字呈不断上涨趋势。其中，中国"投资移民赤字"和"人才移民赤字"给国内带来了较大影响。

随着中国国内民间财富的不断积累和投资移民门槛的降低，越来越多的成功人士加入到海外移民行列，投资移民的人数不断增加。1992—2014财年，中国大陆累计13392个家庭获得 EB-5 签证，占所有获批人数的67.5%，投资金额累计达66.96亿元，远远超过世界其他国家。2014年在全球范围内通过申请投资移民签证的赴英人数为1173人次，而其中来自中国的投资移民有562人次，占最大比例（47.9%），是2013年投资移民人数（187人次）的3倍。中国海外投资移民的不断增加，不仅导致了国内资金的流失，也使很多受过良好教育的科学技术人才外流到国外。目前中国的海外投资移民主要是35~45岁的人群，这些人群的学历都普遍偏高，有一半以上是本科学历，三成是硕士学历，高中及以下的学历仅占少数。虽然近年来中国的海归人数在不断增加，人才来去的双向活跃，构成了当前人才流动的新特点。

2. 中国技术创新水平

首先，从 R&D 投入来看。2015年，中国全年研究与试验发展（R&D）经费支出14220亿元，比上年增长9.2%，R&D 经费投入强度（R&D 经费支出与国内生产总值之比）达到2.1%。中国研发投入强度已连续三年超过2%，达到中等发达国家 R&D 投入强度水平，虽然与部分发达国家3%~4%的水平相比还有差距，但已呈现出逐年递增的趋势。图4.5显示了1991—2015年中国 R&D 经费支出与投入强度的变化情况，可以发现我国的 R&D 经费支出稳步增加，经费投入强度不断加大。总体上来看，我国研发经费投入大致符合我国经济社会发展的基本要求和阶段状况，但投入的效率有待进一步提升。

其次，从 R&D 产出来看。专利数据是衡量各国科技活动产出的重要指标，反映了一国技术发明创造活动的水平和产出状况，在一定程度上代表了一个国家在新技术市场的竞争能力。2015年中国共受理发明专利申请110.2万件，同比增长18.7%，连续5年位居世界首位。其中，2015年国内发明专利申请受理量为96.8万件，占国内专利申请总量的比重继续上

第4章 智力资本外流对母国技术创新的影响：基于中国移出移民的实证分析

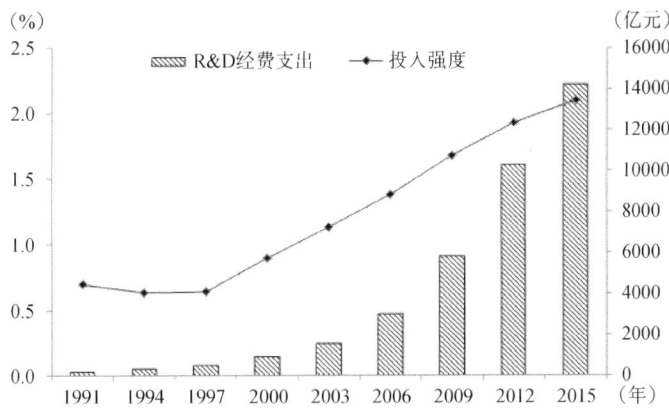

图 4.5 中国研究与试验发展（R&D）经费支出（1991—2015 年）

数据来源：中国统计局统计数据及统计年鉴。

升，达到 36.7%，比上年增长了 2.8%。2015 年国内专利授权量达到 159.7 万件，其中，国内发明专利授权 26.3 万件，比 2014 年增长了 10 万件，同比增长 61.9%。从图 4.6 可以看出，1991—2015 年国内三种专利的授权量在逐年递增，但发明专利授权量一直处于较低水平。近年来随着中国发明专利申请量的增加和审查工作效率的提高，发明专利授权数量得到大幅度提升，由 1991 年的 4122 件上升至 2015 年的 263436 件，年均增长率达到 26.6%。

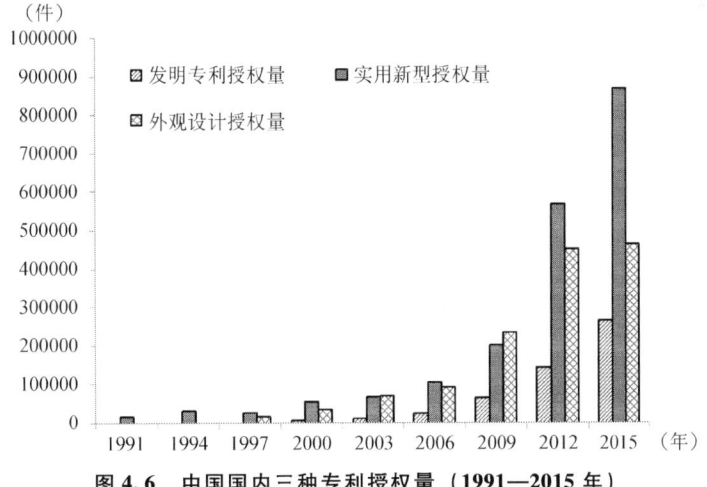

图 4.6 中国国内三种专利授权量（1991—2015 年）

数据来源：中国国家知识产权局。

4.3.2 计量分析结果

1. 描述性统计

具体变量的描述统计结果见表 4.2。

表 4.2　　相关变量的描述性统计

变量符号	变量名称	观测值个数	平均值	标准差	最大值	最小值
$Inno_t$	创新产出	26	10.146	1.646	12.792	7.998
S_t^d	研发资本存量	26	8.261	1.23	10.303	6.38
S_t^{mig}	智力外流水平	26	6.648	0.269	6.861	6.047
S_t^{ps}	三种专利授权存量	26	13.317	1.351	15.62	11.046
edu_t	高等学校招生人数	26	5.571	0.925	6.604	4.109

2. 数据平稳性检验

考虑到现实中的经济时间序列通常都是非平稳的,直接采用原始数据作回归可能存在"伪回归"问题,因此,对原始数据进行单位根检验。由此构建如下方程：

$$\ln Inno_t = \alpha \ln S_t^d + \beta \ln S_t^{flow} + \gamma \ln S_t^{ps} + \theta \ln S_t^{edu} + C_t + \varepsilon_t \quad (4.3)$$

通过表 4.3 检验结果可以发现,所有数据的原序列均不平稳,且均为 I（2）同阶单整,可以继续进行协整检验。

表 4.3　　时间序列平稳性检验

变量	检验类型 (C, T, K)	ADF 值	P 值	结论	单整阶数
$\ln Inno$	(C, T, 1)	-2.415	-3.622	非平稳	
$\Delta \ln Inno$	(C, T, 1)	-2.943	-3.233	非平稳	I（2）
$\Delta\Delta \ln Inno$	(C, T, 1)	-5.047	-3.645*	平稳	
$\ln S^d$	(C, T, 3)	-0.892	-3.645	非平稳	
$\Delta \ln S^d$	(C, T, 2)	4.297	-3.645	非平稳	I（2）
$\Delta\Delta \ln S^d$	(C, T, 0)	-4.345	-3.633	平稳	

第 4 章 智力资本外流对母国技术创新的影响：基于中国移出移民的实证分析

续表

变量	检验类型 (C, T, K)	ADF 值	P 值	结论	单整阶数
$\ln S^{flow}$	(C, T, 5)	-1.788	-3.674	非平稳	
$\Delta\ln S^{flow}$	(C, T, 0)	-2.028	-3.622	非平稳	I (2)
$\Delta\Delta\ln S^{flow}$	(C, T, 3)	-5.103	-3.674	平稳	
$\ln S^{ps}$	(C, T, 1)	-2.434	-3.622	非平稳	
$\Delta\ln S^{ps}$	(C, T, 0)	-3.066	-3.622	非平稳	I (2)
$\Delta\Delta\ln S^{ps}$	(C, T, 0)	-6.991	-3.633	平稳	
$\ln S^{edu}$	(C, T, 4)	0.802	-3.658	非平稳	
$\Delta\ln S^{edu}$	(C, T, 4)	-2.959	-3.674	非平稳	I (2)
$\Delta\Delta\ln S^{edu}$	(C, T, 4)	-4.118	-3.287*	平稳	

注：检验方式（C，T，K）分别表示 ADF 单位根检验方程的常数项、时间趋势项和滞后阶数，滞后阶数的选择基于 AIC 和 SC 值确定。Δ 表示变量序列的一阶差分，ΔΔ 表示变量序列的二阶差分。* 表示该值是 5% 显著性水平下的临界值。

3. 协整检验

协整关系是指多个的非平稳序列某种线性组合与平稳序列具有相同的统计性质，协整检验用于判断变量间是否长期均衡。单整阶数相同是协整变量协整的前提。一般协整检验常用的方法有：Johansen 检验法和 EG 两步检验法。考虑到文中有四个变量，故采用多变量协整分析的 Johansen 协整检验方法。根据最大特征根和迹统计量的检验结果，所选变量在 5% 显著性水平下存在长期协整关系，其关系式为：

$$\ln Inno_t = 8.258\ln S_t^d - 35.705\ln S_t^{flow} - 1.906\ln S_t^{ps} + 3.669\ln S_t^{edu} \quad (4.4)$$

式（4.4）表明从长期来看，中国的移民人数、国内研发存量、国内专利授权存量、高等教育学校招生人数与以发明专利授权量代表的创新产出存在长期均衡关系。同时，从总体上看，中国国内研发支出、高等学校招生人数与技术创新水平具有正向关系。而中国的移民人数与技术创新水平呈反向关系，即中国移民人数的增加在一定程度上对国内技术创新带来了负面效应。

4. Granger 因果关系检验

以上分析可知，中国智力外流与技术创新存在协整关系，但并不代表中国智力外流与技术创新之间一定存在因果关系。为此，下面对中国智力外流（S^{flow}）和技术创新产出（Inno）进行因果关系检验。Granger 指出，若变量之间存在协整关系，则这些变量至少存在一个方向的 Granger 因果关系。从表 4.4 可以看到，$\Delta\Delta\ln Inno$ 不是 $\Delta\Delta\ln S^{flow}$ 的 Granger 原因，而 $\Delta\Delta\ln S^{flow}$ 是 $\Delta\Delta\ln Inno$ 的 Granger 原因，说明中国海外移民影响了国内技术创新产出的提高。

表 4.4　　　　　　　　Granger 因果关系检验结果

原假设	F - 统计量	P 值	结论
$\Delta\Delta\ln Inno$ 不是 $\Delta\Delta\ln S^{flow}$ 的 Granger 原因	0.69946	0.5099	不拒绝
$\Delta\Delta\ln S^{flow}$ 不是 $\Delta\Delta\ln Inno$ 的 Granger 原因	4.52897	0.0255	拒绝

5. 误差修正模型与方差分解

模型（4.4）得出协整的关系式只能说明 4 个解释变量与技术创新之间存在着长期均衡关系和趋势。为了更加明确地检验智力外流与技术创新之间的相互动态关系，基于模型（4.4）的协整关系，建立矢量误差修正模型以期进一步检验短期波动与长期均衡的变化。具体的修正模型如下：

$$\text{CointEq1} = \Delta \ln Inno_t + 11.63\Delta 6\ln S_t^d - 4.2\Delta\ln S_t^{ps} - 32.56\Delta\ln S_t^{mig} - 1.918\Delta\ln edu_t - 0.06 \quad (4.5)$$

由于在 Johansen 协整检验的基础上加入了一个常数项，系数的估计值发生了变化，但是误差修正模型的表达式（4.5）与协整关系式（4.4）基本一致。这表明在短期的波动上，中国智力外流对国内技术创新仍然产生了一定的负效应。

进一步进行方差分解以观察各个结构冲击影响模型各变量的相对程度。通过图 4.7 可以发现，中国技术创新的波动主要受自身影响，且影响率逐步下降，大体占总体误差的 50% 左右。技术创新对其方差的贡献度不到 10%，但随着时间的推移，其影响会越来越大，这说明海外移民对中国技术创新的影响程度较长久，对国内经济发展和技术创新水平的影响也越来越大。

第4章 智力资本外流对母国技术创新的影响：基于中国移出移民的实证分析

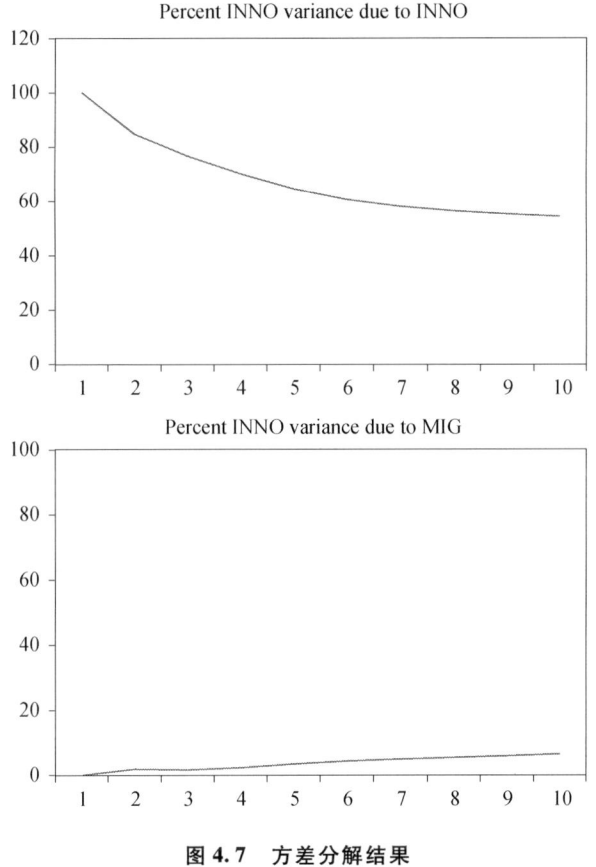

图 4.7 方差分解结果

中国智力资本回流的技术进步效应：基于留学生回流的经验分析

21世纪以来中国海外智力流入量快速增长，特别是在2008年爆发的全球金融危机、2013年中国提出"一带一路"倡议后，来华工作的专家和留学生数量明显增加，中国的出国留学生回流也呈加速之势。相比智力流失的大量研究而言，目前国内关于海外智力回流的相关文献偏少。已有研究主要从海外智力回流的现状、趋势、动因等方面进行了有益探索，并有少量文献基于理论或实证的角度考察了海外智力回流与技术进步的关系。近年来随着中国越来越重视吸引海外人才回流，国内学者也开始关注该领域的相关问题，但只有少数学者对留学生回流的技术扩散效应进行了研究（如李平、许家云等），已有相关文献仍主要集中于留学生回流的动因探讨。为此，本章首先在梳理中国智力资本回流动因文献的基础上，探讨影响中国海外智力回流的主要因素，并对中国留学生回流动因进行实证研究；其次，运用中国留学生及其回流的相关数据，基于省际面板数据和空间杜宾模型进行经验分析；最后，以中国高新技术产业开发区为例，测算智力资本回流对创新效率的影响程度。

5.1 中国留学生回流动因分析

开放经济条件下，一国或地区的技术进步同时取决于自身的研发投入

第 5 章 中国智力资本回流的技术进步效应：基于留学生回流的经验分析

和对国外研发溢出的吸收能力，国际技术扩散作为技术溢出的重要渠道，是发展中国家和地区技术进步的一个重要来源。现有大量研究表明，国外研发可以通过国际贸易、FDI、国外专利申请和引用以及国际人力资本流动等国际技术溢出渠道来影响他国的技术进步。归国留学生作为国际人力资本流动的典型群体，在海外学习期间获得了更好的教育资源，他们的回流可能会带来国外先进知识和技术，这对母国的技术进步和经济增长将具有重要意义。学术界对留学生回流溢出效应的研究起步相对较晚，并且在已有少量文献中也鲜有考虑空间因素。国外学者对留学生回流的技术扩散效应的代表性研究有 Park（2004）和 Le（2010）等，均通过协整分析证明留学生回流是国际技术扩散的重要渠道。相对于境外来华专家和来华留学生而言，海归对祖国的政治、经济、文化等各方面的熟悉度和认可度更高，因而长期在华发展的可能性更高。

5.1.1 中国海外智力回流动因的代表性研究

作为全球第二大经济体和最大的发展中国家，中国的智力资本跨国流动既具有代表性又有其特殊性，因此有必要对中国的海外智力回流动因研究状况进行梳理。现有关于中国海外智力回流影响因素的研究，大都以相关国际人力资本迁移理论为基础。根据研究视角的差异，可以将其分为三类：

第一类，基于中国或国内某地区吸引海外智力回流的视角，研究影响中国海外智力回流的主要因素。虽然学者们所选取的影响因素存在不同程度的差异，但其共同点是主要关注中国大陆的经济科技潜力、国内政策环境、人文教育发展等外部因素对智力回流的影响（见表5.1）。

表 5.1　　中国海外智力回流动因的代表性研究

研究者	研究对象与研究方法	影响智力回流的重要因素
张再生（2003）	定性分析	市场支持系统、政策支持系统、国内外推—拉等因素
中国海洋大学课题组（2004）	1978—2001年学成回国人员/双变量回归分析	经济因素、科技因素、高等教育发展因素、政策因素

续表

研究者	研究对象与研究方法	影响智力回流的重要因素
孙健等（2005）	1978—2003年学成回国人员/多变量回归	GDP、高校在校生、科研投入、医疗卫生机构
石凯和胡伟（2006）	政策分析	经济、政治、社会、科技发展
花军委（2007）	1978—2004年学成回国人员/多变量回归	经济因素、科技因素、高等教育发展因素、政策法规因素
孙瑜（2007）	1986—2002年留学生回流上海人数/多变量回归	上年留学回国人数、每万人口在校大学生数、人均生产总值、研发经费/产出
冉红霞（2008）	"海归搜索行动"调查	实现自我、报效祖国的动力
张樨樨（2009）	1978—2006回国人数/灰色关联度分析	总体经济因素、科技因素、收入消费水平（分为居民消费水平、城镇居民人均可支配收入）、高等教育发展因素（分为普通高等学校数、高校在校生数）
杨海（2010）	1996—2006年留学回归率/回归分析	经济规模增长、经济结构、经济体制、经济自强度
王玉婷（2010）	1978—2007年学成回国人数/实证分析	经济、科技、教育、政策
魏浩等（2012）	1999—2008年间4个国家和地区/构建总体分析计量回归方程	经济因素、教育因素
林琳（2012）	1978—2007年学成回国人员/多变量回归	国内生产总值增长率、收入差别、高新技术产品进出口比重、研发经费占GDP比重、教育经费占GDP比重
许家云和李淑云（2012）	留学回国人员/CES生产函数回归模型	中国经济增长、中国国内工资水平、国外收入水平、中国失业劳动力总量
杨河清和陈怡安（2013）	1978—2010年海外归国人才/省际动态面板模型	GDP增长率、在校大学生人数、高新技术产品进出口比重、研发经费占GDP比重、教育经费占GDP比重
仇怡和聂萼辉（2014）	1978—2011年海外留学回国人员/协整检验	经济发展规模、财政科技投入、经济开放度、国内收入差异、国际收入差异

续表

研究者	研究对象与研究方法	影响智力回流的重要因素
吴建军等（2015）	定性分析	经济科技潜力、国内政策环境、人文教育发展等、东道国经济社会波动对中国海外智力回流所产生的推力、自身回流意愿
陈程（2016）	浙江省历年侨情抽查资料，2013年浙江省侨情普查资料/多元回归分析	职业型、学习型、家庭型、定居型
王文（2018）	1984—2015年学成回国人员/协整检验	经济增长水平
黄丹（2018）	2000—2015年中国回流留学生/动态因子分析法	经济、教育、科技、生活环境及发展平台等
夏茂伦（2019）	定性分析	母国引力派、东道国推力派、海外回流人才意愿派
魏浩和耿园（2019）	2000年、2005年、2010年这三年样本量总计9711个国家对/OLS、2SLS、GMM	教育因素、文化因素以及经济因素

资料来源：作者整理。

第二类，重点考察东道国经济社会波动对中国海外智力回流所产生的推力，并从积极与消极推力两方面展开分析。积极推力，如发达国家产业结构升级，使得一些行业转移至发展中国家，从而促使发展中国家的海外智力回流。Saxenian（2001，2002）的研究发现，发达国家软件行业向上海张江及中国台湾新竹科技园的转移推动了相关海外人员回国工作或创业，从而促进了两地软件行业的发展。消极推力，如发达国家经济状况变差，失业率增加或者社会动荡等，在这种情况下，海外人员选择回流或许更为明智。Chen（2006）在考察北京中关村发展与海外智力回流二者之间的关系时发现，2000年美国纳斯达克市场崩盘后所带来的经济衰退以及"9.11"事件后美国政府对外籍人员所持的谨慎态度等，是促成中国在美国海外智力回流的主要原因。

第三类，从海外智力自身回流意愿的视角展开研究。国外文献大多认为通常情况下爱国情结、与国内联系的紧密程度等不会直接促成回流，迁移人员流动更多的会遵循人力资本保值增值规律（Saxenian，2002）。但是，由于中国文化的内在特质，与国内联系越紧密者回国的可能性就越大（高子平，2012）；王辉耀（2006）的调查表明，家庭原因及将知识应用在中国的发展上对回流人员产生了重要影响；《人民日报（海外版）》2007年的一项调查显示，超过60%的海外回流人员认为国内良好的经济环境和经济发展趋势是吸引他们回国的最主要原因（王辉耀，2010）。此外，高子平（2012）研究发现，留学生的个人特征、留学过程、职业发展状况等也是影响其回流意愿的主要因素。可见，外部因素与个人因素共同影响着中国海外智力的回流决策，即回流与否不仅受其个人特征及经历影响，海内外的经济发展及社会政治环境也是影响海外智力回流决策的重要因素。

5.1.2 影响中国海外智力回流的主要因素

现有关于中国海外智力回流影响因素的研究，大致都建立在国际人力资本迁移理论的基础上。根据研究视角的差异，可以将其分为三类：①从中国或国内某地区吸引海外智力回流的角度出发，主要关注中国大陆的经济科技潜力、国内政策环境、人文教育发展等外部因素（张再生，2003；中国海洋大学课题组，2004；孙健等，2005；石凯和胡伟，2006；花军委，2007；孙瑜，2007；林琳，2009；杨海，2010；林琳，2012；许家云和李淑云，2012；杨河清和陈怡安，2013；吴建军等，2015；黄丹，2018；魏浩和耿园，2019）。②重点考察东道国经济社会波动对中国海外智力回流所产生的推力，并从积极推力（Saxenian，2001，2002）与消极推力（Chen，2006）两方面进行分析。③从海外智力自身回流意愿的视角展开研究，国外文献普遍认为通常爱国情结、与国内联系的紧密程度等不会直接促成回流，迁移人员流动更多的是遵循人力资本保值增值规律如 Saxenian（2002）。但是，由于中国文化的内在特质，与国内联系越紧密者回国可能性就越大（高子平，2012）；王辉耀（2006）的调查表明，家庭原因以及将知识应用在中国的发展上对回流人员产生了重要影响；《人民日报（海外版）》2007年的一项调查显示，超过60%的海归认为国内良好的经济环境和经济发展趋势是吸引其归国的最主要原因（王辉耀，2010）。

通过梳理已有文献可以发现，根据研究视角的不同，中国留学生回流的影响因素大致可分为宏观与微观两大类。宏观因素是指母国（即中国）和东道国（即中国学生在外留学国家或地区）的推拉力量，微观因素则包括个人年龄、性别、家庭成员等如高子平（2012）。已有以海外智力回流意愿为视角的研究表明，中国大多数海外人员选择回流并不完全是因为国外生存困难或经济待遇不好，他们更多的是通过理性思考，期望在目前中国良好的发展环境下有所成就而选择回国。因此下面从宏观视角分析影响中国留学生回流的主要因素。

1. 经济发展状况

衡量经济发展状况的指标很多，目前国内生产总值即 GDP 是学术界普遍选择的指标，它能够体现一国或地区的经济发展潜力及市场规模，发展潜力及市场规模越大往往意味着存在较多的发展机会，从而越有利于吸引海外智力回流。在已有关于留学生回流的各项调查中，经济发展情况是影响中国留学生回流的首要因素。改革开放以来，中国国内经济稳定增长，发展态势良好。1978—2017 年，中国 GDP 年均增长率为 9.5%，2003—2007 年五年间的年增长率达到 10% 以上。受 2008 年全球金融危机影响，中国经济增长有所放缓但回升较好，2010 年中国 GDP 增长率再度达到 10.6%。2011—2017 年虽呈逐年递减趋势，但仍保持在 7% 左右，高于全球增长水平，远超同一时期其他主要经济大国的增长率。反观欧美等发达国家和地区，自 2008 年金融危机以来，经济一直处于低迷状态，1978—2017 年美国 GDP 的平均增长率为 2.7%，加拿大为 2.5%，英国为 2.3%，日本为 2.2%，法国为 1.9%，德国为 1.8%，意大利为 1.4%，尽管都实现了正增长，但增长率都大大低于中国。特别是较高的失业率等现实问题对中国留学生回流起到了一定的助推作用。通过测算留学生回流规模与 GDP 的相关性可以发现，1978—2017 年中国回流留学生规模与国内生产总值高度相关（见图 5.1）。1978—2017 年，中国当年回流留学生规模与 GDP 的相关系数分别为 0.9654。可见，中国经济发展状况是影响留学生回流的重要因素。

2. 收入水平

收入是对工作者人力资本水平价值的衡量，收入水平越高表示人力资

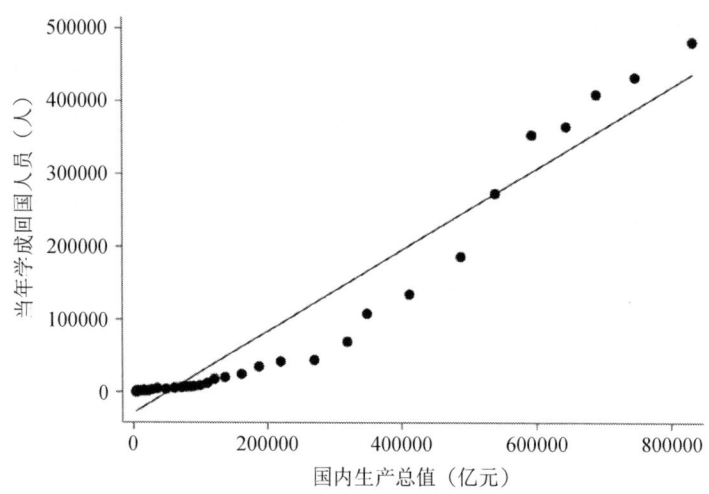

图 5.1　中国留学生回流规模与 GDP 的相关关系

本水平越高，对社会的价值及贡献也就越大。关于收入水平的差异比较可从两方面进行，即国内收入差异与国际收入差异。分析国内收入差异对留学生回流的影响，主要基于以下考虑：第一，中国海外留学生的平均人力资本水平高于国内人均人力资本水平；第二，中国回流的留学生相对集中在一些代表性行业，如金融、教育、信息技术、科研部门等，这些行业的工资水平与所有行业的职工平均工资的差距，能够在一定程度上说明回流学生在中国国内的待遇状况，这可能会对海外人员的回流决策产生影响。考虑国际收入差异对留学生回流的影响主要是因为，新古典迁移理论认为收入差异会影响流动者的迁移决策，中国与他国人均国民收入对比，能在某种程度上体现中国与他国对中国留学生回流决策的影响力差异。张再生（2003）表示，当海外人才在国内外收入水平之间的差距不超过 3 倍的情况下，他们就会愿意回国；许家云和李淑云（2012）的研究发现，国内收入差异越大，留学生回流规模也越大，国外收入水平与回流人员规模成反比；仇怡和聂莩辉（2014）研究发现国内收入差异没有促成中国海外人员回流。

3. 科技与教育发展水平

一国的科技发展程度及教育水平是影响该国综合国力及竞争力的主要因素。科技发展程度越高，创新能力越强，该国的国际竞争力也越大，那么该国对人才的吸引力也就越大。科技的发展不仅仅依赖于科技经费的投入，更离不开高素质人才，而这又与教育发展水平尤其是高等教育水平休戚相关。人力资本水平的高低反映了一国消化、吸收先进知识技术及再创新的能力，可以说科技与教育的发展相辅相成，良好的科技及教育环境是创新发展的基础，也是吸引海外留学生回流的重要因素。

首先，从科技发展水平来看，1978年中国的国家财政科技拨款为52.89亿元，2017年达8383.6亿元，1978—2017年的年均增长率为13.87%。从2010年开始，国家财政科技拨款占GDP比重突破1%，国家财政科技支出保持着稳定增长态势（见图5.2）。另一方面，与创新产出关系最为密切的R&D经费投入力度也逐年增加，自1985年中国开始统计R&D经费支出以来，R&D投入强度在2002年就已达1%，2017年投入强度达2.15%，经费支出为17606.13亿元，同比增长12.31%。2016年中国专利受理申请为346.5万件，其中发明专利申请量达133.9万件；2017年专利受理申请量369.8万件，其中发明专利申请138.2万件，比上年增长3.22%。

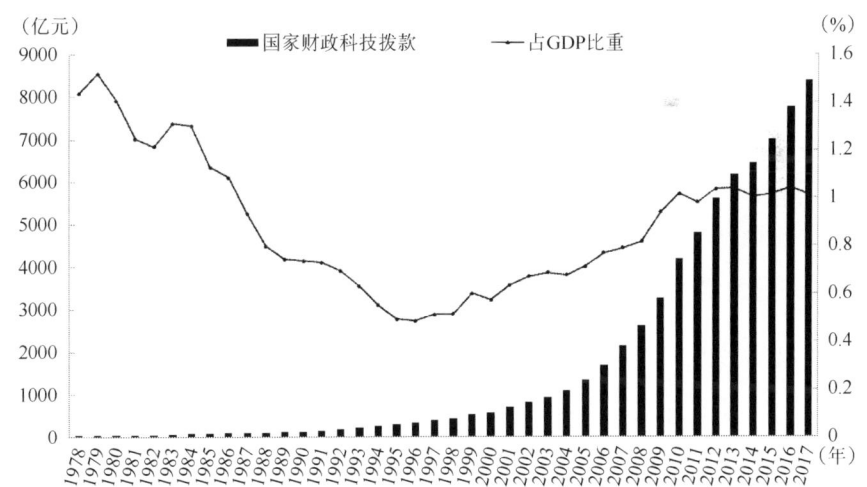

图5.2 中国财政科技拨款及其占GDP比重（1978—2017年）

数据来源：中国科技统计网，历年《中国统计年鉴》。

其次，从教育发展水平来看，2000—2017年国家财政性教育支出累计支出额为262036.45亿元，年均增长16.47%（见图5.3）。2012年国家财政性教育支出达 22236.23 亿元，是 1978 年的 440 多倍，占国内生产总值比重首次突破了 4%。2009 年中国高等教育规模居世界首位，以超过 2979 万人的数量成为名副其实的高等教育大国，2017 年这一规模扩大到了 3779 万人。

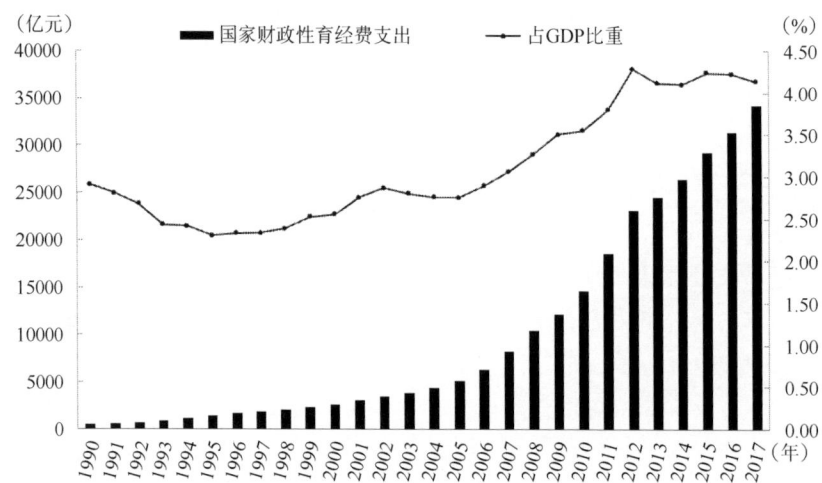

图 5.3　中国财政教育经费支出及其占 GDP 比重（1990—2017 年）

数据来源：历年《中国科技统计年鉴》。

以上两方面的数据表明，中国科技与教育环境在不断改善，发展水平在不断提高，与发达国家的差距也在逐渐缩小，为回流学生提供了良好的创新工作环境。但是，与西方发达国家相比，中国的科技与教育发展水平仍存在较大差距，这可能也是造成高层次人才回流率较低的重要原因。

4. 经济开放程度

一国经济越开放，说明该国与世界其他国家联系越紧密，同时也在一定程度上反映了该国的国际化水平。母国的经济水平越开放，具有海外留学经历的人员回国后就越能较好运用自身积累的国际资源，这对于海外人员回流具有积极影响。但另一方面，经济开放也有可能会产生反向拉力，这是由于国家之间的联系越密切，留学人员则越倾向深入了解他国的发展情况及其提供的发展机遇，从而使得他们可能会选择在国外工作及生活。近年来，中国留学生在留学国别的选择上呈多样化趋势，新兴发展中国家以及发展中国家正逐渐进入选择范围,不过发达国家和地区依旧是留学生的重点考虑对象。就目前中国留学生聚集最多的国家来看(如美国与日本),中国与这些国家之间的贸易额和投资额均居于前列。

5. 政策制度环境

步入21世纪以后,人才之争在世界范围内愈演愈烈,中国为引进国际人才(主要是中国的海外智力,也包括他国人才)实施了一系列战略与政策,包括"千人计划""1000青年人才计划"等针对海外高层次人才政策,2010年强调要"实施更加开放的人才政策",2012年进一步实施了"万人计划"等。具体到各地区,则有北京的"海外人才聚焦工程"、上海的"3310引才计划"、南京的"321计划"、浙江的"海外高层次人才引进计划"、山东济南的"5150引才计划"、江西的"555工程"、湖南长沙的"313计划"、宁夏的"百人计划"等。随着各项人才引进计划的展开,"留创园""海创园"等发展基地纷纷建立,包括资金、信贷等在内的人才发展所需的各方面政策也得到逐步完善。杨河清和陈怡安(2013)的研究也表明,我国的海外人才归国政策对吸引中东部地区海外智力回流产生了积极作用。

6. 社会文化因素

这一要素在留学生回流的过程中也起到了重要的作用。东西方文化存在巨大差异,西方文化中注重本我的发展,中国则更多的以家、国为重心。王辉耀(2013)的一项调研结果显示,高达90.9%的海归表示,在家庭生活原因中,不想远离父母是主要原因。另一方面,中国的传统文化使知识分子具有较强的民族责任感和爱国情结,大部分海归都是为报效祖国,实现自身价值而选择回国。王辉耀在2006年中国留学人员回国创业与发展论坛上关于归国原因的问卷调研显示,回流留学生中88.5%的人选择了"把知识应用在中国的发展上"。

5.1.3　中国留学生回流动因的实证研究

已有文献从定性与定量的不同角度考察了外部因素与个人因素对海外

智力回流决策的影响。本节在此基础上，一方面考虑海外智力的个人因素，另一方面考虑东道国与母国经济发展的推拉力量对智力回流的影响，以确定关于海外智力回流动因研究的宏观经济变量。进一步，基于中国改革开放40多年来的留学生及其回流数据，运用Johanson协整检验、误差修正模型及Granger因果关系检验，探讨影响中国海外智力回流的主要因素，并为中国有效吸引海外智力回流提供政策建议。

1. 变量选择与模型设定

已有以海外智力回流意愿为视角的研究显示，中国大多数海外人员选择回流，他们更多的是期望在中国大好的发展形势下有所成就而选择回国。由于影响海外智力回流的因素很多，考虑到本部分的研究视角与数据的可得性，本节以1978—2017年为时间范围，选取以下主要经济变量，研究它们与智力回流规模之间的关系：

（1）智力回流规模（RES）。由于智力的不易测性及数据的可得性，回流智力采用海外留学回国人员数量来代替，这些人员是中国海外智力回流的最大构成部分。

（2）经济发展规模（GDP）。用1978年CPI指数平减的历年国内生产总值来表示中国经济规模的发展变化情况，主要是由于国内生产总值能够体现一国的经济发展潜力及市场规模，发展潜力及市场规模越大往往意味着存在较多的发展机会，从而越有利于吸引海外智力回流。Grubel和Scott（1966）的研究表明，人力资本在国家之间的流动，往往是以寻求比较利益为目的的要素禀赋在全球范围内的转移或让渡，经济发展水平高的地区对人才的吸引力远远大于经济发展水平低的地区。

（3）财政科技投入（GSTP）。由于作者无法获取1985年以前中国的研发经费支出数据，故这里采用国家财政科技拨款占GDP的比重来做代理变量。这表现了中国对科技的重视程度及其为科技人才提供良好科研环境的意愿。

（4）经济开放度（DEO）。关于经济开放度的衡量方式较多，此处采用进出口贸易总额占GDP的比重来表示。一国经济越开放，说明该国与世界其他国家联系越紧密，同时也在一定程度上反映了该国的国际化水平。母国的经济水平越开放，具有海外留学经历的人员回国后就越能较好运用自身积累的国际资源,这些对于海外人员回流具有积极影响。但同时,这也有可能会产生反向拉力,由于国家之间联系的紧密性,留学人员倾向更深入地了解他国的发展水平及他国所能提供的发展机遇,从而使得他们可能会选择在国外工作及生活。

(5) 国内收入差异(DID)。本节借鉴林琳(2012)使用的指标,即部分行业的工资水平与所有行业的职工平均工资的比值。由于海外回流的人员相对集中在一些代表性行业,如金融、信息、科研部门等,这些行业与中国所有行业工资水平的差距,能够在一定程度上说明回流人员在中国国内的待遇状况,对海外人员的回流决策可能会产生一定影响。

(6) 国际收入差异(IID)。新古典迁移理论认为收入差异会影响流动者的迁移决策,中国与他国人均国民收入对比,能在一定程度上体现中国与他国对中国海外人员回流决策的影响力差异。本节采用中国与代表性国家或地区的人均国民收入比值来表示国际收入差异变量。考虑到中国学生海外留学状况及数据的可得性,这里选取 29 个代表性国家和地区,即 OECD 的 27 个国家(即澳大利亚、奥地利、比利时、加拿大、丹麦、芬兰、法国、德国、希腊、匈牙利、冰岛、爱尔兰、意大利、日本、韩国、卢森堡、荷兰、新西兰、挪威、葡萄牙、西班牙、瑞典、瑞士、土耳其、英国、美国、以色列)和新加坡、中国香港。本指标相关数据来源于世界银行 WDI 数据库。

假设智力回流规模(RES)、经济发展规模(GDP)、财政科技投入(GSTP)、经济开放度(DEO)、国内收入差异(DID)和国际收入差异(IID)六个变量之间的关系由以下向量自回归模型决定:

$$z_t = \sum_{i=1}^{p} B_i z_{t-i} + u_t \tag{5.1}$$

式中 z_t 代表包含六个元素(RES_t, GDP_t, $GSTP_t$, DEO_t, DID_t, IID_t)的六维向量;u_t 表示白噪声向量;B_i 是一个 6×6 的系数矩阵。通过一阶差分变形,可得到如下误差修正模型:

$$\Delta z_t = A z_{t-i} + \sum_{i=1}^{p} B_i \Delta z_{t-i} + \varepsilon_t \tag{5.2}$$

其中,A 代表误差修正向量的系数矩阵;ε_t 表示白噪声向量。

由于本部分的重点是探讨智力回流规模(RES)与其他五个宏观经济变量(GDP、GSTP、DEO、DID、IID)之间的关系,因此在运用以上模型进行估计时，将只列出他们之间所存在的协整向量及相对应的误差修正模型。下面运用 Johanson 协整检验、误差修正模型以及 Granger 因果关系检验，考察中国智力回流规模与其他五个宏观经济变量之间的关系。

2. 平稳性检验

考虑到数据的自然对数不改变时间序列的性质和相互关系，并使其趋势线性化，消除数据中潜在的异方差现象，这里先对相关变量的所有数据取自然对数，然后运用 ADF 单位根检验方法，对各变量的单整阶数进行检验。检验结果表明：LnRES、LnGDP、LnGSTP、LnDEO、LnDID 和 LnIID 是非平稳序列，通过一阶差分处理后，所有序列在 1% 的显著性水平下均为平稳序列，可进一步进行协整检验（见表 5.2）。

表 5.2　　　　　　　　各变量 ADF 单位根检验结果

变量	检验类型 (C, T, L)	ADF 统计量	1% 临界值	5% 临界值	10% 临界值
LnRES	(0, 0, 8)	3.183670	-2.639210	-1.951687	-1.610579
ΔLnRES	(C, 0, 7)	-3.404389**	-3.653730	-2.957110	-2.617434
LnGDP	(C, T, 1)	-3.069416	-4.211868	-3.529758	-3.196411
ΔLnGDP	(C, 0, 1)	-4.030527***	-3.615588	-2.941145	-2.609066
LnGSTP	(C, 0, 1)	-2.029962	-3.610453	-2.938987	-2.607932
ΔLnGSTP	(C, T, 0)	-4.669753***	-4.211868	-3.529758	-3.196411
LnDEO	(C, 0, 0)	-2.972714	-3.605593	-2.936942	-2.606857
ΔLnDEO	(C, 0, 0)	-5.635528***	-4.211868	-3.529758	-3.196411
LnDID	(C, T, 4)	-2.730885	-4.234972	-3.540328	-3.202445
ΔLnDID	(C, 0, 0)	-7.388963***	-3.610453	-2.938987	-2.607932
LnIID	(C, T, 2)	-1.380930	-4.219126	-3.533083	-3.198312
ΔLnIID	(C, T, 1)	-4.414351***	-4.219126	-3.533083	-3.198312

注：检验类型中的 C、T、L 分别表示截距项、趋势项和滞后项，0 表示无 C、T 或 L。***、** 和 * 分别表示统计量在 1%、5% 和 10% 的水平下显著。

3. Johanson 协整检验

根据协整原理，下面采用 Johansen 迹统计量检验及最大特征值统计量检验两种方法来判断这些变量之间是否具有协整关系，检验结果见表 5.3。

表 5.3　　　　　　　　Johansen 协整检验结果

特征值	协整方程个数	迹统计量	5%临界值	P值	协整方程数	最大特征值统计量	5%临界值	P值
0.873893	0*	235.0206	95.75366	0.0000	0*	78.68360	40.07757	0.0000
0.842704	≤1*	156.3370	69.81889	0.0000	≤1*	70.28590	33.87687	0.0000
0.662642	≤2*	86.05112	47.85613	0.0000	≤2*	41.29117	27.58434	0.0005
0.439332	≤3*	44.75994	29.79707	0.0005	≤3*	21.98781	21.13162	0.0378
0.406555	≤4*	22.77213	15.49471	0.0034	≤4*	19.82881	14.26460	0.0060
0.074532	≤5	2.943328	3.841466	0.0862	≤5	2.943328	3.841466	0.0862

从表 5.3 可知，无论是迹检验还是最大特征值检验均证明 LnRES、LnGDP、LnGSTP、LnDEO、LnDID 和 LnIID 六个变量之间存在协整关系，即表明这些变量之间具有长期稳定关系，模型中的不平稳变量通过某种线性组合后可变成平稳关系。从检验结果来看，变量间存在五个协整方程，由于本部分重点探讨的是智力回流规模（LnRES）与其他五个宏观经济变量的关系，因此仅列出这一个标准化协整方程的系数，见表 5.4 所示。

表 5.4　　　　　标准化协整系数（一个协整向量）

LnRES	LnGDP	LnGSTP	LnDEO	LnDID	LnIID
1.000000	−3.757345 (0.46350)	−4.102246 (0.51846)	1.833310 (0.42942)	−6.415850 (1.06657)	3.714825 (0.69033)

注：括号中数据为标准差。

该协整向量对应的表达式为：

$$LnRES = 3.7573 LnGDP + 4.1022 LnGSTP - 1.8333 LnDEO + 6.4159 LnDID$$
$$(0.46350) \quad (0.51846) \quad (0.42942) \quad (1.06657)$$
$$- 3.7148 LnIID$$
$$(0.69033) \tag{5.3}$$

根据式（5.3）可知，LnGDP、LnGSTP、LnDEO、LnDID 和 LnIID 各变量的系数均显著。从长期来看，中国经济规模增长、国家财政科技经费投入强度增加与国内收入差异缩小会对回流规模产生正向影响。在其他条件保持不变的情况下，中国 GDP 每相对增加约 3.7573 会促使回流人员数量相对增加 1，国家财政科技经费投入强度每相对提高约 4.1022 可使回流人员数量相对增加1,国内代表性行业与所有行业工资水平的差距每相对增加6.4159则会促进回流人员数量相对增加1。值得注意的是,经济开放度及国际收入差异对中国留学生回流具有显著负作用,说明就以往的状况而言这两方面的改善还没有达到促成海外人员回流的目的。这可能是由于:(1)经济开放度在一定程度上反映了中国经济的对外依赖程度,而回流人员可能更注重一国经济自强度,这与杨海(2010)的研究结论一致,或者也可能是国外的吸引力依然大于国内开放发展后所产生的积极拉力;(2)尽管中国人均国民收入在逐年增加,但中国人均国民收入与其他国家相比差距仍然较大,因而国际收入差异增大并没有促成海外人员回流。

4. 误差修正模型

由于智力回流规模(LnRES)与其他五个经济变量(LnGDP、LnGSTP、LnDEO、LnDID 和 LnIID)之间存在协整关系,根据 Granger 定理,这些变量之间也存在误差修正模型(ECM)。基于表5.4所示协整关系,建立 ECM 模型如下(括号中数据为标准差):

$$\Delta \text{Ln}RES = -0.693ecm_{t-1} + 0.4456 - 0.0193\Delta \text{Ln}RES_{t-1} - 0.0643\Delta \text{Ln}RES_{t-2}$$
$$(0.09511) \quad (0.12763) \quad (0.09725) \quad (0.10051)$$
$$-0.3878\Delta \text{Ln}GDP_{t-1} - 3.6823\Delta \text{Ln}GDP_{t-2} - 0.8284\Delta \text{Ln}GSTP_{t-1}$$
$$(1.54098) \quad (1.44307) \quad (0.41921)$$
$$+1.030\Delta \text{Ln}GSTP_{t-1} - 2.8797\Delta \text{Ln}DEO_{t-1} - 0.3552\Delta \text{Ln}DEO_{t-2}$$
$$(0.46891) \quad (0.77419) \quad (0.91561)$$
$$0.7011\Delta \text{Ln}DID_{t-1} - 1.0815\Delta \text{Ln}DID_{t-2} - 0.5457\Delta \text{Ln}IID_{t-1} + 2.96\Delta \text{Ln}IID_{t-2}$$
$$(1.31600) \quad (1.09083) \quad (0.85310) \quad (0.94611) \quad (5.4)$$
$$R^2 = 0.8044 \quad A - R^2 = 0.6985 \quad F-statistic = 7.5926$$

式(5.4)表示的误差修正模型,表明智力回流规模会在一定程度上受经济变量的短期波动影响。在5%的显著性水平下,协整关系(ECM)对当期的智力回流具有消极影响(系数为-0.693),表明目前我国的宏观经济环境对海外回流智力的吸引仍显较弱。就单个变量的短期影响来看,前期回流人员对当期回流规模的弹性为-0.0193,即前期回流人员越多,后期回流人员则会相对增加,说明前期回流人员会产生一定的竞争效应,但该效应并不显著。另一方面,就长期趋势来看财政科技拨款强度对智力回流规模的影响显著为正，短期内前期财政科技拨款投入强度也对当期回流规模产生了显著积极影响，该变量对当期回流规模的弹性为 0.2017（-0.8284+1.0301）。不论是从长期还是短期趋势来看，经济开放度都会对当期回流规模产生显著负向影响，前期经济开放度对当期回流规模的弹性为 -2.8797，说明短期内经济开放度对回流规模的负向影响更大。同时，滞后两期时 GDP 和国际收入差异的变化对当期回流规模亦具有显著影响，其相对弹性分别为 -3.6823 和 2.96。其余变量对当期智力回流的短期影响则并不显著。

5. Granger 因果关系检验

在以上六个变量存在协整关系的基础上，对他们之间的因果关系检验，所得检验结果见表 5.5。

表 5.5　　　　　　　　Granger 因果关系检验

原假设	P 值		
	滞后一期	滞后二期	滞后三期
LnGDP 不是 LnRES 的 Granger 原因	0.0076	0.0061	0.0034
LnRES 不是 LnGDP 的 Granger 原因	0.7299	0.8157	0.6927
LnGSTP 不是 LnRES 的 Granger 原因	0.3332	0.7524	0.9107
LnRES 不是 LnGSTP 的 Granger 原因	0.2719	0.2828	0.3476
LnDEO 不是 LnRES 的 Granger 原因	0.7621	0.8763	0.1930
LnRES 不是 LnDEO 的 Granger 原因	0.0168	0.0742	0.1028
LnDID 不是 LnRES 的 Granger 原因	0.1830	0.2460	0.1777
LnRES 不是 LnDID 的 Granger 原因	0.5188	0.8483	0.7964
LnIID 不是 LnRES 的 Granger 原因	0.3247	0.2944	0.0662
LnRES 不是 LnIID 的 Granger 原因	0.00002	0.0080	0.0475

从表 5.5 可知，当滞后三期后，国际收入差异（LnIID）在 10% 的显著性水平下拒绝原假设，中国经济规模（LnGDP）在 5% 的水平下拒绝原假设，即变量 LnGDP 和 LnIID 是智力回流规模（LnRES）的 Granger 原因。而财政科技投入（LnGSTP）在变量滞后三期的情况下无法拒绝原假设，可能的原因是中国的财政科技拨款占 GDP 的比重较低，虽然近年有了一定的提高，但总的来说财政科技投入仍相对有限，与发达国家比较而言差距依然较大。此外，经济开放度（LnDEO）、国内收入差异（LnDID）与智力

回流规模（LnRES）之间的因果关系并不明朗，其可能原因是，中国的进出口贸易更多的是中低端产品，整体而言科技含量不高，该变量对智力回流规模的影响相对有限；中国代表性行业人均收入绝对量与国外相比差距较大，且国内收入分配不均现象明显，因而国内行业之间的收入差距增大并没有促成海外人员回流。

上面的研究结果表明，中国已回流的海外人员更注重中国的经济发展规模及其所能提供的发展机遇，智力回流规模与中国经济发展规模、财政科技投入强度、经济开放度、国内收入差异及国际收入差异之间存在长期均衡关系。而且，前期回流人员规模会对后期人员回流决策产生积极的示范效应，当前期的回流比率越高时，后期回流人员数量会相对增加。中国经济发展规模、国内收入差异与国际收入差异是智力回流规模的 Granger 原因，而财政科技投入、经济开放度与智力回流规模之间的因果关系不明显。

吸引海外智力回流，对全球化时代的任何一个国家都具有重要的战略意义。在新世纪中，随着经济全球化、科技一体化进程进一步加深，中国留学人数剧增的同时，回国人数也得到大幅增长。但是，中国的海外智力回流仍有较大的发展空间，特别是那些在国外高科技部门从事科学研究的人才更是建设创新型国家急需的人力资本。本节的实证分析也表明，中国回流的海外人才更注重母国所能提供的发展机遇，因此，今后中国应采取更多的有效措施，以吸引更多优秀的海外人员回国发展。首先，继续大力发展经济，提高经济发展水平，进一步规范市场经济秩序，保持经济高速稳定增长。一方面，通过扩大市场容量与规模，提供更多的就业及创业机会；另一方面，稳步提高人均国民收入水平、缩小与发达国家之间的人均收入差距。其次，继续增加科技投入特别是研发经费支出，稳步提高研发投入强度，同时，建立合理的经费分配制度，将这些资金分配给真正优秀的企业和人才，并通过独立机构来监督和评估创新项目成败，从而逐步改善中国科技产出低端化、缺乏竞争力的现状。再次，坚持进口与出口并重、"引进来"与"走出去"相结合，全面提高开放型经济水平。将加强技术引进与强化消化吸收能力相结合，提高中国企业自主创新能力，优化出口商品结构，增加高新技术产品在出口中的比重。最后，加强海内外信息沟通，完善海外回流人员的薪酬激励机制，为回流人员提供一个更为透明、公平的工作与科研环境。

5.2 中国留学生回流的技术外溢效应：基于省际面板数据的实证研究

作为先进知识技术的关键载体，智力资本跨国流动已成为国际技术外溢的重要渠道（Park，2004；Le，2008、2010；李平和许家云，2011；仇怡和聂尊辉，2014）。目前国内外有关留学生回流技术外溢效应的研究主要包括：第一，理论探讨智力回流对原籍国技术进步的作用机理。已有智力回流的相关理论主要从国际人口迁移的视角进行分析，具有代表性的有推拉理论、结构主义理论、新古典经济学迁移理论、新迁移经济学派理论、跨国主义理论、移民网络理论等。在这些理论基础上，学者们通过研究发现：海外智力回流有助于提升原籍国总体人力资本水平（McCormick 和 Wahba，2001；Kapur 和 Mchale，2005；Mayr 和 Peri，2008），海外智力回流有利于人才在留学国和原籍国之间的可持续交流（Rauch 和 Trindade，2002；Gao，2003；Kugler 和 Rapoport，2006；高子平，2012）。第二，实证分析国际学生流动或留学生回流的技术外溢效应。近年来随着中国越来越重视吸引海外人才回流，国内学者也开始关注该领域的相关问题，但大多集中在回流动因探讨，只有少数学者对海外智力流入的技术扩散效应进行了研究。从所掌握的资料来看，由于数据的可得性，已有的经验研究较少，主要有 Park（2004）、Le（2008、2010）、李平和许家云（2011）、许家云和李淑云（2012）、仇怡和聂尊辉（2015）等。他们的研究证明，国际智力回流有利于母国的技术进步和经济发展。考虑到数据的可获取性，本部分将在探讨留学生回流技术外溢效应作用机理的基础上，运用2000—2017年中国30个省市区及七大区域的面板数据进行实证分析。

5.2.1 中国留学生回流特征

改革开放40年来，各类出国留学人员累计达519.49万人，出国留学规模的持续增长，使中国生源领跑世界。随着中国综合国力和经济实力的逐步提升，中国出国留学人数快速增长，特别是2008年以来留学回国人员人数明显增加（见图5.4）。根据教育部的最新数据显示，2017年中国出国留学人数首次突破60万人，达到了60.84万人，同比增长11.74%，持续保持世界最大留学生生源国地位。同年留学人员回国人数较上一年增长11.19%，达到48.09万人，其中获得硕博研究生学历及博士后出站人员达到22.74万，同比增长14.90%。这表明我国留学生出国学习、回国服务规模双增长，与国家战略、行业需求契合度不断提升。2017年，我国出国留学人员目的地仍相对集中，多数前往欧美发达国家和地区求学，"一带一路"沿线国家成为新的增长点，赴"一带一路"沿线国家留学人数为6.61万人，比上年增长15.7%，超过整体出国留学人员增速。其中国家公派3679人，涉及37个"一带一路"沿线国家。从1978年到2017年底我国出国留学相关数据可以发现，留学回国人数稳步提升，高层次人才回流趋势明显。有共计313.19万名留学生在完成学业后选择回国发展，占已完成学业留学生人数的83.73%。

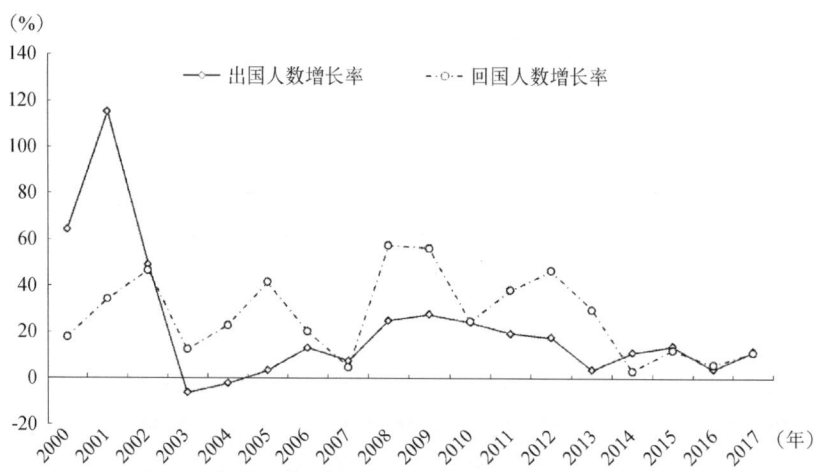

图5.4　中国出国留学人员与学成回国人员人数增长率对比（2000—2017年）

数据来源：各年度《中国统计年鉴》《中国留学回国就业蓝皮书》与《新中国六十年统计资料汇编》。

5.2.2　模型设定、变量说明与数据来源

随着新增长理论的发展，关于国际技术外溢的文献日益丰富，尤以国

第5章 中国智力资本回流的技术进步效应:基于留学生回流的经验分析

际贸易、FDI 作为国际技术外溢渠道的研究最多。已有文献表明,进口贸易相比出口贸易更利于技术溢出,而中国的对外直接投资也明显滞后于外商直接投资,考虑到数据的可得性、连续性及有效性,这里只考虑中国留学生回流、进口贸易和 FDI 所带来的国际技术溢出。由此,本节以 Coe 和 Helpman (1995) 建立的国际贸易研发溢出模型 (CH 模型) 为基础,构建基于留学生回流的技术外溢测度模型,研究留学生回流对中国及区域全要素生产率的影响:

$$\ln TFP_{it} = \beta_0 + \beta_1 \ln S_{it}^d + \beta_2 \ln S_{it}^{f-stu} + \beta_3 \ln S_{it}^{f-im} + \beta_4 \ln S_{it}^{f-fdi} + \varepsilon_{it2} \quad (5.5)$$

其中,TFP_{it} 表示中国 i 地区 t 时期的全要素生产率;S_{it}^d 代表中国 i 地区 t 时期的 R&D 资本存量;S_{it}^{f-stu} 表示中国 i 地区 t 时期境外留学生回流所带来的 R&D 资本存量;S_{it}^{f-im} 代表中国 i 地区 t 时期进口贸易外溢的 R&D 资本存量;S_{it}^{f-fdi} 代表中国 i 地区 t 时期所获境外 FDI 外溢的 R&D 资本存量;β_0 为截距项,ε_{it2} 是随机扰动项。

进一步,考虑到留学生回流可能会通过物质资本效应等方式,影响中国从留学地的进口贸易份额及其对华直接投资情况,因此,此处用回流留学生与进口贸易以及 FDI 的交叉项来考察留学生回流对全要素生产率的间接影响程度,由此建立模型:

$$\ln TFP_{it} = \gamma_0 + \gamma_1 \ln S_{it}^d + \gamma_2 \ln S_{it}^{f-stu} + \gamma_3 \ln S_{it}^{f-stu} \times \ln S_{it}^{f-im} + \gamma_4 \ln S_{it}^{f-stu} \times \ln S_{it}^{f-fdi} + \varepsilon_{it3}$$
$$(5.6)$$

根据构建的模型,本节选取如下变量:

(1) 全要素生产率 (TFP) 采用 Cobb - Douglas 生产函数 $Y_{it} = A_{it} K_{it}^{\alpha} L_{it}^{\beta}$ 进行估算。其中,中国各地区的产出水平 (Y) 用国内生产总值 (GDP) 来衡量,并换算成以 1985 年为基期的实际 GDP;中国各地区的资本存量 (K) 分别用各年各地区的固定资本存量表示,此处参考单豪杰 (2008) 的方法进行估算,以 1985 年为基期采用永续盘存法计算;中国各地区的劳动力 (L) 用全社会就业人员数量表示。相关数据来源于国家统计局及历年的《中国统计年鉴》。

(2) 中国及各地的研发资本存量采用永续盘存法计算,即 $S_{it}^d = (1 - \delta) S_{it-1}^d + RD_{it}$。其中,$S_{it}^d$ 表示中国 i 地区 t 时期的研发资本存量;δ 为研发资本存量折旧率;S_{it-1}^d 表示中国 i 地区 $t-1$ 时期的研发资本存量;RD_{it} 为中国 i 地区历年的研发经费支出,以 1985 年为基期采用 CPI 进行平减。各地 1985 年的研发资本存量采用 Griliches 和 Pakes（1980）的方法进行估计，即 $S^d_{i1985} = RD_{i1985} / (g + \delta)$。其中，$g$ 为 1985—2017 年各地区每年研发投资支出增长率的平均数，δ 采用 Coe 和 Helpman（1995）回归结果 5%。相关数据来源于中国科技统计网，部分缺失的研发经费支出数据，采用相邻三年研发经费支出占 GDP 比重的均值乘以当年 GDP 估算而得。

（3）关于留学地研发资本存量 S^d_{jt} 的估算，根据中国学生的留学地区分布和留学地自身技术水平，考虑到数据的可得性，选取美国、日本、澳大利亚、英国、韩国、加拿大、德国、法国、新西兰和中国香港等 10 个国家和地区作为样本国。相关数据来源于世界银行及 OECD 数据库，其中新西兰缺失的部分数据运用 Matlab 软件采用插值法计算获得。本节将这些国家或地区 1985—2017 年的研发投入数据通过汇率统一换算为人民币，他们的研发资本存量数据估算方法与中国相同。

（4）关于留学生回流溢出的国外研发资本存量 S^{f-stu}_{it} 估算。首先运用 Lichtenberg 和 Pottelsberghe（1996）的方法度量中国从以上 10 个国家或地区留学生回流带来的研发溢出存量，即 $S^{f-stu}_{t} = \sum_{j=1}^{10} (STU_{jt}/N_{jt}) \times S^d_{jt}$，其中，$STU_{jt}$ 表示中国第 t 年从 j 国或地区学成回国的留学生人数，该指标采用历年中国流入各国或地区留学生数与全国当年的回流比相乘估算而得，全国当年回流比则用教育部所公布当年回流留学生人数与当年出国留学人数的比值表示；N_{jt} 表示 j 国或地区在第 t 年高等教育在校生人数；S^d_{jt} 表示 j 国或地区在 t 年的国内研发资本存量。由于中国各地区回流的留学生数据无法直接获取，本部分参考张勇等（2009）构建基础设施指数以及李平等（2011）构建海归引力综合权数法，计算留学生回流引力指数。本节选取的五个指标分别是：GDP、国家财政教育经费支出、国家财政性科技拨款、国际贸易和国际投资（基于数据的可得性，仅选取实际 FDI 总额）以及中国历年高校在校生数。运用时间序列方法，分别将以上指标与历年留学生回流人员数量进行回归，并利用其对回流人员数量的贡献作为权数加总，得到中国各地历年留学生回流引力指数，即 $index^{stu}_{it} = \alpha_1 x_{gdpt} + \alpha_2 x_{ect} + \alpha_3 x_{tet} + \alpha_4 x_{iet} + \alpha_5 x_{stut}$，其中，$x_{gdpt}$、$x_{ect}$、$x_{tet}$、$x_{iet}$、$x_{stut}$ 分别表示中国各地 GDP、财政教育经费支出、财政科技拨款、国际贸易和 FDI 和高校在校生数占全国的比重。然后，用各地区留学生回流引力指数 $index^{stu}_{it}$ 作为权重，用历年归国留学生对中国研发外溢存量与 $index_{it}^{stu}$ 的乘积来体现各地区留学生回流带来的国外研发存量，即：$S_{it}^{f-stu} = (\sum_{j=1}^{10}(STU_{jt}/N_{jt}) \times S_{jt}^d) \times index_{it}^{stu}$。相关数据来源于联合国教科文组织、OECD 数据库、历年的《中国科技统计年鉴》和《中国统计年鉴》，部分数据运用 Matlab 插值法补充，下同。

（5）关于基于进口贸易溢出的研发资本存量 S_{it}^{f-im}，同样采用上述方法估算，进口来源地为以上选择的 10 个国家和地区。首先计算中国与以上国家（地区）通过进口贸易获得的研发存量，即 $S_t^{f-im} = \sum_{j=1}^{10}(IM_{jt}/GDP_{jt}) \times S_{jt}^d$，其中，$IM_{jt}$ 表示第 t 年中国从 j 国或地区的进口额，GDP_{jt} 表示 j 国或地区在第 t 年的国内生产总值（GDP），S_{jt}^d 表示 j 国或地区在第 t 年的国内研发存量。其次，估算中国各地区与以上 10 个国家（地区）基于进口贸易的技术外溢程度，本节用历年各地区进口额占当年全国进口总额的比例为权重（$index_{it}^{im}$），用进口贸易溢出的研发资本存量与 $index_{it}^{im}$ 的乘积来表示各地区获得的研发存量溢出，即 $S_{it}^{f-im} = (\sum_{j=1}^{10}(IM_{jt}/GDP_{jt}) \times S_{jt}^d) \times index_{it}^{im}$。

（6）中国及各地通过 FDI 溢出的国外研发资本 S_{it}^{f-fdi} 的估算方法与上同。中国第 t 年从所选取的 10 个国家或地区对华投资（FDI）所产生的研发溢出存量为：$S_t^{f-fdi} = \sum_{j=1}^{10}(FDI_{jt}/GDP_{jt}) \times S_{jt}^d$，其中，$FDI_{jt}$ 表示第 t 年 j 国或地区对中国内地的外商直接投资额；GDP_{jt}、S_{jt}^d 与上同。同样地，用各地区的 FDI 额占当年全国比重为权重（$index_{it}^{fdi}$），用 FDI 溢出的研发资本存量与 $index_{it}^{fdi}$ 的乘积来估算各地区通过 FDI 获得的研发资本溢出：$S_{it}^{f-fdi} = (\sum_{j=1}^{10}(FDI_{jt}/GDP_{jt}) \times S_{jt}^d) \times index_{it}^{fdi}$。

5.2.3 实证检验

1. 全国 30 个省份的面板分析

考虑到研究数据的可得性，暂无法获取中国香港、中国澳门和中国台湾地区以及 1996 年以前重庆的相关数据，故此处只选取 30 个省市区作为研究对象，重庆市1996年以后的各项指标数据并入四川省。下面根据模型（5.5）和模型（5.6），采用2000—2017年中国30个省、市、区的面板数据（其中重庆并入四川）进行实证分析。为体现省际差异，本部分采用变截距模型，并运用固定效应的冗余似然比检验和Hausman检验来判定模型类型。经检验，模型（5.5）不含留学生回流项及含该项的回归方程、模型（5.6）纳入回流留学生与进口贸易以及FDI的交叉项的回归方程，均采用个体固定效应模型估计。具体的回归结果如下所示，括号内数据为标准差：

$$\ln TFP_{it} = -1.3671 + 0.1876\ln S_{it}^d + 0.0996\ln S_{it}^{f-im} + 0.0143\ln S_{it}^{f-fdi} \quad (5.7)$$
$$(0.0175)\quad(0.0074)\quad\quad(0.0076)\quad\quad(0.0053)$$
$$R^2 = 0.9207 \quad A-R^2 = 0.9156 \quad F = 1960.96$$

$$\ln TFP_{it} = -1.1576 + 0.1206\ln S_{it}^d + 0.0747\ln S_{it}^{f-stu} + 0.0568\ln S_{it}^{f-im} \quad (5.8)$$
$$(0.0287)\quad(0.0102)\quad\quad(0.0084)\quad\quad\quad(0.0086)$$
$$-0.0117\ln S_{it}^{f-fdi}$$
$$(0.0057)$$
$$R^2 = 0.9313 \quad A-R^2 = 0.9268 \quad F = 1715.3$$

$$\ln TFP_{it} = -1.1062 + 0.1223\ln S_{it}^d + 0.0926\ln S_{it}^{f-stu} + 0.0035\ln S_{it}^{f-stu}\ln S_{it}^{f-im} \quad (5.9)$$
$$(0.0309)\quad(0.0116)\quad\quad(0.0066)\quad\quad\quad(0.0014)$$
$$-0.0045\ln S_{it}^{f-stu}\ln S_{it}^{f-fdi}$$
$$(0.0014)$$
$$R^2 = 0.9258 \quad A-R^2 = 0.9210 \quad F = 1579.03$$

从以上回归结果可知，调整后的可决系数与F值均较高，表明模型拟合效果较好。通过对以上结果的分析，可得到如下结论：

首先，中国留学生回流能带来显著的技术外溢效应，是中国获取国际先进技术的重要渠道。首先，从式（5.8）的结果可知，中国通过留学生回流溢出的研发存量系数为0.0747，表明留学生回流对中国全要素生产率的提高具有促进作用，留学生回流有利于技术进步。其次，通过比较式（5.7）和式（5.8）可知，在未引入留学生变量的式（5.7）中，进口贸易以及FDI均对中国全要素生产率都具有显著的正向效应；在引入留学生变量后的式（5.8）中，这两个变量对全要素生产率的影响依然显著，但FDI 的影响系数转变成负数。

其次，留学生回流通过物质资本及网络集聚效应而引致的进口贸易及FDI 的技术外溢效应存在差异，前者对技术进步影响显著为正，而后者则显著为负。在含有留学生变量且引入了交叉项的式（5.9）中，留学生回流导致的进口贸易变化改善了中国省际的全要素生产率水平，而回流导致的 FDI 变化却明显阻碍了全要素生产率的提高。通过对比式（5.8）与式（5.9）的分析结果可以发现，留学生回流的技术外溢效应依旧显著为正，且影响系数增加了约 0.2 个百分点。

最后，中国的技术进步目前仍主要依赖于物质资本的投入，留学生回流的技术外溢效应仍存在较大提升空间。从式（5.8）与式（5.9）中的回归系数可以看到，中国各省市的研发资本存量对全要素生产率的提高影响均显著，且这种物质资本投入的影响大于归国留学生的技术外溢效应。在考虑到留学生回流对全要素生产率间接影响的情况下，各地区研发资本存量比留学生回流对全要素生产率的影响高出约 3 个百分点。这可能与目前我国回流的留学生规模相对较小，但研发经费投入逐年增加有关。

2. 地区差异分析

下面以含有交叉项的模型（5.6）为基础，按照七大区域的地域框架（即包括北京、天津、河北、山东的环渤海地区，包括上海、江苏、浙江的长三角地区，包括福建、广东、海南的东南地区，包括辽宁、吉林、黑龙江的东北地区，包括安徽、江西、河南、湖南、湖北、山西的中部地区，包括四川、重庆、广西、贵州、云南、西藏的西南地区，包括甘肃、青海、宁夏、新疆、陕西、内蒙古的西北地区），考察不同区域留学生回流的技术外溢效应是否存在差异。运用七大区域数据，按照与全国面板模型检验相同的方法判定模型估计形式，得出除中部地区需采用个体随机效应模型，其他地区均使用个体固定效应模型。为进行区域间的横向比较，七大区域所有模型都采用个体固定效应的 OLS 方法进行估计，回归的详细结果见表 5.6。

表 5.6 中的结果显示，调整后的可决系数、F 统计量均较高，表明模型模拟效果较好。根据表 5.6 的回归结果，可以得到以下结论：

表5.6　　各区域面板数据比较分析（2000—2017年）

解释变量	东部			东北	中部	西部	
	环渤海	长三角	东南			西南	西北
c	-1.0082***	-0.8082***	-0.547***	-1.4352***	-1.5342***	-1.7252***	-0.9046***
	(0.0926)	(0.0798)	(0.0579)	(0.1104)	(0.086)	(0.0881)	(0.0509)
$\ln S_{it}^d$	0.1296***	0.1931***	0.0655***	0.2822***	0.2269***	0.2785***	0.0406*
	(0.0253)	(0.0212)	(0.0219)	(0.0336)	(0.0267)	(0.0404)	(0.0228)
$\ln S_{it}^{f-stu}$	0.1622***	-0.035	0.0969***	0.092***	0.0683***	0.0429**	0.1025***
	(0.0464)	(0.0604)	(0.0148)	(0.0216)	(0.0161)	(0.0168)	(0.0149)
$\ln S_{it}^{f-stu} \times \ln S_{it}^{f-im}$	-0.0003	0.0154**	0.0099**	-0.0109**	-0.0033	-0.00008	0.0172***
	(0.0045)	(0.0058)	(0.0047)	(0.0042)	(0.0042)	(0.0038)	(0.0033)
$\ln S_{it}^{f-stu} \times \ln S_{it}^{f-fdi}$	-0.0222***	-0.0155**	-0.0211***	-0.0016	-0.0045	0.0093**	-0.0088***
	(0.0065)	(0.0068)	(0.008)	(0.0026)	(0.0034)	(0.0037)	(0.0027)
R^2	0.9327	0.9669	0.9706	0.9796	0.965	0.9362	0.9418
$A-R^2$	0.9254	0.9626	0.9669	0.9770	0.9618	0.9299	0.9365
F	221.82***	342.91***	388.54***	564.4***	675.66***	297.13***	396.82***

注：括号内数字是标准差，***、**、*分别表示在1％、5％、10％水平显著。

（1）中国留学生回流的技术外溢效应存在显著的地区差异。环渤海、长三角、东南、中部、西南以及西北地区的留学生回流对技术进步具有明显的促进作用，其中环渤海地区效应最高，但长三角地区并不显著。这主要是由于中国留学生学成回国后，主要集聚在北京、上海、广州、江苏等经济发达、开放程度较高、基础设施较为完善的地区。根据王辉耀（2012）整理的2012年全国173个留学生创业园资料显示，江苏、北京留学生创业园数量共75个，占全国总数的30％，位列全国前二，这较好解释了环渤海地区留学生回流技术外溢效应显著的原因。然而，前文的实证分析也表明中国留学生回流既会通过进口贸易对全要素生产率产生正向影响，也会通过FDI对全要素生产率产生负面影响，长三角地区留学生回流不显著的原因可能在于二者正负效应的综合影响。与此同时，中国留学生回流对TFP的间接作用具有明显的区域异质性特征。留学生回流与进口贸易及FDI的交叉项对各地区TFP的影响差异显著，不仅产生了正效应、负效应，还包括影响不显著的情况。留学生回流通过进口贸易对全要素生产率的积极影响在长三角、东南和西北地区表现显著,在东北地区却产生了负效应。留学生回流通过 FDI 对全要素生产率的负面影响体现在环渤海、长三角、东南与西北地区,仅对西南地区产生正向的促进效应。而且,从整体的实证结果来看,这些效应较为微弱,并且呈现出不稳定特征。

(2) 研发资本存量对各区域 TFP 均具有显著的正向作用但存在地区差异,而且总体上,研发资本存量对 TFP 的促进作用大于留学生回流的技术外溢效应。这可能是因为,一方面,中国留学生回流规模相对流出人员量较小,其累计回流比截至 2017 年仅为 60.35%;另一方面,虽然高层次人才回流趋势在不断加强,但相对中低端人才回流比例要低得多,相关统计数据显示,中国流失的顶尖人才数量居于世界首位。不过值得注意的是,环渤海、东南和西北地区的留学生回流技术外溢效应却大于当地研发存量对 TFP 的影响,尤其环渤海地区最为显著。可见,虽然目前中国的技术进步可能更多依赖于国内研发资本投入,但以环渤海地区为代表的现象表明,随着海外人才的不断回流,归国留学生不仅会成为国际技术外溢的重要渠道,还将是中国进行自主创新的生力军。

以上运用中国 30 个省份的面板数据,研究了留学生回流对中国的技术外溢效应,并分七大区域对留学生回流的技术外溢效应进行了对比分析。研究发现,中国留学生回流的技术外溢效应显著,归国留学生是中国技术进步不可或缺的要素,是中国获取国外先进技术与知识的良好载体。但目前中国全要素生产率的提高仍主要依赖于国内研发投入的增加,归国留学生对技术进步的影响相对偏小。同时,留学生回流的技术外溢效应存在较大的地区差异。可见,在国际竞争日趋激烈的背景下,归国留学生将成为中国技术创新与发展的强劲动力,留学生回流的技术外溢效应仍存在较大的提升空间。因此,今后应继续深入实施国际化的人才发展战略,制定各类高层次人才政策大力吸引留学生回流;继续加大科研与教育经费投入力度,改善中国的整体科研教育环境;注重国内人力资本水平提升,强化技术消化吸收与再创新能力;协调中高端留学生回流政策制定与实施,注重区域内归国留学生合理分布。

5.3 中国留学生回流的技术溢出效应：基于空间计量模型的经验分析

为大力吸引海外留学人员回流，提高我国科技创新实力和国际影响力，我国政府先后制定出台了一系列引进海外优秀留学人才工作的政策文件和指导方针。大量研究表明，在开放经济条件下，一国或地区的技术进步不仅取决于自身的研发投入，而且还受国外研发溢出存量的影响。一直以来，学术界普遍认可国际贸易、FDI以及专利技术引用是发展中国家获取发达国家先进知识和技术的重要渠道。但随着国际技术扩散研究的不断发展，现有研究表明除了上述传统国际技术扩散渠道以外，国外研发投入还能通过国际人力资本流动这一新兴渠道来影响一国或地区的技术进步，进而促进其经济的可持续增长。目前，以留学生为主体的国际人力资本流动及其引致的技术扩散效应已引发国内外学者关注。一般来说，留学生回流可以提高母国学习国外先进知识和技术的能力，进而促进母国人力资本量的积累和质的提高；留学生回流是国际技术扩散的重要渠道，对母国的技术进步具有显著的正向促进作用。然而此判断可能高估了回流留学生对技术进步的贡献，因为忽略了技术进步在地理空间的邻接上可能存在一定的空间效应，邻近地区的技术进步很可能会相互产生影响。为此，本部分将空间效应纳入普通面板模型，继续采用中国30个省市区的空间面板数据，对留学生回流的国际技术扩散效应进行深入研究。

5.3.1 中国留学生回流的技术进步空间扩散效应测度

1. 模型构建

首先，以Coe和Helpman（1995）的国际贸易研发溢出模型（CH模型）为基础，构建基础模型如下：

$$\ln TFP_{it} = \alpha_0 + \alpha_1 \ln S_{it}^d + \alpha_2 \ln S_{it}^{f-stu} + \alpha_3 \ln S_{it}^{f-im} + \alpha_4 \ln S_{it}^{f-fdi} + \alpha_5 \ln S_{it}^{f-pat} + \varepsilon_{it}$$

(5.10)

其中，TFP_{it}（全要素生产率）代表各地区技术水平 A；S_{it}^{d} 表示各地区国内 R&D 存量；S_{it}^{f-stu} 表示各地区回流留学生溢出的国外研发存量；S_{it}^{f-im}、S_{it}^{f-fdi}、S_{it}^{f-pat} 分别表示各地区进口贸易、FDI 和专利申请三大国际技术扩散渠道引致的国外研发溢出存量。

进一步，考虑到中国各相邻地区的技术进步效应可能相互影响，回流留学生不仅影响其回流地区的技术进步，也可能会通过空间关联而对其他地区也产生溢出，为准确测度中国留学生回流的技术扩散效应，本节将空间效应纳入 CH 模型，构建相应的空间计量模型为：

空间滞后模型（SLM）：

$$\ln TFP_{it} = \alpha_0 + \rho W \ln TFP_{it} + \alpha_1 \ln S_{it}^{d} + \alpha_2 \ln S_{it}^{f-stu} + \alpha_3 \ln S_{it}^{f-im} + \alpha_4 \ln S_{it}^{f-fdi} + \alpha_5 \ln S_{it}^{f-pat} + \varepsilon_{it} \tag{5.11}$$

空间误差模型（SEM）：

$$\ln TFP_{it} = \alpha_0 + \alpha_1 \ln S_{it}^{d} + \alpha_2 \ln S_{it}^{f-stu} + \alpha_3 \ln S_{it}^{f-im} + \alpha_4 \ln S_{it}^{f-fdi} + \alpha_5 \ln S_{it}^{f-pat} + \varepsilon_{it} \varepsilon_{it} = \lambda W \varepsilon_{it} + \mu_{it} \tag{5.12}$$

其中，ρ 为空间自回归系数，表示邻近地区技术进步变化的加权和对该地区技术进步的影响程度；λ 为空间误差自相关系数，表示邻近地区影响技术进步的不可测因素对该地区的技术进步的影响程度；W 代表空间权重矩阵，本部分遵循"后相邻"规则，即两个地区拥有共同的顶点或边界则视为相邻，若地区 i 和地区 j 相邻，则 $W_{ij}=1$，否则 $W_{ij}=0$。值得注意的是，空间权重矩阵 W 需要进行行标准化处理。为了避免海南省出现"孤岛效应"，设海南省与广东省相邻。

2. 变量选取及说明

（1）关于全要素生产率（TFP）。本节采用固定变化率为 λ，初始水平为 A_{i0} 的 Cobb – Douglas 生产函数 $Y_{it} = A_{i0} e^{\lambda t} K_{it}^{\alpha} L_{it}^{\beta}$ 对全要素生产率（TFP）进行估算。式中，Y_{it} 为总产出水平，用实际 GDP 衡量；劳动投入 L_{it} 用从业人员数表示；资本存量 K_{it} 采用永续盘存法进行测算，即 $K_{it} = \dfrac{I_{it}}{P_{it}} + (1-\delta_{it}) K_{it-1}$。其中，$I_{it}$ 为固定资本形成总额，P_{it} 为固定资产投资价格指数，δ_{it} 为折旧率，按单豪杰（2008）方法取各个地区均为 10.96%。

（2）关于国内研发存量 S_{it}^{d}。S_{it}^{d} 采用永续盘存法来计算，即 $S_{it}^{d} = (1-$

$\delta) S_{it-1}^d + RD_{it}$。$RD_{it}$ 为各地区研发经费支出，采用 CPI 平减。1985 年以来中国各地区缺失的 RD_{it} 根据各地区近三年研发投入强度的平均值乘以当年 GDP 计算得出。对于各地区 1985 年的研发存量，采用 Griliches 和 Pakes（1980）的方法进行估计，即 $S_{i1985}^d = RD_{i1985}/(g+\delta)$。其中，$g$ 为 1985—2014 年中国各地区每年研发投资支出对数形式增长率的平均值，δ 为研发资本折旧率，取 Coe 和 Helpman（1995）估计的 5%。

（3）关于各国或地区研发存量 S_{jt}^d。S_{jt}^d 同样采用永续盘存法，将各个国家或地区历年的研发投入数据采用相应的 PPP 汇率统一折算为人民币，并以 1985 年为基期，依据研发溢出国的 CPI 各自进行平减，折旧率取 5%。

（4）关于回流留学生的研发溢出存量 S_{it}^{f-stu}。选取 2000—2014 年中国海外留学生较集中的八个发达国家，即美国、日本、澳大利亚、英国、韩国、加拿大、法国和德国，采用 LP 法计算中国历年回流留学生的研发溢出存量：即 $S_t^{f-stu} = \sum_{j=1}^{8}(STU_{jt}/N_{jt}) \times S_{jt}^d$。其中，$STU_{jt}$ 表示中国学成回国的留学生人数，用出国留学人数乘以全国当年的回流比估算得到；N_{jt} 为 t 年 j 国的高等教育在校生人数。

具体到地区数据，此处参考张勇等（2009）的方法，选取 GDP、高校在校生数、贸易与 FDI 总额、教育经费支出以及财政科技拨款五个指标，来构建回流留学生的综合引力权数。通过时间序列分析，将上述五个指标分别与中国历年回国留学生人数进行 OLS 回归，并利用其对回流留学生人数的贡献作为权数进行加总，得出中国各地区历年回流留学生的综合引力权数，即 $index_{it}^{f-stu} = \alpha_1 x_{it}^{gdp} + \alpha_2 x_{it}^{stu} + \alpha_3 x_{it}^{trade} + \alpha_4 x_{it}^{edu} + \alpha_5 x_{it}^{tec}$，其中，$index_{it}^{f-stu}$ 表示各地区历年回流留学生的综合引力权数，x_{it}^{gdp}、x_{it}^{stu}、x_{it}^{trade}、x_{it}^{edu} 和 x_{it}^{tec} 分别表示历年各地区 GDP 占全国 GDP 的比重、各地区高校在校生数占全国高校在校生数的比重、各地区贸易与 FDI 总额占全国贸易与 FDI 总额的比重、各地区教育经费支出占全国教育经费支出的比重以及各地区财政科技拨款占全国财政科技拨款总额的比重。将该综合引力权数 $index_{it}^{f-stu}$ 与历年回流留学生的研发溢出存量相乘，得到各地区回流留学生的研发溢出存量：$S_{it}^{f-stu} = \left(\sum_{j=1}^{8} \frac{S_{jt}}{N_{jt}} \times STU_{jt}\right) \times index_{it}^{f-stu}$。

（5）关于进口贸易研发溢出存量 S_{it}^{im}。采用 LP 法，计算 2000—2014 年中国累计进口额前十位国家或地区，即日本、韩国、美国、德国、澳大利亚、新加坡、法国、加拿大、中国香港地区和意大利的进口贸易在中国的研发溢出存量：$S_t^{f-im} = \sum_{j=1}^{10}(IM_{jt}/GDP_{jt}) \times S_{jt}^d$。式中，$IM_{jt}$为$t$年中国在$j$国的进口额，$GDP_{jt}$为$t$年$j$国的国内生产总值。将中国$t$年各地区进口额占当年全国进口总额的比重（$w_{it}^{im}$）与$S_t^{f-im}$相乘，得到各地区进口贸易研发溢出存量：$S_{it}^{f-im} = (\sum_{j=1}^{10}(IM_{jt}/GDP_{jt}) \times S_{jt}^d) \times w_{it}^{im}$。

（6）关于FDI研发溢出存量S_{it}^{f-fdi}。采用LP法，计算2000—2014年累计实际对华外商直接投资额前10位国家或地区，即中国香港地区、日本、新加坡、韩国、美国、德国、英国、法国、加拿大和澳大利亚的FDI在中国的研发溢出存量：$S_t^{f-fdi} = \sum_{j=1}^{10}(FDI_{jt}/GDP_{jt}) \times S_{jt}^d$。式中，$FDI_{jt}$表示各国或地区实际注入中国的外商直接投资额。将中国t年各地区FDI占当年全国FDI总额的比重（w_{it}^{fdi}）与S_t^{f-fdi}相乘，得到各地区FDI研发溢出存量：$S_{it}^{f-fdi} = (\sum_{j=1}^{10}(FDI_{jt}/GDP_{jt}) \times S_{jt}^d) \times w_{it}^{fdi}$。

（7）关于国外专利申请研发溢出存量S_{it}^{f-pat}。选取2000—2014年在中国专利申请总量前八位的国家，即日本、美国、德国、韩国、法国、英国、意大利和加拿大，采用LP法计算国外专利申请在中国的研发溢出存量：$S_t^{f-pat} = \sum_{j=1}^{8}\frac{VP_{jt}}{GDP_{jt}} \times S_{jt}^d$。式中，$VP_{jt}$表示各国流入中国专利申请的价值，公式为$VP_{jt} = \frac{RDE_{jt}}{TPA_{jt}} \times PA_{jt}$，$RDE_{jt}$为$t$年$j$国的R&D支出，$TPA_{jt}$为$t$年$j$国的专利申请数，$PA_{jt}$为$t$年$j$国向中国申请的专利数。将中国$t$年各地区R&D占全国R&D的比重（$w_{it}^{rd}$）与$S_t^{f-pat}$相乘，得到各地区国外专利申请研发溢出存量：$S_{it}^{f-pat} = (\sum_{j=1}^{8}\frac{VP_{jt}}{GDP_{jt}} \times S_{jt}^d) \times w_{it}^{rd}$。

以上计算所需数据来源于历年的《中国统计年鉴》《中国科技统计年鉴》《中国教育统计年鉴》以及各省市区统计年鉴及统计公报、OECD统计数据库、世界银行数据库（WDI）、联合国教科文组织数据库等。由于数据的可得性，暂时无法获取中国香港、中国澳门和中国台湾地区以及1996年以前重庆的相关数据，故此处只选取2000—2014年中国30个省市区作为研究对象，重庆市1996年以后的各项指标数据并入四川省。

3. 实证分析

在空间计量经济学中，一般常用 Moran 指数 I 来度量空间自相关。若 Moran 指数 I 界于 0~1 之间，表示正相关；在 -1~0 之间则表示负相关。若 Moran 指数 I 接近于 0，则表示观测值是随机分布的，不存在空间自相关性。本节运用 Stata 软件对中国各地区的全要素生产率进行空间相关性检验（见表 5.7），发现我国各地区全要素生产率的全局 Moran 指数 I 均在 1% 水平下显著，且都大于零，这说明我国各地区的全要素生产率并不是随机分布的，而是呈现出明显的集聚趋势。高全要素生产率的省市区往往与全要素生产率较高的地区相邻，低全要素生产率的省市区，其临近地区的全要素生产率同样也较低。

表 5.7　　　　各地区全要素生产率 Moran 指数 I

年份	2000	2001	2002	2003	2004	2005	2006	2007
Moran'I	0.464	0.464	0.466	0.474	0.475	0.487	0.480	0.478
P 值	0.000	0.000	0.000	0.000	0.000	0.000	0.000	0.000
年份	2008	2009	2010	2011	2012	2013	2014	
Moran'I	0.482	0.464	0.466	0.499	0.488	0.487	0.481	
P 值	0.000	0.000	0.000	0.000	0.000	0.000	0.000	

通过上述 Moran 指数 I 的分析证明我国各地区全要素生产率存在空间相关性，因此需要借助相应的空间计量经济模型来进行估计。为便于进行分析方法的优劣比较，本节运用普通面板模型、空间滞后模型（SLM）和空间误差模型（SEM）三类模型分别对中国各地区留学生回流的技术扩散效应进行估计。首先给出普通面板模型（5.10）的最小二乘法回归结果，并采用 Hausman 检验来判定其模型类型。经过检验，普通面板模型（5.10）的 Hausman 检验值为 40.68，通过了 1% 水平的显著性检验，因此在面板模型中需采用个体固定效应模型估计。另外，前文指出我国的技术进步存在明显的空间正相关关系，因此下面将空间效应纳入到基础模型，用空间滞后模型（SLM）和空间误差模型（SEM）重新进行估计，具体的回归结果见表 5.8。

表 5.8　　　中国留学生回流的技术扩散效应测度回归结果

模型	FEM	SLM	SEM
	回归系数	回归系数	回归系数
常数项	-1.4196***	-1.0785***	-1.4058***
lns_d	0.0919***	0.0754***	0.0856***
lnf_stu	0.0725***	0.0461***	0.0853***
lnf_im	0.0808***	0.0655***	0.0708***
lnf_fdi	0.0257***	0.0226***	0.0212***
lnf_pat	0.0569***	0.0427**	0.0507***
R^2	0.9425	0.9453	0.9422
ρ		0.2494***	
λ			0.2022***
Log-likelihood		513.1655	503.8950

注:"***""**""*"分别表示在1%、5%、10%水平下显著。

根据表5.8的回归结果显示,个体固定效应模型(FEM)、空间滞后模型(SLM)和空间误差模型(SEM)的常数项系数均为负数,说明中国各地区对技术进步均有一个自发的需求。在上述三个模型中,回流留学生对我国各地区的技术进步均具有显著的正向促进作用,这说明留学生回流的确是中国获取国外先进技术的重要渠道,这与国内外学者已有的研究结果一致。通过研究发现,相对于个体固定效应模型(FEM)的回归结果,考虑空间效应后空间滞后模型(SLM)的拟合优度得到了显著提高,空间自回归系数 ρ 在1%水平下显著,空间误差模型(SEM)的拟合优度虽然基本维持不变,但空间误差系数 λ 也通过了1%水平的显著性检验,这说明引入空间因素是有实际意义的。若忽略空间相关性的存在,基于传统OLS方法的回归模型是有偏误的。为了进一步区分哪一种空间计量模型更加符合客观实际,本部分借鉴Anselin和Florax(1995)提出的判别标准对空间滞后模型(SLM)和空间误差模型(SEM)进行下一步判定。若在空间依赖性检验中,LMLAG比LMERR在统计上更显著,且R-LMLAG显著而R-LMERR不显著,则空间滞后模型(SLM)更符合实际;反之,则空间误差模型(SEM)更符合实际。根据表5.9空间依赖性检验的结果可以发现,LMLAG和LMERR均在1%水平下显著,R-LMLAG在1%水平下显著而 R – LMERR 却不显著,因此本文认为空间滞后模型(SLM)更为合适。

表 5.9　　　　　　　　　　空间依赖性检验

Test	统计值	P 值
LMLAG	21.875***	0.000
R – LMLAG	12.275***	0.000
LMERR	10.189***	0.001
R – LMERR	0.589	0.443

注:"***""**""*"分别表示在 1%、5%、10%水平下显著。

对比个体固定效应模型(FEM)和空间滞后模型(SLM)的回归结果可以发现:第一,引入空间因素以后,全要素生产率在地理空间的邻接上表现出明显的空间依赖性。根据空间滞后模型(SLM)的回归结果显示,空间自回归系数 ρ 值为 0.2494,在 1%水平下显著,这说明纳入空间效应后邻近地区的全要素生产率对当地的全要素生产率具有显著的正向促进作用。从统计学角度来看,空间自回归系数 ρ 值度量了邻近地区技术进步变化的加权和对本地区技术进步的影响方向程度,即当中国各地区相邻省市区的全要素生产率(TFP)提高 1 个百分点时,相应地使本地全要素生产率(TFP)同向提高 0.2494 个百分点。第二,引入空间因素以后,回流留学生依旧是中国获取国际先进技术的重要渠道,并通过了 1%水平的显著性检验,但其对中国各地区技术进步的贡献度有所下降。具体表现在空间滞后模型(SLM)中,中国各地区留学生回流溢出的研发存量系数为 0.0461,小于个体固定效应模型(FEM)的 0.0725,这也证实了前文所提到的忽略空间因素的相关研究可能高估了回流留学生对中国技术进步的贡献。第三,个体固定效应模型(FEM)和空间滞后模型(SLM)的回归结果均显示出,目前中国技术进步最主要的因素仍然是本国物质资本投入,回流留学生对中国技术进步的促进作用仍有待提高。一方面是因为我国回流留学生规模相对较小,而研发投入却在不断增加;另一方面是由于回流留学生的个人能力参差不齐,高科技高层次人才回流率较低。

综上,本节在传统三大国际技术扩散渠道的基础上,引入回流留学生这一新兴国际技术扩散渠道,运用中国 30 个省市区的面板数据,采用极大似然估计法，考察中国留学生回流的空间溢出效应及其对各地区技术进步的影响。通过对比个体固定效应模型（FEM）、空间滞后模型（SLM）和空间误差模型（SEM）的回归结果，最终选择空间滞后模型（SLM），估计结果更为科学合理。研究发现：技术进步在地理空间的邻接上表现出明显的空间依赖性，空间变量对技术进步空间溢出效应具有显著的正向促进作用；回流留学生虽然对中国各地区技术进步的贡献度有所下降，但依旧是中国获取国际先进技术的重要渠道；与母国物质资本投入相比，回流留学生对中国技术进步的促进作用仍有待提高。

5.3.2 基于空间杜宾模型的经验研究

近年来，随着我国留学回国人员规模持续扩大，国内学者也开始探讨留学生回流的技术溢出效应，具有代表性的有李平和许家云（2011）、陈怡安和杨河清（2013）、仇怡和聂苧辉（2015）等，他们主要运用 Coe 和 Helpman（1995）提出的经典国际研发溢出模型，对留学生回流引致的技术溢出效应进行实证研究，检验手段以不考虑空间地理因素的时间序列或面板回归为主。李程宇和卢现祥（2014）首次研究了回国留学生的空间聚集效应，但文章的重点在于研究留学生回流对区域科研产出的溢出效应，并未考察回国留学生对回流地技术进步的首次溢出效应及回流地以外其他地区技术进步的二次溢出效应。考虑到中国地域辽阔、各省市之间差异较大，留学生学成回国以后的流向存在一定的空间聚集效应，忽视空间地理因素可能会在研究回流留学生对技术进步的影响时出现估计偏误。为此，本部分在前面分析的基础上，进一步考虑空间地理因素，采用全局 Moran 指数 I 和散点图来考察留学生回流、研发溢出存量和全要素生产率的空间关联特征，再通过构建空间杜宾模型来估计回国留学生对回流地技术进步的首次溢出效应及回流地以外其他地区技术进步的二次溢出效应。

1. 模型设定和数据说明

对于发展中国家和地区而言，国际研发溢出是其技术进步的重要来源。本节在 Coe 和 Helpman（1995）的基础上重点考察中国留学生回流的技术溢出效应，构建基础模型如下：

$$\ln TFP_{it} = \alpha_0 + \alpha_1 \ln S_{it}^d + \alpha_2 \ln S_{it}^{f-stu} + \alpha_3 \ln X_{it} + \mu_{it} \qquad (5.13)$$

其中，TFP_{it} 是全要素生产率，用来衡量各个地区的技术进步；S_{it}^d 和 S_{it}^{f-stu} 分别代表各地区国内 R&D 存量和留学生回流带来的研发溢出存量；控制变量 X_{it} 表示进口贸易、FDI 和国外专利申请引致的国外研发溢出存量。为了消除异方差的影响，对上述变量采用对数化处理。

空间计量经济模型主要包括空间滞后模型（SLM）、空间误差模型（SAR）和空间杜宾模型（SDM）。其中，空间杜宾模型（SDM）不仅考虑了因变量的空间相关性，还考虑了自变量的空间相关性。考虑到我国各地区回流留学生引致的国外研发溢出存量具有较强的空间相关性，某一个地区的回流留学生不仅对回流地的技术进步产生影响，而且还可能对回流地以外其他地区的技术进步产生影响。因此，进一步构建空间杜宾模型：

$$\ln TFP_{it} = \alpha_0 + \rho W \ln TFP_{it} + \alpha_1 \ln S_{it}^d + \alpha_2 \ln S_{it}^{f-stu} + \alpha_3 \ln X_{it} + \beta_1 W \ln S_{it}^d + \beta_2 W \ln S_{it}^{f-stu} + \beta_3 W \ln X_{it} + \mu_{it} \qquad (5.14)$$

其中，W 代表空间权重矩阵，$W \ln TFP_{it}$ 为 $\ln TFP_{it}$ 的空间滞后项，$W \ln S_{it}^d$、$W \ln S_{it}^{f-stu}$ 和 $W \ln X_{it}$ 分别为 $\ln S_{it}^d$、$\ln S_{it}^{f-stu}$ 以及 $\ln X_{it}$ 的空间滞后项，ρ 表示相邻地区 $\ln TFP_{it}$ 对本地区 $\ln TFP_{it}$ 的空间溢出效应强度，β_1、β_2 和 β_3 分别代表相邻地区 $\ln S_{it}^d$、$\ln S_{it}^{f-stu}$ 以及控制变量对本地区 $\ln TFP_{it}$ 的空间溢出效应强度。另外，空间权重矩阵 W 的构建采用"后相邻"规则（假设海南与广东相邻），并对其进行标准化处理，使之行和为 1。

进一步，将上述空间杜宾模型表示为一般向量形式：

$$(I - \rho W) \ln TFP_t = \alpha \iota_n + \eta \ln S_t + \varphi W \ln S_t + \varepsilon_t \qquad (5.15)$$

$$\ln TFP_t = (I - \rho W)^{-1} \alpha \iota_n + (I - \rho W)^{-1} [\eta \ln S_t + \varphi W \ln S_t] + (I - \rho W)^{-1} \varepsilon_t \qquad (5.16)$$

ι_n 为 $n \times 1$ 阶单位阵，ε_t 为随机误差项。对于某一特定时点，不同截面单元（$i = 1, \cdots, n$）的因变量对不同截面单元的第 k 个解释变量的偏导矩阵为：

$$\left[\frac{\partial \ln TFP}{\partial \ln S_1^k} \cdots \frac{\partial \ln TFP}{\partial \ln S_n^k} \right]_t = \begin{bmatrix} \frac{\partial \ln TFP_1}{\partial \ln S_1^k} & \cdots & \frac{\partial \ln TFP_1}{\partial \ln S_n^k} \\ \vdots & \ddots & \vdots \\ \frac{\partial \ln TFP_n}{\partial \ln S_1^k} & \cdots & \frac{\partial \ln TFP_n}{\partial \ln S_n^k} \end{bmatrix}_t$$

第5章 中国智力资本回流的技术进步效应：基于留学生回流的经验分析

$$= (I - \rho W)^{-1} \begin{bmatrix} \eta_k & W_{12}\varphi_k & \cdot & W_{1n}\varphi_k \\ W_{21}\varphi_k & \eta_k & \cdot & W_{2n}\varphi_k \\ \cdot & \cdot & \cdot & \cdot \\ W_{n1}\varphi_k & W_{n2}\varphi_k & \cdot & \eta_k \end{bmatrix} = S(W) \quad (5.17)$$

若将上式中第 k 个解释变量当作留学生回流引致的国际研发溢出资本存量 S_{it}^{f-stu}，则根据上述偏导矩阵可以得到留学生回流研发资本存量对技术进步的直接效应、间接效应以及总效应。

首先，直接效应。代表留学生回流对本地区技术进步的平均影响，即回流留学生研发溢出存量的首次溢出效应，数值为矩阵 $S(W)$ 中主对角线元素之和的平均值：

$$\overline{M}(S^{f-stu})_{direct} = \frac{\partial \ln TFP_i}{\partial \ln S_i^{f-stu}} = \frac{1}{n} \cdot tr[S(W)] \quad (5.18)$$

其次，间接效应。代表留学生回流对其他地区技术进步的平均影响，即回流留学生研发溢出存量的二次溢出效应，数值为矩阵 $S(W)$ 中非对角线元素和（或列之和）的平均值：

$$\overline{M}(S^{f-stu})_{inderect} = \frac{\partial \ln TFP_i}{\partial \ln S_j^{f-stu}} = \frac{1}{n} \cdot \{\iota_n' S(W) \iota_n - tr[S(W)]\} \ (i \neq j) \quad (5.19)$$

最后，总效应。代表留学生回流对所有地区技术进步的总影响，即回流留学生研发溢出存量的总效应，其数值为直接效应与间接效应之和：

$$\overline{M}(S^{f-stu})_{total} = \overline{M}(S^{f-stu})_{direct} + \overline{M}(S^{f-stu})_{inderect} = \frac{1}{n} \iota_n' S(W) \iota_n \quad (5.20)$$

2. 变量选择

（1）全要素生产率（TFP）。本节采用传统的 Cobb-Douglas 生产函数 $Y_{it} = A_{it} K_{it}^{\alpha} L_{it}^{\beta}$ 来测算 TFP，由于样本时间较长，所以将 A_{it} 设置为固定变化率为 λ，初始水平为 A_{i0} 的变化形式，即 $A_{it} = A_{i0} e^{\lambda t}$。式中，总产出水平 Y 用 GDP 来衡量，并换算成 1985 年不变价格；L 表示劳动投入，用从业人员数来衡量；K 表示资本存量，根据各地区历年的固定资本形成总额采用永续盘存法测算得到：$K_{it} = \frac{I_{it}}{P_{it}} + (1 - \delta_{it}) K_{it-1}$。其中，$K_{it}$ 为 i 地区 t 时期的固定资本存量，I_{it} 为 i 地区 t 时期的固定资本形成总额，P_{it} 为 i 地区 t 时期的固定资产投资价格指数，δ_{it} 为 i 地区 t 时期的折旧率，按单豪杰（2008）方法取各个地区的折旧率均为 10.96%。

（2）中国国内各地区研发资本存量 S_{it}^d。S_{it}^d 根据各地区历年的研发投入采用永续盘存法计算得来，$S_{it}^d = (1-\delta) S_{it-1}^d + RD_{it}$。$RD_{it}$ 平减至 1985 年，$S_{i1985}^d = RD_{i1985}/(g+\delta)$。其中，$g$ 为 1985—2014 年 RD_{it} 对数形式增长率的平均数，折旧率 δ 沿用 Coe 和 Helpman（1995）回归所得的 5%。对于缺失的研发投入数据，根据近三年研发投入占 GDP 比重的平均值乘以当年 GDP 计算得出。

（3）中国各地区回流留学生研发溢出存量 $S_{it}^{f\text{-}stu}$。选取中国海外留学生较集中的八个发达国家，采用 LP 法来计算中国历年回流留学生研发溢出存量①：$S_t^{f\text{-}stu} = \sum_{j=1}^{8}(S_{jt}^d/N_{jt}) \times STU_{jt}$。其中，$STU_{jt}$ 表示 t 年中国从 j 国学成回国的留学生数；N_{jt} 代表 t 年 j 国高校在校生数；S_{jt}^d 表示 t 年 j 国国内研发存量，根据各国历年的研发投入通过永续盘存法计算得到，即 $S_{jt}^d = (1-\delta) S_{jt-1}^d + RD_{jt}$。$RD_{jt}$ 采用相应的 PPP 汇率统一折算为人民币，并依据历年研发溢出国的 CPI 平减至 1985 年，折旧率取 5%。此外，本节选取 GDP、高校在校生数、贸易与 FDI 总额、教育经费支出、财政科技拨款五个指标，依次与中国历年回国留学生人数进行回归，并利用它们对回流留学生人数的贡献作为权数进行加总，得到中国各地区回流留学生的综合引力权数：$index_{it}^{f\text{-}stu} = \alpha_1 x_{it}^{gdp} + \alpha_2 x_{it}^{stu} + \alpha_3 x_{it}^{trade} + \alpha_4 x_{it}^{edu} + \alpha_5 x_{it}^{tec}$。其中，$x_{it}^{gdp}$ 表示历年中国各地区 GDP 占全国 GDP 的比重，x_{it}^{stu} 表示历年中国各地区高校在校生数占全国高校在校生数的比重，x_{it}^{trade} 表示历年中国各地区贸易与 FDI 总额占全国贸易与 FDI 总额的比重，x_{it}^{edu} 表示中国各地区历年教育经费支出占全国教育经费支出、x_{it}^{tec} 表示中国各地区历年财政科技拨款占全国财政科技拨款总额的比重。最后，将中国各地区历年回流留学生的综合引力权数 $index_{it}^{f\text{-}stu}$ 与中国历年回流留学生研发溢出存量相乘，得到中国历年各地区的回流留学生研发溢出存量：$S_{it}^{f\text{-}stu} = \left(\sum_{j=1}^{8} \frac{S_{jt}}{N_{jt}} \times STU_{jt} \right) \times index_{it}^{f\text{-}stu}$。

（4）控制变量 X_{it} 的度量，此处采用 LP 法，分别选取 2000—2014 年中

---

① 根据教育部国家留学基金委和公安部相关统计，中国海外留学生较集中的 8 个发达国家分别是美国、日本、澳大利亚、英国、韩国、加拿大、法国、德国。

国累计进口前 10 位的国家或地区、FDI 前 10 位的国家或地区以及在中国专利申请累计总量前 8 位的发达国家①，各自计算中国各省市区吸收的进口贸易研发溢出存量 S_{it}^{f-im}、FDI 研发溢出存量 S_{it}^{f-fdi} 以及国外专利申请研发溢出存量 S_{it}^{f-pat}，即

$$S_{it}^{f-im} = \frac{IM_{it}}{IM_t} \cdot \left[\sum_{j=1}^{10} (IM_{jt}/GDP_{jt}) \times S_{jt}^d \right]$$

$$S_{it}^{f-fdi} = \frac{FDI_{it}}{FDI_t} \cdot \left[\sum_{j=1}^{10} (FDI_{jt}/GDP_{jt}) \times S_{jt}^d \right]$$

$$S_{it}^{f-pat} = \frac{RD_{it}}{RD_t} \cdot \left[\sum_{j=1}^{8} \frac{VP_{jt}}{GDP_{jt}} \times S_{jt}^d \right]$$

其中，IM_{jt}、GDP_{jt}、FDI_{jt} 和 S_{jt}^d 分别代表第 t 年中国从 j 国进口的贸易额、j 国的国内生产总值、j 国输入至中国的 FDI 以及 j 国的国内研发存量；IM_{it}、FDI_{it}、RD_{it} 代表 t 年中国各省市区的进口贸易额、FDI 及研发经费支出；IM_t、FDI_t、RD_t 代表 t 年中国总的进口贸易额、FDI 及研发经费支出。另外，$VP_{jt} = \frac{RDE_{jt}}{TPA_{jt}} \times PA_{jt}$，表示第 t 年 j 国流入中国专利申请的价值，PA_{jt} 代表第 t 年 j 国流入中国的专利申请量，TPA_{jt} 和 RDE_{jt} 分别代表第 t 年 j 国总的专利申请数量和研发投入，$\frac{RDE_{jt}}{TPA_{jt}}$ 表示每项专利申请中所投入的研发经费。

本节的研究与前面保持一致，仍选取 2000—2014 年中国 30 个省市区的面板数据进行实证研究。各变量的原始数据来源于历年的《中国统计年鉴》《新中国五十年统计资料汇编》《中国科技统计年鉴》《中国对外贸易统计年鉴》《中国教育统计年鉴》，以及 OECD 统计数据库、世界银行数据库、联合国教科文组织数据库等。

3. 空间自相关检验

在空间计量经济学中，一般常用 Moran 指数 I 和 Moran 散点图来测度变量是否存在空间自相关性，其中用 Moran 指数 I 来测度全局空间相关性，

---

① 进口前 10 位的国家或地区分别是：日本、韩国、美国、德国、澳大利亚、新加坡、法国、加拿大、中国香港地区、意大利。FDI 前 10 位的国家或地区分别是中国香港地区、日本、新加坡、韩国、美国、德国、英国、法国、加拿大、澳大利亚。在中国专利申请累计总量前 8 位的发达国家分别是日本、美国、德国、韩国、法国、英国、意大利、加拿大。

用 Moran 散点图来测度局部空间相关性。运用 Stata 软件来测算我国各地区回流留学生研发溢出存量及全要素生产率的全局 Moran 指数 I（见表 5.10）。从检验结果可以看出，我国回流留学生研发溢出存量和全要素生产率的全局 Moran 指数 I 均通过了显著性检验，且 Moran 指数 I 均大于 0，这说明我国留学生回流引致的国外研发溢出和全要素生产率都存在着的正的空间自相关性。

表 5.10　　　　　　　各地区全局 Moran 指数 I

年份	lntfp	lnf_stu
2000	0.464***	0.171**
2001	0.464***	0.238**
2002	0.466***	0.178**
2003	0.474***	0.195**
2004	0.475***	0.218**
2005	0.487***	0.286***
2006	0.480***	0.232**
2007	0.478***	0.233**
2008	0.482***	0.225**
2009	0.464***	0.238**
2010	0.466***	0.245***
2011	0.499***	0.249***
2012	0.488***	0.245***
2013	0.487***	0.238**
2014	0.481***	0.248***

注："***""**""*"分别表示在1%、5%、10%水平下显著。

进一步运用 Stata 软件绘制 2014 年我国回流留学生研发溢出存量和全要素生产率的局部 Moran 散点图。从图 5.5 可以看出，我国 30 个省市区的回流留学生研发溢出存量和全要素生产率均呈现出显著的集聚现象。观察 2014 年 lnf_stu 的 Moran 散点图可以发现，绝大部分省市区聚集在第一象限和第三象限，少数落在第二、四象限，这说明高—高型（H－H 型）和低—低型（L－L 型）在我国居于主导地位，即回流留学生研发溢出存量较高的省市与回流留学生研发溢出存量较高的省市相邻，回流留学生研发溢出存量较低的省市与回流留学生研发溢出存量较低的省市相邻。其中，属于 H－H 型的省市有上海、江苏、浙江、山东、北京、福建、安徽、天津、江西、湖南、湖北、河南、河北等 13 个省市。这也可以看出我国留学回国人员的地区分布呈现出明显的空间聚集效应，他们更倾向于聚集在上海、江苏、浙江、北京等东部沿海发达省市。就 ln*tfp* 而言，2014 年全国 30 个省市区的全要素生产率基本呈现出"高—高聚集"和"低—低聚集"的空间特征，其中第一象限（H－H 型）主要包括上海、江苏、北京、浙江、天津、辽宁、山东、福建、吉林、黑龙江、海南等东部沿海地区，第三象限（L－L 型）包括云南、宁夏、湖南、湖北、广西、贵州、山西、甘肃、四川、青海、新疆、西藏、河南等 13 个省（市、自治区）。

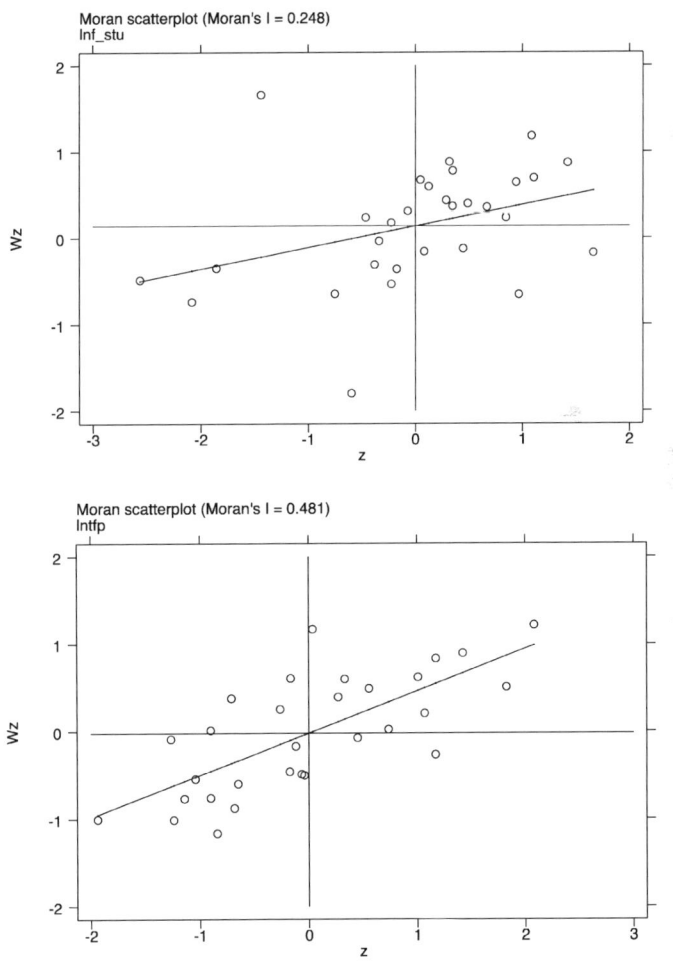

图 5.5　留学生回流研发溢出存量和全要素生产率的 Moran 散点图

4. 空间杜宾模型回归结果

在考虑空间地理因素的基础上,继续运用 Stata 软件对我国 30 个省市区留学生回流的技术扩散效应进行空间杜宾模型分析,并通过 Hausman 检验进一步确定留学生回流对技术进步影响的模型。表 5.11 给出了空间杜宾模型固定效应、随机效应以及 Hausman 检验的估计结果,可以发现 Hausman 检验值为负值,即不能拒绝原假设,应采用随机效应的空间杜宾模型来进行分析。根据表 5.11 空间杜宾模型随机效应的估计结果来看,中国回流留学生研发溢出存量在留学生回流地的影响系数为 0.0342,通过了 10% 水平的显著性检验;回流地以外其他地区的回流留学生研发溢出存量对本地区全要素生产率的影响系数为 0.0070,未通过显著性水平检验。这说明回流地以外其他地区的已回国留学生对本地区的技术进步产生促进作用,但影响程度较小,暂时并未发挥作用。相邻地区全要素生产率对本地区全要素生产率的影响系数为 0.1295,且在 5% 水平上显著,说明相邻地区的技术进步对本地区的技术进步产生了显著的正向空间溢出效应。国内研发存量、进口贸易和 FDI 的系数均通过 1% 水平的显著性检验,国外专利申请在 5% 水平上显著,且影响系数均为正值,这说明国内研发存量及进口贸易、FDI、国外专利申请三大传统国际技术扩散渠道对我国技术进步均有显著的正向促进作用。相邻地区的国内研发存量与本地区的技术进步呈正相关,但未通过显著性水平检验;相邻地区通过三大传统国际技术扩散渠道引致的国外研发溢出对本地区技术进步的影响均通过显著性水平检验,其中国外专利申请与本地区技术进步呈负相关,进口贸易和 FDI 对本地区技术进步呈正相关。

表 5.11　　　　　　　　空间杜宾模型的估计结果

变量	固定效应	随机效应
lns_d	0.0597***	0.0584***
lnf_stu	0.0376*	0.0342*
lnf_im	0.0600***	0.0636***
lnf_fdi	0.0201***	0.0207***
lnf_pat	0.0467**	0.0446*
W·lntfp	0.1484**	0.1295*

第5章 中国智力资本回流的技术进步效应：基于留学生回流的经验分析

续表

变量	固定效应	随机效应
W·lns_d	0.0313	0.0322
W·lnf_stu	−0.0009	0.0070
W·lnf_im	0.0736***	0.0705***
W·lnf_fdi	0.0276**	0.0258**
W·lnf_pat	−0.0559**	−0.0546**
R^2	0.9480	0.9479
Log-likelihood	633.0638	522.7364
Hausman 检验	−2.67	

5. 直接效应、间接效应和总效应分析

对于空间杜宾模型来说，由于空间滞后项的存在，回归系数不再反映自变量对因变量的影响，这种影响的表述将变得非常复杂。因此，为了准确区分留学生回流对回流地及回流地以外其他地区技术进步的影响程度，需要进一步估算回流留学生研发溢出存量的直接效应、间接效应和总效应。根据表5.12可知，回流留学生对其回流地的技术进步产生了显著的首次溢出效应，但对回流地以外其他地区的技术进步并未产生显著的二次溢出效应。回流留学生的直接效应为0.0339，在10%水平上显著，其经济含义表明留学生回流量每提高1个百分点，留学生回流地的全要素生产率就会相应地提高0.0339个百分点。回流留学生的间接效应为0.013，未通过显著性检验，这说明回流留学生对回流地以外其他地区的技术溢出效应并不明显。综合回流留学生的首次溢出效应和二次溢出效应，回流留学生研发溢出存量的总效应为0.0468，在1%水平上显著，说明留学生回流对所有地区的技术进步有明显的促进作用，这与前面的理论分析相一致，认为留学生回流会通过网络效应、物质资本效应等促进我国技术进步和经济增长。

由表5.12国内研发投入的空间溢出效应来看，某一省市的国内研发投入不仅对该地区的技术进步产生了显著的首次溢出效应，而且对其他地区的技术进步也产生了显著的二次溢出效应。国内研发资本存量的直接效应和间接效应分别为0.0603和0.0441，分别在1%和5%的置信度水平上显

表 5.12　　　　　　　直接效应、间接效应和总效应估计

变量	直接效应	间接效应	总效应
lns_d	0.0603 ***	0.0441 **	0.1043 ***
lnf_stu	0.0339 *	0.0130	0.0468 ***
lnf_im	0.0673 ***	0.0902 ***	0.1574 ***
lnf_fdi	0.0216 ***	0.0321 ***	0.0537 ***
lnf_pat	0.0425 **	-0.0569 **	-0.1044

注：" *** "" ** "" * "分别表示在1%、5%、10%水平下显著。

著，这表明中国某一省市的R&D经费投入每增加1个百分点，就会促进该地区的全要素生产率提升0.0603个百分点、其他地区的全要素生产率提升0.0441个百分点。从总效应来看，国内研发资本存量的总溢出效应为0.1043，在1%的置信度水平上显著，说明国内研发投入对所有地区的技术进步具有显著的促进作用。

通过对比国内研发投入与回流留学生的空间溢出效应发现，国内研发投入的首次溢出效应、二次溢出效应和总溢出效应均显著高于回流留学生的首次溢出效应、二次溢出效应和总溢出效应（0.0603＞0.0339，0.0441＞0.013，0.1043＞0.0468），说明国内研发资本存量比回流留学生研发溢出存量更多地促进了我国全要素生产率的提升，即反映了目前中国的技术进步仍主要取决于国内的研发投入，回流留学生的作用有待进一步提高。另外，国内研发投入的总效应约为回流留学生研发溢出存量总效应的2.23倍，这也从侧面反映出目前我国回流留学生规模仍然相对较小，未来仍需大力吸引各类留学生回流。总而言之，空间杜宾模型的回归结果表明回流留学生对其回流地的技术进步具有显著的促进作用，但对回流地以外其他地区的技术进步的促进作用并不显著，对所有地区的技术进步也有明显的促进作用。

本节在考虑空间地理因素的基础上，运用中国30个省市区的面板数据，采用全局Moran指数I和Moran散点图来考察回流留学生研发溢出存量和全要素生产率的空间关联特征，并通过构建空间杜宾模型来估计中国回国留学生对回流地及回流地以外其他地区技术进步的空间溢出效应。研究结果显示：我国各地区回流留学生研发溢出存量及全要素生产率均存在着的正的空间自相关性，回国留学生有助于回流地的技术进步，但对回流

地以外其他地区的技术进步无显著促进作用,对所有地区的技术进步也有明显的促进作用。原因可能在于现阶段我国仍有大规模留学人员滞留海外,留学回国人员规模仍需扩大;已回流人员中高层次人才较少,且大多集中在经济、科技实力相对较强的东部沿海发达省市,仅有少部分回国人员选择留在经济落后、科技水平低下的偏远地区。另外,研究发现目前国内研发投入仍是促进中国技术进步最主要因素,其重要程度远远高于回国留学生。某一地区的国内研发投入不仅对该地区的技术进步有促进作用,而且对其他地区的技术进步也有显著促进作用,这也充分反映出自身科技投入与自主创新才是地区技术进步的核心要素。因此,各地政府应进一步完善吸引留学生回国的相关政策及引才计划,大力吸引留学生回流,并充分发挥回流留学生在技术创新中的作用。继续增加国内研发投入来改善各省的科研基础设施,为归国人员提供良好的科研环境。要注重归国留学生在地理空间上的分布,针对中西部地区回国留学生较少的情况应采取特殊的应对措施来吸引人才。

5.4 智力资本回流对创新效率的影响研究:以中国高新技术产业开发区为例

5.4.1 国家高新区与留学归国人员

中国高新技术产业开发区(以下简称国家高新区)创新效率是区域技术创新效率的一个方面,在技术创新活动过程中,将新技术、新思想融入创新投入要素组合中,借助研发活动转变成知识产出和经济产出的效率,以实现最小投入与最大产出的目标。留学归国人员是高水平人力资本载体,与创新效率高度相关。一直以来,国家高新区作为我国智力资本密集区和创新驱动先行区,积极践行国家创新发展和全面开放战略,集聚、整合和利用全球创新资源,云集海外高层次创新人才和国际一流研发机构。近年来我国国家高新区出现了一定程度的智力资本"回流潮",根据

《2018年国家高新区综合发展与数据分析报告》，截至2018年底，我国国家高新区共有留学归国人员16.3万人，较上年同比增长21%，留学生创办企业4.8万家，较2017年同比增长19.6%。从图5.6可以看出，中国高新区内留学归国人员、留学归国人员占年末从业人员比重均呈现波动中总体增长趋势。在2013—2018年间，国家高新区内留学归国人员增加65687人，相对于2013年来说，增长率为67.42%；留学归国人员占年末从业人员比重也从最初的0.67%上升到0.78%。习近平主席强调："发展是第一要务，人才是第一资源，创新是第一动力。要促进本土人才、海外人才并用并重，使他们在报效祖国中实现自己的人生梦想"。由此，本节以国家高新区为例，研究智力资本回流对国家高新区创新效率的影响程度及其作用机制。

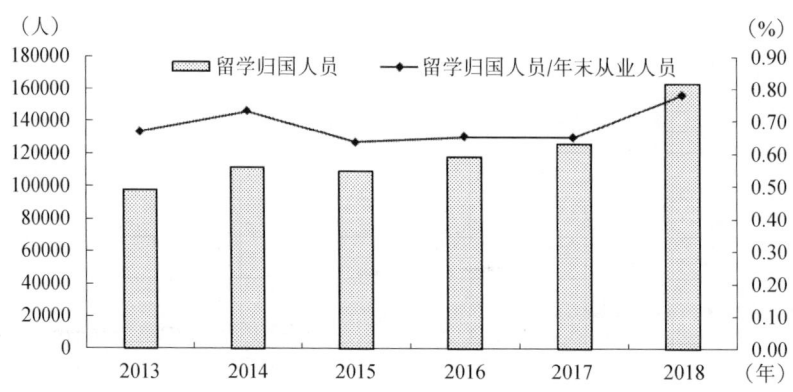

图5.6 国家高新区留学归国人员情况（2013—2018年）

数据来源：历年《中国火炬统计年鉴》。

已有相关文献已表明，智力资本跨国流动是国际技术溢出的重要渠道，有助于促进发展中国家的技术创新（Park，2004；Le，2010；李平和许家云，2011；仇怡和聂萼辉，2015）。在理论分析方面，部分学者基于双重社会网络和组织学习（张枢盛等，2013；吴绍玉等，2016）、企业家和知识观点（Bai等，2017）以及文化视角（李春浩，2019），对智力资本回流技术创新机理进行分析。在实证研究方面，主要采用创新生产函数或国际技术溢出模型进行测算，分析大部分集中在宏观层面（李平和许家云，2011；李平和董馨莉，2017；牛雄鹰等，2019）和微观层面（Wright等，2011；Filatotcheva等，2011；罗思平等，2013；Lin等，2014；张信东和吴静，2016；蒋艳辉等，2018）。值得注意的是，蒋艳辉等（2018）和牛雄鹰等（2019）的研究均验证了国际人才与本土人力资本的协同效应，尤其是后者首次验证本土人力资本对国际人才与创新效率的关系具有强化作用。Wright 等（2011）、Filatotcheva 等（2011）、蒋艳辉等（2018）的研究均验证了海归对高新技术产业技术创新能力的促进作用。经过文献梳理发现，关于智力资本回流与国家高新区创新效率的相关研究较少，仅有少数文献研究高新技术企业内海归的技术创新性。因此，本节以中国104个国家高新区为研究对象，采用面板随机前沿模型（SFA），研究智力资本回流对区域创新效率的影响。

5.4.2 影响机理与研究假设

通过对现有文献的梳理，智力资本回流对创新效率的作用机理主要可归纳为人力资本效应、网络效应、竞争示范效应和集聚效应四个方面。

1. 人力资本效应

研究表明，在发达国家学习或工作后，选择回国发展的海外人才与发展中国家本土科技人才相比较，具有更高的平均人力资本水平。这不仅有利于发展中国家人力资本量的积累，还可以从学科体系（Mccormick 和 Wahba，2001）、人力资本技术构成（Mare，2014）等方面促进发展中国家人力资本质的提升，丰富劳动力多样性（Parrotta，2014），使劳动力市场获取更多隐性知识以及新思想、新技术（Ozgen，2014；Gagliardi，2015），进而促进东道国技术创新。高技术水平国际人才流入也可以直接增加东道国研发人员数量（Pholphirul and Rukumnuaykit，2017）。

2. 网络效应

以海归人员为纽带，母国人员与海外人员基于亲情或友情形成持续存在的社交网络，促进了商务网路形成，有利于海归职业发展并使母国通过国际投资、国际贸易等渠道获得更多的逆向技术溢出，进一步形成科技创新网络，促进企业研发投入增加。特别在以技术为核心竞争力的高新技术产业中，拥有海归人员不仅包含其自带的先进科学技术知识和管理理念，还可能是其背后隐藏的丰富人力资源。

3. 竞争示范效应

由于海归人才的自身优势和稀缺性，国际智力资本回流会对本土人才产生"职位挤出效应"（李平和许家云，2011）。本土人才为缩小与海归间的技术知识差距，会通过多种方式努力提高自身的竞争力，从而助推国内平均人力资本水平。同时，国际智力资本因其具备较先进的科学技术知识与管理理念，能通过"干中学"对家人、朋友和同事等产生示范效应。值得注意的是，海归人员也可能因长期在外，对国内市场环境、科技知识与体制制度等方面缺乏全面了解。有研究表明，海归适应国内市场会面临诸多困难，不利于其在创新活动中的效率，从而阻碍海归人员发挥对母国技术创新的促进作用（Zhou 和 Hsu，2011）。本土科技人才（指具有高学历的科技型员工）与其他员工相比，能促进海归在创新活动中发挥积极作用（蒋艳辉等，2018）。

4. 集聚效应

Audretsch 和 Stephen（1996）认为海归企业集聚在一定的地理区域，不仅能形成良好的交流沟通平台，还能加强海归企业与其他企业间的多方位联系，从而使人力资本形成良好的循环知识溢出效应。海归集聚区吸引着周边人力资本，促进技术溢出，所形成的新知识与新技术再次推动海归企业创新发展。

基于此，本节提出以下假设：

假设 1：智力资本回流产生的人力资本效应，有助于提升母国人力资本水平，增加研发人员数量，从而直接影响创新效率。

假设 2：智力资本回流产生的网络效应，有助于积累国内人力资源、先进技术以及资金，从而直接影响创新效率。

假设 3：智力资本回流产生的竞争示范效应和集聚效应，有助于促进回流人才与本土人才合作，提升本土人力资本水平，带来技术外溢，从而间接影响创新效率。

5.4.3 模型构建与指标选取

1. 模型设定

目前关于国家高新区创新效率测度的方法主要包括随机前沿分析方法（SFA）和数据包络分析方法（DEA）。SFA 模型最初由 Aigner 等（1977）提出，Battese 和 Coelli（1992、1995）引入时间等因素对其进行扩展，提高了该模型的灵活性和实用性，使其得到广泛的运用。本节选择 SFA 模型测度国家高新区创新效率，其原因如下：首先，SFA 模型考虑了不同区域创新系统的差异性，在创新效率测度前，先对模型参数和本身进行检验，分离技术效率和随机误差项；其次，SFA 模型在测度创新效率时能一步到位分析影响因素，避免 DEA 模型需要采取两步法分析影响因素；最后，SFA 模型采用极大似然估计法估计参数，使用条件均值计算决策单元技术效率，估计结果具有较好的稳健性。此处设定面板 SFA 模型，选择超越对数生产函数，并进一步区分智力资本回流和本土人力资本，探讨智力资本回流对创新效率的影响。模型构建如下：

$$\ln Y_{i,t+1} = \beta_0 + \beta_1 \ln K_{it} + \beta_2 \ln L_{it} + \beta_3 t + 1/2\beta_4 (\ln K_{it})^2 + 1/2\beta_5 (\ln L_{it})^2 + 1/2\beta_6 t^2 + \beta_7 \ln K_{it} \ln L_{it} + \beta_8 t \ln K_{it} + \beta_9 t \ln L_{it} + (v_{it} - \mu_{it}) \tag{5.21}$$

其中，i、t 分别表示国家高新区和年份；β_0 表示常数项，β_1、β_2、β_3、β_4、β_5、β_6、β_7、β_8、β_9 表示模型待估计参数；Y_{it} 表示创新产出，K_{it}、L_{it} 分别表示创新资本投入量和创新劳动投入量；t 是时间变量，表示技术变化；v_{it} 为随机误差项，服从正态分布；μ_{it} 为非效率项，反映技术无效率程度，服从单边分布；v_{it} 和 μ_{it} 相互独立。

$$TE_{it} = \exp(-\mu_{it}) \tag{5.22}$$

式（5.22）中的 TE_{it} 表示技术创新水平，当 $TE_{it} = 1$ 时，表示创新效率有效。

$$\mu_{it} = \delta_0 + \delta_1 \ln ch_{it} + \delta_2 \ln re_{it} + \delta_3 \ln re_{it} \times \ln ch_{it} + \delta_4 \ln scale_{it} + \delta_5 \ln open_{it} + \delta_6 profit_{it} + \varepsilon_{it} \tag{5.23}$$

如式（5.23）所示，无效率影响因素包括本土人力资本（ch）、智力资本回流（re）、平均企业规模（scale）、对外开放度（open）、利润规模

(profit)。δ_0 表示常数项，δ_1、δ_2、δ_3、δ_4、δ_5、δ_6 表示模型待估计参数，若待估计参数为负，说明相应变量对创新效率有正向影响，反之亦然。ε_{it} 为随机误差项。本节在技术非效率模型中，参考牛雄鹰等（2018）和蒋艳辉等（2018）的做法，引入智力资本回流与本土人力资本的交互项。拟解决两个关键问题：第一，智力资本回流是否直接促进国家高新区创新效率提升，即智力资本回流的人力资本效应和网络效应是否成立，验证假设 1 和假设 2；第二，智力资本回流是否通过与本土人力资本的合作，间接促进了国家高新区创新效率的提升，即竞争与示范效应和集聚效应是否成立，验证假设 3。

2. 变量说明与数据来源

（1）创新投入—产出变量。①创新投入变量。参照测度国家高新区创新效率的普遍做法，选取 R&D 人员全时当量和 R&D 经费内部支出作为国家高新区创新人员和创新资金投入指标。②创新产出变量。一般文献中，用专利申请受理数或新产品销售收入衡量创新产出。然而，这两个指标难以合理衡量国家高新区创新产出情况且无法全面获取。一方面，国家高新区的专利数据只能反映研发投入转化为知识产出部分，不能衡量国家高新区内研发投入所转化的经济产出部分；另一方面，就以研发和产品转化为主的高新区而言，目前中国高新区存在产品转化率较低问题，新产品销售收入也不能准确衡量其全部创新产出。因此，参考周姣和赵敏（2014）、刘满凤和李圣宏（2016）等的做法，选取技术收入为创新产出指标①，测算国家高新区创新效率。另外，考虑到创新过程相对复杂，从投入到产出具有时滞性，本节将创新产出滞后一年。

（2）核心影响因素。①智力资本回流。采用国家高新区内留学归国人员（也称海归）占年末从业人员的比重衡量智力资本回流情况。②本土人力资本。采用国家高新区内大专及以上人员占年末从业人员的比例作为本土人力资本衡量指标。③智力资本回流与本土人力资本交互项。智力资本回流与本土人力资本交互项是本节检验智力资本回流间接影响创新效率的替代性指标。依据智力资本回流对技术创新效率影响的机理分析可知，本

---

① 《中国火炬统计年鉴》中关于"技术收入"指标说明显示，技术收入包含高新区内大多数与技术相关的收入，能同时衡量国家高新区知识产出和经济产出。

第 5 章　中国智力资本回流的技术进步效应：基于留学生回流的经验分析

土人力资本在智力资本回流的竞争与示范效应和集聚效应中发挥着重要的调控作用。因此，智力资本回流与本土人力资本合理的匹配度也是国家高新区发挥智力资本回流创新效应的关键因素之一。

（3）控制变量。①企业规模。国家高新区是高新技术产业、企业的集聚地，经营规模较大的企业更有能力支持研发以及研发成果的转化，因此企业规模相对于企业数来说更能影响其创新效率。本节采用各国家高新区不变价总收入与企业个数之比来衡量高新区企业规模。②对外开放度。对外开放有益于发展中国家在国际技术溢出过程中实现技术进步，如国际投资、国际贸易均是发展中国家提高技术水平、实现技术创新的渠道之一。因此，本节采用各国家高新区不变价出口总额与不变价工业总产值之比衡量各高新区对外开放度[①]。③利润规模。利润规模能促进企业研发创新的投入，进而影响创新效率。本节采用各国家高新区不变价净利润与不变价总收入之比来衡量国家高新区利润规模。国家高新区创新效率评价指标体系见表 5.13。

表 5.13　　　　　　国家高新区创新效率评价指标体系

指标体系	指标内容	具体指标	变量名称
创新投入—产出	人员投入	R&D 人员全时当量（人年）	lnL
	资金投入	R&D 经费内部支出（千元）	lnK
	创新产出	技术收入（千元）	lnY
影响因素	智力资本回流	留学归国人员/年末从业人员	lnre
	本土人力资本	大专及以上人员/年末从业人员	lnch
	交互项	智力资本回流×本土人力资本	lnre×lnch
	企业规模	总收入/企业个数	lnscale
	对外开放度	出口总额/工业总产值	lnopen
	利润规模	净利润/总收入	profit

数据来源：作者自行整理。

由于《中国火炬统计年鉴》只从 2014 年开始统计国家高新区的留学归国人员情况，且当时统计的范畴只包括 114 个国家高新区，其中有 10 个

[①] 2013—2015 年出口总额单位为美元，2016—2018 年出口总额单位为元，此处采用年汇率将 2013—2015 年出口总额统一换算成人民币（元）。

国家高新区后续年份的数据严重缺失,因此,考虑到数据的连续性与可获得性,本节选取 2013—2018 年的 104 个国家高新区的留学归国人员为研究对象。同时,采用对中法处理智力资本回流与本土人力资本的交互项①。除 CPI 指数和汇率数据来源于各年的《中国统计年鉴》外,其他数据均来源于《中国火炬统计年鉴 (2014—2019 年)》。另外,为了消除价格因素的影响,本节以 2000 年为基期,采用 CPI 指数对 R&D 经费内部支出、技术收入、总收入、出口总额、净利润等指标进行平减。各变量的描述性统计分析见表 5.14,反映智力资本回流与创新投入-产出变量、本土人力资本显著正相关,其他各变量间也显著相关。

表 5.14　　　　各变量相关系数、均值和标准差

变量	lnY	lnK	lnL	lnch	lnre	lnre×lnch	lnscale	lnopen	profit
lnY	1								
lnK	0.787***	1							
lnL	0.765***	0.937***	1						
lnch	0.572***	0.428***	0.382***	1					
lnre	0.570***	0.460***	0.405***	0.513***	1				
lnre×lnch	0.111**	0.173***	0.130***	-0.018	0.155***	1			
lnscale	-0.086*	0.088**	0.044	0.027	-0.034	-0.046	1		
lnopen	0.427***	0.543***	0.573***	-0.011	0.336***	0.275***	-0.078*	1	
profit	0.256***	0.229***	0.196***	0.280***	0.326***	0.240***	-0.061	0.170***	1
mean	14.342	13.984	8.476	-0.812	-6.008	0.212	10.075	-2.644	0.057
S.D.	2.739	1.539	1.491	0.352	1.178	0.433	0.959	1.266	0.029

注: ***、**、* 分别表示显著性水平为 1%、5%、10%。

5.4.4　实证结果分析

考虑到 SFA 模型无效率项中各因素的多重共线性问题会对实证结果造成影响,故先对各影响因素进行多重共线性检验。通过检验发现,最大的

---

① 分别对本土人才和海外人才两个变量去中心化,即减相应的总体均值,然后构建两者的交互项。

VIF 值为 1.23，故不存在多重共线性问题。进一步进行必要的适用性检验，本节运用 Frontier 4.1 软件进行检验，结果见表 5.15。在 5% 的显著性水平下，前两项原假设均被拒绝，第三项原假设被接受，这说明本节采用 SFA 模型超越生产函数合适，但不存在技术进步。

表 5.15　　　　　　　　随机前沿生产函数假设检验结果

检验	假设	对数似然函数 LLF	LR	自由度 (k)	$\chi^2_{1-0.05}(k)$	结论
随机前沿模型是否适用	$H_1: \gamma \neq 0$	-853.75	262.59	8	14.853	拒绝
	$H_0: \gamma = 0$	-985.05				
C-D 生产函数是否适用	H_1：二次项系数不全为零	-853.75	19.98	8	14.853	拒绝
	H_0：二次项系数全为零	-863.74				
是否存在技术进步	$H_1: \beta_t = \beta_{tt} = \beta_{tk} = \beta_{tl} \neq 0$	-853.75	0.96	8	14.853	接受
	$H_0: \beta_t = \beta_{tt} = \beta_{tk} = \beta_{tl} = 0$	-854.23				

注：作者计算所得。

区位因素是影响国家高新区创新效率的重要因素之一。随着区域经济协调发展推进，东部、东北、中部和西部国家高新区间的差异逐渐缩小，周娇和赵敏（2014）指出东部地区国家高新区的区位优势已不明显。因此，本节根据计量模型以及 SFA 模型检验结果，不考虑技术进步，从全国和四大区域进行实证分析，探讨智力资本回流对技术创新效率的直接影响和间接影响。回归结果见表 5.16，五个实证结果中，γ 均大于 0.95，且 LR 在 1% 的水平下显著，说明模型中的误差主要来源于技术无效率项，模型设置合理。

表 5.16　　　　　　　　智力资本回流影响创新效率估计结果

前沿生产函数	全国	东部	东北	中部	西部
常数项	4.5554 (5.0629)	-4.9077*** (0.9906)	20.8916*** (1.0740)	8.3463 (9.7213)	-25.3379* (14.3348)
lnK	2.3661 (1.4642)	5.7499*** (0.5333)	-0.9550* (0.5716)	6.8055*** (2.6021)	8.3407 (5.5669)
lnL	-2.2314 (1.3875)	-5.6570*** (0.8262)	-0.3050 (1.0145)	-10.8462*** (2.7093)	-1.9723 (4.6418)

续表

前沿生产函数	全国	东部	东北	中部	西部
$lnK \times lnK$	-0.1222 (0.1022)	-0.4577 (0.4677)	-0.0882 (0.1093)	-0.5730** (0.2432)	-0.3669 (0.3569)
$lnL \times lnL$	-0.0002 (0.0709)	-0.3873 (1.2049)	-0.3415 (0.2439)	-0.3812 (0.3204)	-0.1039 (0.1978)
$lnK \times lnL$	0.1836 (0.1755)	0.8982 (1.082)	0.4558 (0.3231)	1.2119** (2.2388)	0.2909 (0.5315)
无效率方程	全国	东部	东北	中部	西部
常数项	-13.7847*** (1.8797)	-1.5573 (2.3801)	-0.7198 (1.0083)	-42.3336*** (12.4832)	1.1384 (13.1712)
lnch	-4.4505*** (0.5116)	-3.1795*** (0.6386)	-6.6758*** (1.5546)	-6.5811*** (1.8389)	-1.3133* (0.8383)
lnre	-0.9005*** (0.1413)	-0.3640*** (0.1188)	-0.3854 (0.3872)	-1.4885*** (0.5391)	-0.5203*** (0.1556)
$lnre \times lnch$	-1.1716*** (0.3377)	-0.8755 (0.8660)	-2.6377** (1.1367)	2.1064 (1.6456)	-0.1141 (0.5151)
lnscale	0.4705*** (0.1179)	-0.2819 (0.1829)	-0.5105** (0.2029)	2.5637*** (0.7802)	0.8925*** (0.1634)
lnopen	-0.4796*** (0.1121)	-0.8641 (0.8156)	-0.3762 (0.4469)	0.0123 (0.4010)	-0.1745 (0.1336)
profit	1.3707 (4.1838)	-0.2326 (0.9608)	-0.4697 (1.0049)	3.8260 (9.2256)	3.9097 (4.8865)
σ^2	3.4852*** (0.3863)	3.6429*** (1.2373)	5.0789*** (0.9687)	2.4586*** (0.7727)	2.4395*** (0.3189)
γ	0.9595*** (0.0114)	0.9993*** (0.0136)	1.0000*** (0.0000)	0.9671*** (0.0196)	0.9952*** (0.2874)
Log 函数值	-854.226	-362.632	-106.068	-121.585	-223.779
单边 LR 检验	278.9562***	92.5481***	16.3113***	119.8819***	56.2534***

注：括号内为标准差；***、**、* 分别表示显著性水平为1%、5%、10%；技术无效率函数中的负号表示变量对创新效率有正的影响，反之亦然。

第一，从前沿生产函数来看，全国和西部地区各变量均不显著，但东部、东北和中部地区创新人员或创新资金显著。这说明国家高新区创新驱动发展不平衡，导致创新资源投入对创新产出影响存在显著地区差异。具体来说，在东部和中部国家高新区，创新人员对创新产出有负向影响，创新资金对创新产出有正向影响。这表明在这两个区域创新系统中，可能存在创新人员冗余、创新资金稀缺的问题。而在东北国家高新区，仅创新资金对创新产出有负向影响，创新人员对创新产出无显著影响。所以，在东北国家高新区创新系统中，可能创新资金冗余、创新人员稀缺。同理，西部国家高新区可能创新人员和创新资金均稀缺。可见，国家高新区若仅仅增加创新人员和创新资金投入，并不一定会对创新效率产生正向影响。不断优化创新人员和创新资金使用途径，提高创新资源与区域创新系统的匹配度，可能是国家高新区提高创新效率的突破口。

第二，从无效率方程部分可以看出，国际智力资本回流和本土人力资本显著正向影响我国国家高新区创新效率。大部分地区（仅东北地区不显著）智力资本回流在1%的显著性水平下对创新效率产生正向影响，但中部影响程度最强，西部地区次之，东部地区最弱。大部分地区（仅西部地区在10%的显著性水平下）本土人力资本也在1%的显著性水平下对创新效率产生正向影响，影响程度在东北、中部、东部、西部地区间依次递减。相比智力资本回流而言，无论是全国还是东部、东北或中部，本土人力资本对国家高新区创新效率的影响程度更强。这说明相对海外人才来说，目前国家高新区创新效率的主要推动力还是本土人才。

从上述分析结果来看，智力资本回流对创新效率的直接正向影响得到验证（假设1和假设2），智力资本回流的人力资本效应和网络效应显著，但存在地区差异。原因可能如下：首先，区域创新系统比较复杂，不同地区的国家高新区处于不同发展阶段，东部如北京中关村区域创新系统处于较高阶状态，能有效配置各种创新资源、协同发挥各主体功能，同时具有较高阈值，也就是说需要从外界获取更多的人力、资本、技术等，来实现国家高新区创新效率提升的目标；相反，西部如乌鲁木齐国家高新区阈值较低，区域创新系统只需要获取较少的创新资源就能实现创新效率提升；而东北和中部地区的阈值则介于东部和西部之间。两类人才对东北地区的国家高新区创新效率的积极影响优于东部地区，可能是东部国家高新区区域创新系统阈值更高造成的。其次，"中部崛起""西部大开发"、中国产业转型升级为中西部国家高新区科技创新活动带来了机遇与挑战。一方面，中部国家高新区创新系统阈值相对东部和东北地区国家高新区来说，较低，所以本土人力资本能较好地促进创新效率的提升；另一方面，中部国家高新区集聚的留学归国人员较少，其创新性还不显著。同理，西部国家高新区相对其他地区来说，创新系统阈值最低，本土人力资本水平低。所以，本土人力资本仅在10%的显著水平下对西部国家高新区创新效率有正向影响。但是，由于其较低的创新系统阈值，智力资本回流对创新效率的边际效用较大，智力资本回流对西部国家高新区创新效率的正向影响程度仅次于中部地区国家高新区。

为验证国际智力资本回流对国家高新区创新效率的间接影响（假设3），进一步在无效率方程中加入智力资本回流和本土人力资本的交互项。结果显示，全国、东部、东北和西部地区智力资本回流和本土人力资本的交互作用对国家高新区创新效率有正向影响，但只有全国和东北显著，中部则有显著负向影响。结合上文的分析，本节认为不同地区国家高新区结果存在差异，可能的原因是：东北国家高新区，创新人员稀缺，本土人力资本水平较高，利于发挥竞争与示范效应、集聚效应；相反，中部国家高新区创新人员冗余，不利于发挥竞争与示范效应、集聚效应。除东北（显著）和东部正影响外，企业规模对创新效率产生显著负影响。这可能是因为东部和东北地区相较于其他地区来说，企业规模更大，创新实力更强。对外开放对全国创新效率产生显著正影响，对各地区国家高新区创新效率影响不显著。

综上，本节运用2013—2018年104个中国高新技术产业开发区的面板数据，构建随机前沿模型，实证检验智力资本回流对创新效率的影响及其作用机制。研究结论如下：第一，国际智力资本回流和本土人力资本均显著促进国家高新区创新效率，但存在地区差异。也就是说，智力资本回流直接促进创新效率，海归人力资本效应和网络效应显著。相对海外人才来说，目前国家高新区创新效率的主要推动力还是本土人才。第二，从全国或东北地区来看，智力资本回流间接促进创新效率，海归竞争与示范效应和集聚效应显著。但东部、西部地区不显著，尤其是中部地区，智力资本回流间接抑制创新效率。因此，为有效促进海归回流，促进区域创新发展，首先应吸引留学归国人员进一步集聚国家高新区，促进区域协调发展。一是各国家高新区要依据优势产业和主导产业，优先集聚专业相关留学归国人员。相对本土人力资本来说,留学归国人员的薪资水平更高,若园区吸收的海归与其自身的产业发展不融合,会增加员工的用工成本,导致创新效率提升不明显。二是非东部国家高新区可以通过多领域大数量的高新技术企业引入,保证研发配套资源的良好配备,提升研发平台建设效率和质量,营造良好研发氛围,进而提升对留学归国人员的吸引力。其次,各国家高新区要提高本土人力资本水平,实现智力资本回流与本土人力资本最优匹配。一方面,加强各个国家高新区与科研机构、高校等的合作,吸引优秀应届毕业生进园;另一方面,要加强园区内的职业培训、技术交流以及国际学术交流。针对东部、西部地区智力资本回流间接促进创新效率不显著的问题,东部国家高新区需要进一步与国际创新平台接轨,而西部国家高新区需要结合本地特色,大力引进高新技术企业,给予政策优惠,增加企业存活度,完善平台并提高本土人力资本,为海归人才提供创新舞台。最后,要解决中部国家高新区间接抑制创新效率的问题,可能更有效的方式是吸引海归人才,充分发挥海归竞争与示范效应,实现技术溢出。

第 6 章

海外智力流入对中国城市创新能力的影响：基于来华留学生的研究

作为一国培养高层次人才的重要渠道，国际留学教育也是个人快速增强自身竞争力的有效途径（吴建军和黄丹，2017）。2010年7月，中共中央、国务院印发《国家中长期教育改革和发展规划纲要（2010—2020年）》，提出要进一步扩大外国留学生规模，增加中国政府奖学金数量，重点资助发展中国家学生，优化来华留学人员结构。为更好地落实该纲要，加强国际教育合作与交流，教育部于同年9月出台了"留学中国计划"。2013年"一带一路"倡议提出，明确指出要扩大相互间留学生规模，深化沿线国家间人才交流合作。2016年，中共中央办公厅、国务院办公厅印发的《关于做好新时期教育对外开放工作的若干意见》进一步提出要实施"一带一路"教育行动，促进沿线国家教育合作。同年中国教育部发布的《推进共建"一带一路"教育行动》也提出要全面提升来华留学人才培养质量，把中国打造成为深受沿线各国学子欢迎的留学目的国。中国各省（区、市）也先后提出了一系列吸引国外学生来华的引才计划如北京市外国留学生"一带一路"奖学金项目、天津市外国留学生政府奖学金"一带一路"项目等，这些举措都反映出了中国政府对国际留学教育的高度重视。为此，本章运用2004—2016年中国129个地级及以上城市的来华留学生数据，揭示来华留学生的总体规模、生源国分布与结构特征，考察海外智力流入对我国城市创新能力的影响及其传导机制，并根据学生类别、区域分布、城市规模和来华时间进行异质性分析。

第6章 海外智力流入对中国城市创新能力的影响：基于来华留学生的研究

6.1 来华留学生对城市创新能力的影响及其传导机制

6.1.1 海外智力流入对城市技术创新的影响

随着中国教育质量和国际地位的不断提升，越来越多的海外留学生选择来华深造，中国已成为继美国、英国之后的第三大留学目的地国家。2016 年中国共接收 44.28 万名来华留学生，其中学历来华留学生 21 万人，非学历来华留学生 23.28 万人[①]。国际学生特别适合为留学目的地国家的创新做出贡献，因为他们是从母国积极挑选出来的，并且可能拥有与母国研究人员一样水平的技能（Crown 等，2020）。近期的一些研究已经开始关注海外智力流入对本国技术创新的影响，但仍有值得进一步深入探讨的地方：首先，从研究对象来看，已有文献主要集中在移民（Hunt 和 Gauthier-Loiselle，2009）、海外专家来华（牛雄鹰等，2018）以及本国留学回国人员（张信东和吴静，2016；郭淑娟等，2019）等方面，关于来华留学生与本国创新能力方面的文献较少；其次，从研究视角来看，现有国内研究大多是基于地区层面（牛雄鹰等，2018）或企业微观层面（魏浩和袁然，2018），尚未发现有文献从城市层面探讨来华留学生对创新能力的影响；再次，从研究方法来看，既有文献大多采用普通面板回归或空间计量模型进行实证检验，缺乏来华留学生影响创新能力的机制分析；最后，从异质性方面来看，尚未有文献考察不同类别来华留学生、不同地区、不同城市规模和"一带一路"倡议提出前后二者之间关系的差异性问题。鉴于此，本节以城市层面的来华留学生为研究对象，考察来华留学生对我国城市创新能力的影响，检验来华留学生影响城市创新能力的传导机制，并分析不同类别来华留学生、不同地区、不同城市规模以及"一带一路"倡议提出

[①] 根据《"一带一路"贸易合作大数据报告 2018》，本节所涉及的"一带一路"沿线国家包括蒙古国、韩国等在内的 71 个国家。各类来华留学生数据来源于中国教育部国际合作交流司编写的历年《来华留学生简明统计》，因数据获取有限，此处暂只讨论 2004—2016 年的来华留学生情况。

前后来华留学生对城市创新能力的异质性分析。

6.1.2 海外智力流入影响城市技术创新的传导机制

研究发现，海外智力流入主要通过直接和间接效应影响城市创新能力。

首先，来华留学生在学习过程中可以通过发表论文、出版专著、专利申请、授权等方式直接参与东道国的科研创新活动。一些经验证据也已经表明国际学生对留学目的国的科研创新产出产生了直接影响，如 Chellaraj 等（2008）和 Hunt（2011）的研究表明，国际学生及国际留学毕业生会对美国的专利申请和授权产生积极影响。Perezsilva 等（2018）通过对比本土和外国博士研究生的学术能力发现，外国博士研究生在毕业论文撰写、期刊论文发表、专利申请和授权四个方面优于本国博士研究生。

其次，来华留学生可通过网络效应、人力资本效应和技术外溢效应等间接影响东道国创新能力。

第一，网络效应。国际智力资本流入不仅带来了差异化的知识和技能，还使中国接触到了差异化的人际和商业网络，对中国企业的创造力和生产能力的提升起到了重要的促进作用（魏浩和袁然，2018）。来华留学生与其母国基于亲情、友情以及其他社交关系建立起来的社会网络，加强了中国与留学生来源国之间的联系。一方面，可以帮助其他国家更好地了解中国，降低跨国公司的信息搜寻成本和贸易壁垒，进而促进中国与留学来源国之间的贸易往来（魏浩和袁然，2017、2020）。另一方面，基于该社会网络还能够有效弱化国家间双边投资协定的签订，从而为跨国公司提供一定的制度支持（谷媛媛和邱斌，2017a）。一些学者的实证研究为此提供了大量的经验证据，即国际智力资本借助社会网络既能促进对外直接投资（谷媛媛和邱斌，2017b），也能吸引外商直接投资（阎大颖等，2013；温珺和巩雪，2019）。

第二，人力资本效应。来华留学生流入通过竞争效应和示范效应，促进本地人力资本积累，进而提高本地区城市创新能力。国际智力资本流入具有技能构成效应，通过获得更多的隐性知识提高地区人力资本存量，并利用带来新思想和知识等方式促进东道国企业创新（Maré 等，2014；

第6章 海外智力流入对中国城市创新能力的影响：基于来华留学生的研究

Ozgen 等，2014；Gagliardi，2015）。来华留学生通过短期实习和兼职创业等会减少国内学生的就业机会，进而产生"职位挤出效应，"这激励国内人员通过在职教育和参加职业培训等渠道来提升自身的职业技术平，以适应竞争激烈的国内就业市场，从而提高中国整体的人力资本水平，增强其自主创新能力和对外来技术的吸收能力（李平和许家云，2011）。来华留学生在与国内人员交往过程中，会潜移默化的影响国内人员，看问题的视角、对文化多样性的包容以及语言交流等，对国内人员产生"示范效应"。

第三，技术外溢效应。国际智力资本流动是知识溢出的一个重要渠道，是一国技术进步和经济增长的重要来源（彭中文，2006。来华留学生通过在中国接收专业教育和技术培训获取中国的知识和技术，当这类人才流向企业工作时，他们自身掌握的专业知识和技术能促进企业全要素生产率的提高。

6.2 来华留学生发展动态与特征

6.2.1 来华留学生的总体规模

近年来，越来越多的国际学生来华深造，来华留学生总体规模持续增加，"一带一路"倡议的来华留学效应显著。图6.1描绘了2003—2018年全球及"一带一路"沿线国家学生来华留学情况。可以发现，2003—2018年来华留学生人数规模虽不断增加，但增速放缓。2018年全球来华留学生人数为49.22万人，较2003年增加41.45万人，而增速从2004年的27.28%下降至2018年的0.62%，年平均增长率为13.09%。就"一带一路"沿线国家来看，2018年沿线各国来华留学生人数为34.24万人，占总来华留学生人数的69.56%，较2013年增加9.93万人。自2013年"一带一路"倡议提出至2018年底，新增来华留学生中超过六成为"一带一路"沿线国家学生。可见，中国的国际留学教育对"一带一路"沿线国家学生具有较大吸引力。

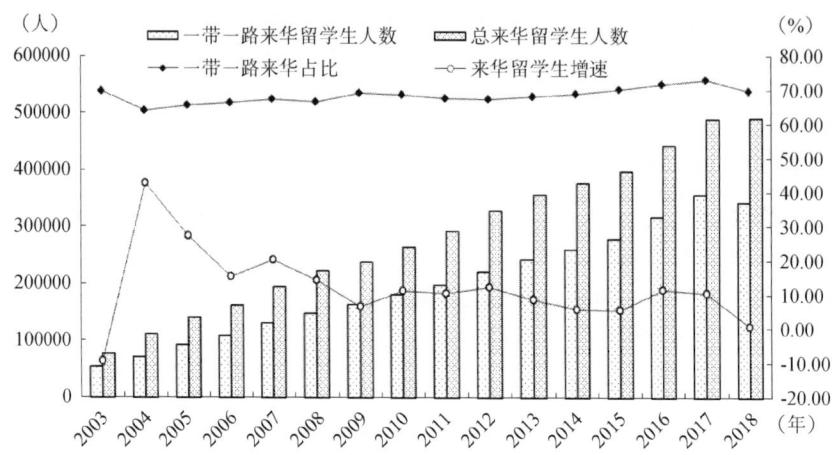

图 6.1 全球及"一带一路"沿线国家来华留学情况（2003—2018 年）

数据来源：历年《来华留学生简明统计》。

6.2.2 来华留学生生源国分布

从来华留学生的来源来看，来华留学生大多来源于亚洲，且呈现出明显的上升趋势；来自于欧洲、非洲、美洲和大洋洲的留学生虽同呈增长趋势，但增长幅度远不如亚洲。根据图 6.2 所示，来华留学生中来自亚洲的留学生从 2003 年的 63672 人增加至 2018 年的 295043 人，增长人数翻了 3.6 番。

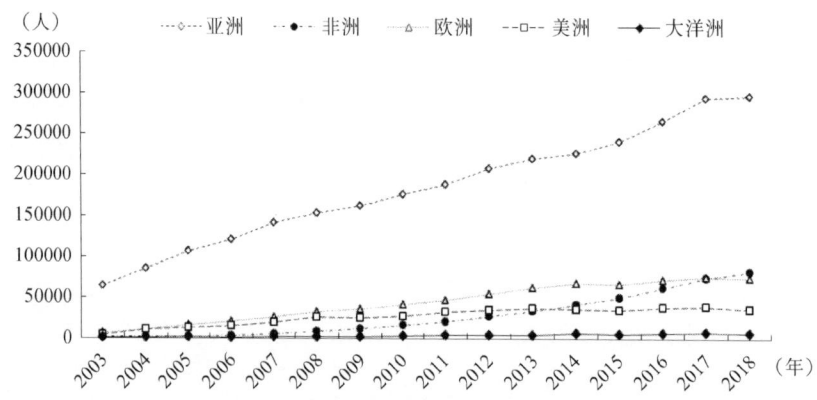

图 6.2 来华留学生生源洲际分布（2003—2018 年）

数据来源：历年《来华留学生简明统计》。

第6章 海外智力流入对中国城市创新能力的影响：基于来华留学生的研究

具体到来华留学生的生源国，来华留学人数最多的前10位国家分别为韩国、美国、日本、泰国、俄罗斯、越南、印度尼西亚、印度、巴基斯坦和哈萨克斯坦，其中，韩国一直以来都是最大的来华留学生来源国，其次为美国和日本（见表6.1）。来华留学人数最多的前10位国家中，3个国家为发达国家，7个国家为发展中国家，这说明发展中国家的学生较发达国家更加青睐中国。根据表6.1，2003—2018年来华留学人数最多的前10位国家占全球来华留学生的比重持续下降，由2003年的79.24%下降至2018年的45.31%。由此可见，来华留学生的国家分布日益分散，越来越多国家的学生选择来华留学。除了上述10大国家以外，法国、蒙古国、德国和马来西亚也是来华留学生的重要来源国，占来华留学生总数的比重逐渐增加。从增长率来看，来华留学人数增速最大的前10大国家是索马里、马拉维、乍得、津布巴韦、巴林、利比里亚、格林纳达、印度、加纳、土库曼斯坦，均为发展中国家。

表6.1 来华留学生人数前10位的来源国（2003年、2008年、2013年和2018年） （单位：人，%）

国家/年份	2003	2008	2013	2018
韩国	35353	66806	63029	50600
美国	3693	19914	25312	20996
日本	12765	16733	17226	14230
泰国	1554	8476	20106	28608
俄罗斯	1224	8939	15918	19239
越南	3487	10396	12799	11299
印度尼西亚	2563	7084	13492	15050
印度	132	8145	11781	23198
巴基斯坦	598	5199	10941	28023
哈萨克斯坦	215	5666	11165	11784
前10大国家占比（%）	79.24	70.41	56.6	45.31

数据来源：历年《来华留学生简明统计》。

随着来华留学生规模逐年扩增，其生源国数量也递增趋势，特别"一带一路"沿线各国及发展中国家的学生已成来华留学生的主力军。图6.3给出了2004年、2013年和2018年不同生源国来华留学生人数超过1000人的国家分布情况，两国之间的曲线越粗表示该国来华留学的人数越多。可以看出，来华留学生源国数量在逐年增加，发展中国家为来华留学的主要生源国。特别是2013年中国"一带一路"倡议的提出，为"一带一路"

沿线国家的学生提供了来华留学的历史性机遇。2004年，在华留学人数超过1000人的生源国仅有17个，2013年共55个，至2018年来华留学人数超过1000人的生源国达到了66个。其中，2016年新增的9个国家均为发展中国家，且都与中国签订了"一带一路"合作框架协议。

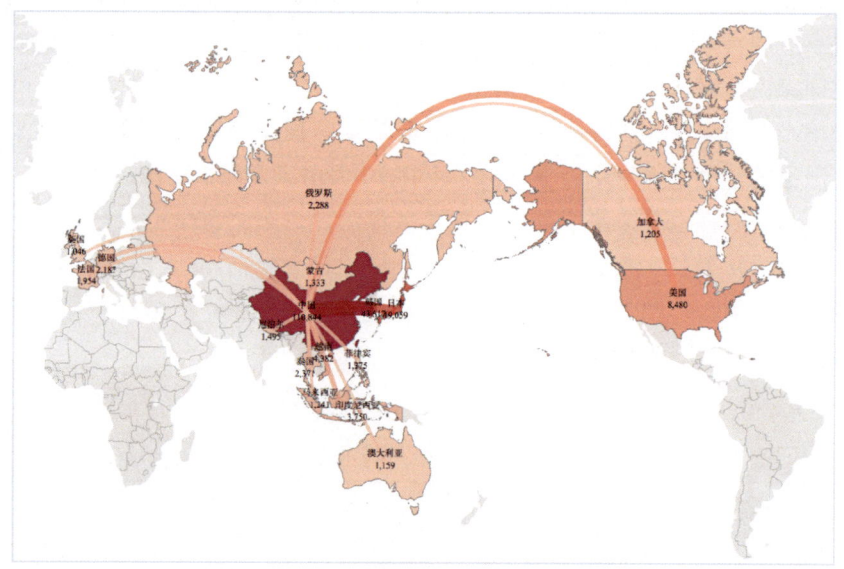

(a) 2004年

(b) 2013年

第6章 海外智力流入对中国城市创新能力的影响：基于来华留学生的研究

(c) 2018年

图6.3　来华留学生生源国分布（2004年、2013年、2018年）

数据来源：历年《来华留学生简明统计》。

6.2.3　来华留学生结构分布

近年来，来华留学生结构不断调整，学历生人数呈指数式增长。来华留学生主要包括学历生和非学历生两种，学历生主要指在我国攻读高等学历学位（专科、本科、硕士和博士）的国际学生，而非学历生则是指各类长短期留学生，包括高级进修生、普通进修生、语言进修生和短期留学生。根据图6.4可知，2003—2018年我国来华留学生结构不断调整，学历来华留学生与非学历来华留学生之比从1∶2.5变为接近1∶1。2003年学历和非学历生分别为2.46万人和5.31万人，二者绝对差值为2.85万人；而2018年学历和非学历生分别为25.81万人和23.41万人，二者绝对差值缩小至2.4万人。从学历和非学历来华留学生人数增速来看，2003—2018年来华学历留学生增速明显高于来华非学历留学生增速。不过，从2005年开始，学历来华留学生和非学历来华留学生规模增速持续下降，其中学历来华留学生增速除2018年（6.86%）以外一直维持在10%以上；而非学历来华留学生波动

143

较大,2018 年非学历生增速更是变为负增长,下降了 5.48 个百分点。

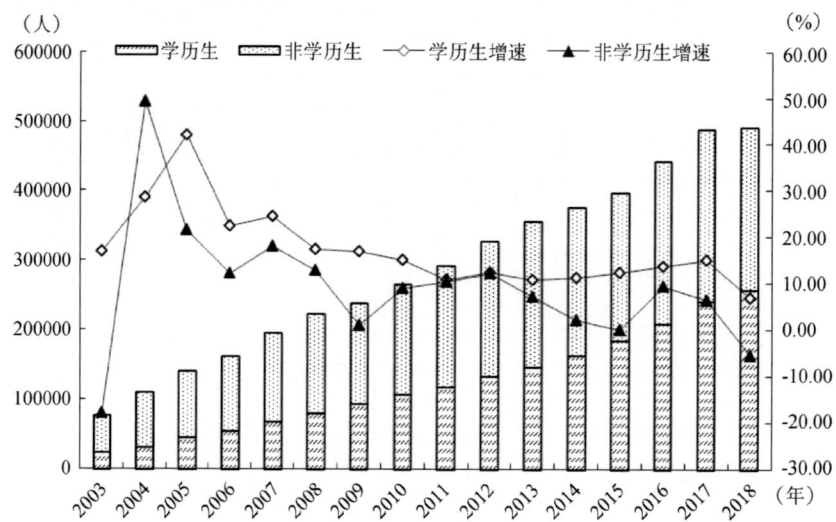

图 6.4 中国学历和非学历来华留学生人数及其增速(2003—2018 年)

数据来源:历年《来华留学生简明统计》。

图 6-5 给出了 2003 年和 2018 年学历来华留学生的构成情况,不同学历的来华留学生人数占比出现了明显变化。其中,本科生来华留学占比最高,且呈现出一定的下降趋势,从 2003 年的 78.48% 下降至 2018 年的 62.29%。高层次学历来华留学生规模次之,占总学历来华留学生比重不断增加。其中,硕士来华留学生占比从 2003 年的 13.8% 增加至 2018 年的 23.03%,博士来华留学生比例从 2003 年的 6.65% 增加至 2018 年的 9.92%。由此可见,在所有来华留学生中,攻读硕士学位和博士学位的人才越来越多,这反映出中国教育水平在不断提高,中国在国际社会上的教育吸引力和认可度也越来越高。此外,从专科来华留学生规模来看,其占总学历来华留学生比重最小,不论是 2003 年还是 2018 年均不足 5%。

从留学专业来看,来华留学生大多选择汉语言、文学和中医专业,这表明留学生来华学习的主要原因是对中国语言及传统文化感兴趣。图 6.6 给出了 2003 年和 2018 年来华留学生的专业分布情况。如图 6.6 所示,近年来上述专业来华留学生的比重大幅减少。2003 年汉语言、文学和中医专业的来华留学生占比超过了 4/5,至 2018 年这三个专业来华留学生的比重不足 1/2。而西医、工科、经济和管理学专业的留学生比重均出现了明显

第6章 海外智力流入对中国城市创新能力的影响：基于来华留学生的研究

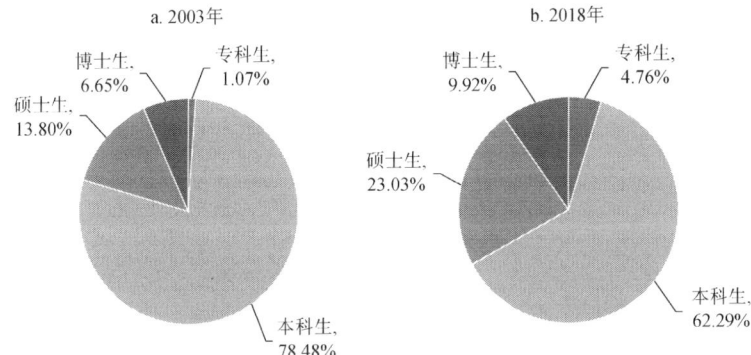

图6.5 学历来华留学生构成情况对比（2003年、2018年）

数据来源：历年《来华留学生简明统计》。

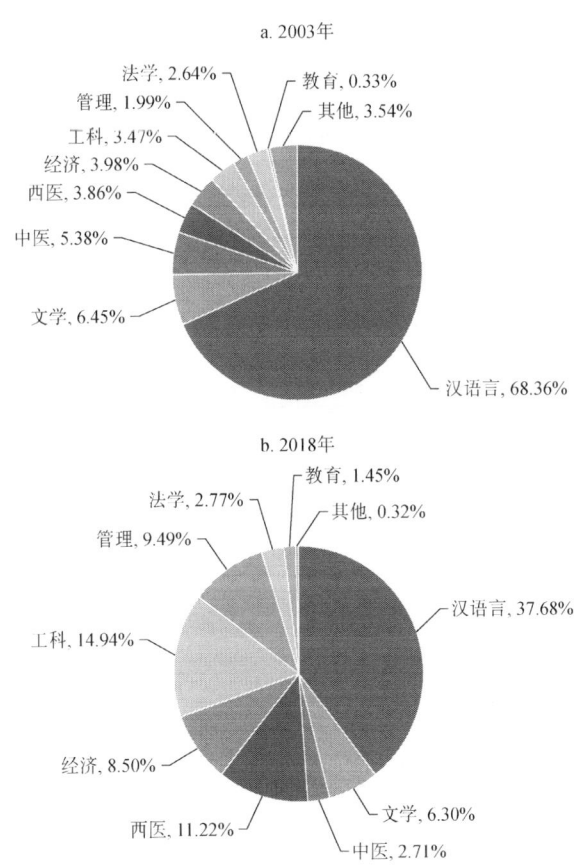

图6.6 来华留学生专业分布情况对比（2003年、2018年）

数据来源：历年《来华留学生简明统计》。

增加,分别从 2003 年的 3.86%、3.47%、3.98%、1.99% 增加至 2018 年的 11.22%、14.94%、8.5%、9.49%。由此可以看出,中国的教育水平得到了明显提升,除了一些有关中国传统文化的专业以外,西医、工科、经济和管理学等技术含量较高的专业也吸引了越来越多的留学生。

最后,来华留学生地区集聚效应显著,东部沿海地区和省会城市成首要留学目的地。表 6.2 给出了 2003 年、2008 年、2013 年和 2018 年来华留学生的地区分布情况。2003—2018 年来华留学生主要集中在东部沿海地区,北京、上海、天津、江苏、辽宁、广东、浙江、山东、湖北和黑龙江是来华留学生最集中的 10 个省(市、区)。其中,2003 年北京和上海承接了超过一半的来华留学生,到 2018 年,北京和上海承接的来华留学生人数不足三分之一。这说明对中国而言,除了东部沿海地区以外,其他地区对外国留学生的吸引力正逐渐增加。

表 6.2　　来华留学生的地区分布情况(2003 年、2008 年、2013 年和 2018 年)　　(单位:人)

省(市、区)/年份	2003	2008	2013	2018
北京	29332	66316	77416	80786
上海	13858	36738	53359	61400
天津	4952	12183	22707	23691
重庆	159	1840	4516	9530
河北	487	2084	3202	5429
山西	69	120	144	1547
内蒙古	274	1607	2700	3795
辽宁	3434	11541	18023	27879
吉林	2537	5696	6537	7272
黑龙江	1941	7108	10342	13429
江苏	3684	11184	18806	45778
浙江	2089	7380	20905	38190
安徽	383	693	1481	3755
福建	1533	5121	10759	10340
江西	144	1392	3495	6747
山东	1451	8944	15900	19078

续表

省（市、区）/年份	2003	2008	2013	2018
河南	907	2060	2313	6080
湖北	1220	6166	13968	21371
湖南	302	1629	3583	6871
广东	1071	9811	21813	22034
广西	1686	4372	10033	15217
海南	67	421	1457	4693
四川	1097	3888	6066	13990
贵州	65	153	713	4057
云南	1451	5786	9306	19311
西藏	48	38	39	22
陕西	2836	4594	7127	12919
甘肃	116	728	2215	3036
宁夏	26	219	569	824
青海	125	276	623	347
新疆	371	3411	6382	2767
总计	77715	223499	356499	492185

数据来源：历年《来华留学生简明统计》。

图6-7给出了2004年和2016年来华留学生在我国地理区位上的分布情况，可以看到，来华留学生主要集中在东部沿海地区和省会城市。2004年来华留学生在我国420个院校（机构）学习，分布在全国97个地级及以上城市，其中82.9%集中在东部沿海地区，86%的来华留学生集中在省会城市，中西部地区和非省会城市的来华留学生均不足20%[①]。2016年我国共有829所院校（机构）开展海外留学生教育，来华留学生广泛分布在178个地级及以上城市。其中，东部沿海地区和省会城市来华留学生人数占全国来华留学生的比重均有所下降，分别为72.2%和77.4%。中、西部地区和非省会城市来华留学生规模明显增加，西部地区来华留学生占全国来华留学生的比重高于中部地区（13.7% > 13.1%）。

---

① 东、中、西部地区和省会城市来华留学生占全国来华留学生比重的数据，由作者根据历年《来华留学生简明统计》测算所得。

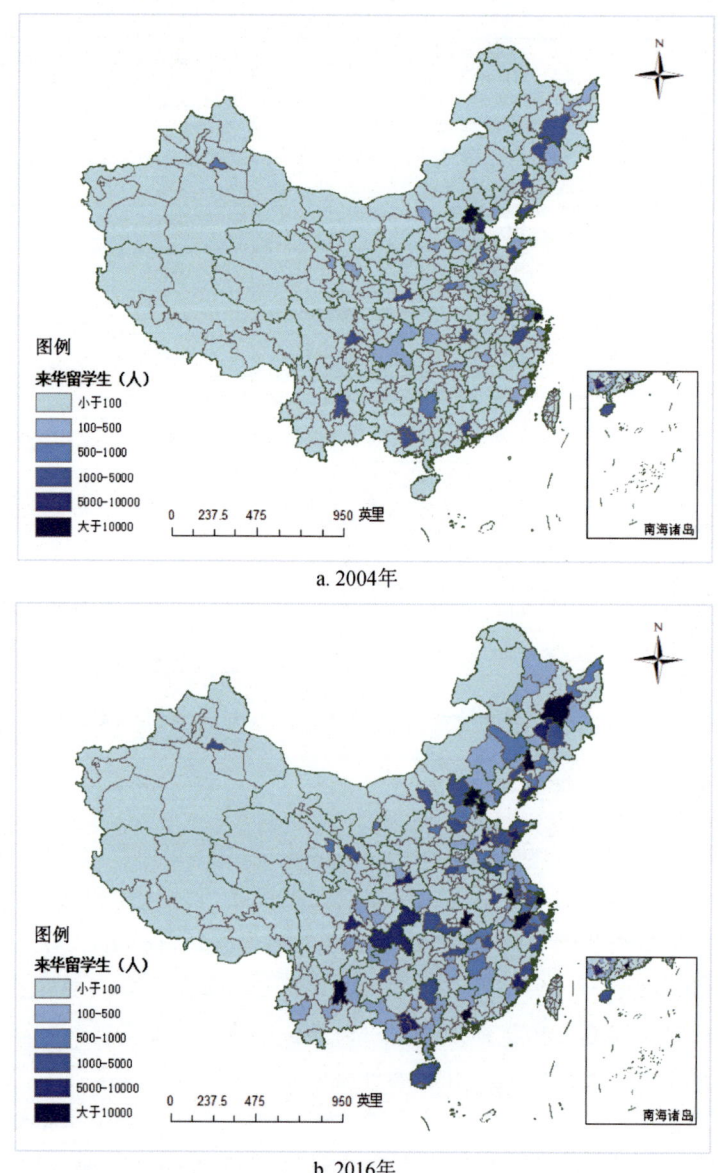

图 6.7　来华留学生地区分布情况（2004 年、2016 年）

数据来源：历年《来华留学生简明统计》。

6.3 海外智力流入影响城市创新能力的计量模型

6.3.1 模型设定

为检验来华留学生与我国城市创新能力的关系，构建基准回归模型如下：

$$innovation_{it} = \alpha_0 + \alpha_1 student_{it} + \alpha_2 X_{it} + \lambda_t + \mu_i + \varepsilon_{it} \tag{6.1}$$

其中，i、t分别表示城市和年份；$innovation_{it}$表示第t年i城市的城市创新能力；$student_{it}$表示第t年i城市的来华留学生人数；X_{it}为一系列影响城市创新能力的控制变量；α_0为常数项；λ_t和μ_i分别表示年份和城市固定效应；ε_{it}为干扰项。

根据前文来华留学生影响城市创新能力的机理分析可知，来华留学生可能通过投资效应、人力资本效应和技术外溢效应来影响城市创新能力。因此，此处借助中介效应模型对来华留学生影响城市创新能力的具体作用机制进行实证检验。借鉴温忠麟（2004）的研究，中介效应模型如下：

$$innovation_{it} = \theta_0 + \theta_1 student_{it} + \theta_2 Y_{it} + \lambda_{t1} + \mu_{i1} + \varepsilon_{it1} \tag{6.2}$$

$$D_{it} = \beta_0 + \beta_1 student_{it} + \beta_2 Y_{it} + \lambda_{t2} + \mu_{i2} + \varepsilon_{it2} \tag{6.3}$$

$$innovation_{it} = \gamma_0 + \gamma_1 student_{it} + \gamma_2 D_{it} + \gamma_3 Y_{it} + \lambda_{t3} + \mu_{i3} + \varepsilon_{it3} \tag{6.4}$$

其中，$student_{it}$和$innovation_{it}$分别为来华留学生和城市创新能力；D_{it}为一组可能的中介变量，包括投资效应、人力资本效应和技术外溢效应；Y_{it}为一组控制变量集合。根据中介效应模型的原理，若系数θ_1、β_1和γ_2均显著，且系数γ_1较θ_1变小或显著程度下降，则表明存在中介效应（Baron和Kenny，1986）。

6.3.2 变量说明

（1）城市创新能力（$innovation_{it}$）。采用寇宗来和刘学悦（2017）发布的《中国城市和产业创新能力报告》中的城市创新指数来衡量各地级市的城市创新能力。该创新指数由国家知识产权局的专利数据和国家工商局的企业注册资本数据两部分微观大数据计算得来，既注重专利创新产出价值，又注重企业层面其他形式的创新产出，较专利数量和R&D支出、研发人员数量等指标相比更具有代表性，更能准确衡量一个城市的创新能力。

（2）来华留学生（$student_{it}$）。来华留学生、海外来华专家、移民都是我国海外智力流入的重要群体，但具体到城市的来华专家和移民数据不易获取。因此，借鉴魏浩等（2012）的做法，以各城市来华留学生人数衡量国际人才流入量。

（3）控制变量。结合已有研究，为尽可能缓解遗漏变量偏误，本节控制了一组能够影响城市创新能力的相关变量，包括经济发展水平（$pgdp_{it}$）、对外开放程度（fdi_{it}）、产业结构（$indu_{it}$）、人口密度（pop_{it}）、政府财政科技支出（$tech_{it}$）以及人力资本水平（hum_{it}）等。采用2004年不变价的人均GDP表示经济发展水平，采用实际利用外资额占GDP的比重来度量对外开放程度，采用第二产业增加值占GDP比重衡量产业结构。人口密度采用单位面积人口数来度量，即市辖区年末总人口数与建成区面积之比。政府财政科技支出采用地方政府科学技术支出占GDP的比重衡量政府研发投入。人力资本水平采用高等教育在校生人数占全社会就业人数之比衡量。

6.3.3 数据来源

本节来华留学生数据均来源于历年《来华留学生简明统计》，但该统计并未公布中国地级市层面的来华留学生数据，故本节将中国各大院校接收的来华留学生数据加总至地级市层面。由于许多地级及以上城市存在来华留学生数据为零的情况，本节对中国各个地级市的来华留学生数据进行预处理，将连续五年没有来华留学生流入的地级及以上城市予以剔除，最终保留129个城市样本。因此，本节以2004—2016年中国129个城市的来华留学生为研究对象。城市创新能力数据来源于寇宗来和刘学悦（2017）发布的《中国城市和产业创新能力报告》。其余变量数据均来源于《中国统计年鉴》和《中国城市统计年鉴》。具体变量及描述性统计见表 6.3。

表 6.3　　　　　　　　　变量说明及描述性统计

变量名称	变量解释（单位）	样本	均值	标准差	最小值	最大值
innovation	城市创新能力指数	1677	15.2246	58.6981	0	1061.371
student	来华留学生总人数（人）	1677	2068.747	7313.439	0	77706
student_aca	学历来华留学生人数（人）	1677	850.5492	2837.871	0	39110
stdent_non	非学历来华留学生人数（人）	1677	1228.471	4630.18	0	48552
pgdp	人均 GDP（元）	1677	58694.33	53328.74	4428.352	680371.6
fdi	当年实际利用外资额占 GDP 比重（%）	1677	3.1517	3.1354	0.0014	34.5915
indu	第二产业增加值占 GDP 比重（%）	1677	48.848	10.929	18.57	88.99
pop	人口密度（人/平方公里）	1677	1.2549	0.5809	0.2259	5.3363
tech	政府科学技术支出占 GDP 比重（%）	1677	0.2349	0.2575	0.0009	2.9825
hum	高等教育在校生人数占总就业人数比重（人/万人）	1677	1719.169	1207.675	18.5664	10252.52

资料来源：作者计算所得。

6.4　来华留学生影响中国城市创新能力的实证分析

6.4.1　基准回归结果分析

表 6.4 报告了 2004—2016 年 129 个城市来华留学生对我国城市创新能力的基准回归结果。奇数列为当期总来华留学生、学历来华留学生和非学历来华留学生对城市创新能力的估计结果，偶数列为滞后一期的估计结果。根据表 6.4 可知，来华留学生显著提高了中国城市创新能力。具体而言，来华留学生总人数每增加 1 个百分点，将会促进我国城市创新能力提高 0.0114 个百分点。从来华留学生类别来看，学历和非学历来华留学生的回归系数均在 1% 的水平上显著为正，表明无论是学历来华留学生还是非学历来华留学生都将显著提高我国的城市创新能力，而且学历来华留学生

对我国城市创新能力的促进作用强于非学历来华留学生（0.0236 > 0.0122）。根据各控制变量的回归结果来看，经济发展水平、产业结构和政府财政科学技术支出对我国的城市创新能力均具有显著的正向促进作用，表明随着我国的经济发展水平越来越好、产业结构越来越优化、政府在科学技术方面的支出越来越多，越有利于促进我国城市创新能力的提升。外商直接投资占GDP的比重、人口密度和人力资本水平的提高虽然也对城市创新能力具有正向作用，但并未通过10%的显著性水平检验。考虑到当期城市创新能力不会对历史来华留学生产生影响，为缓解反向因果偏误，本节将来华留学生滞后一期，其回归结果依旧支持来华留学生会显著提高我国城市创新能力。

表6.4　　　　　　　　　　基准回归结果分析

变量	来华留学生总量		学历来华留学生		非学历来华留学生	
	(1)	(2)	(3)	(4)	(5)	(6)
student	0.0114***		0.0236***		0.0122***	
	(31.72)		(42.29)		(16.37)	
L.student		0.0124***		0.0281***		0.0149***
		(32.79)		(45.02)		(19.15)
pgdp	0.0009***	0.001***	0.0009***	0.001***	0.0009***	0.001***
	(20.62)	(20.73)	(23.92)	(24.98)	(18.14)	(18.24)
fdi	0.1771	0.1796	0.3396	0.3875	−0.0535	−0.0197
	(0.55)	(0.52)	(1.2)	(1.33)	(−0.14)	(−0.05)
indu	0.5023***	0.5703***	0.398***	0.4863***	0.2819	0.437**
	(3.21)	(3.43)	(2.92)	(3.45)	(1.51)	(2.22)
pop	1.2608	0.4039	2.2954	0.9144	0.8334	0.4396
	(0.52)	(0.16)	(1.08)	(0.42)	(0.29)	(0.15)
tech	9.6217**	6.9788	9.2088**	4.8837	20.5055***	15.1393***
	(2.02)	(1.44)	(2.22)	(1.18)	(3.63)	(2.64)
hum	0.0014	0.0013	0.0027***	0.0024**	0.00002	0.0006
	(1.19)	(1.03)	(2.62)	(2.28)	(0.02)	(0.4)
常数项	是	是	是	是	是	是
时间效应	是	是	是	是	是	是
城市效应	是	是	是	是	是	是
N	1677	1677	1677	1677	1677	1677
R^2	0.5998	0.6235	0.6941	0.728	0.4354	0.4726

注：***、**、*分别表示在1%、5%、10%水平下显著，括号内为t统计量。

6.4.2 异质性回归结果分析

1. 分地区样本回归

下面进一步检验不同地区来华留学生对城市创新能力的影响,回归结果见表 6.5。根据表 6.5 可知,东、中、西部地区的来华留学生同样提高了本地区的城市创新能力,但其影响效应存在明显的地区差异,东部地区高于西部地区高于中部地区(0.0116 > 0.0096 > 0.0089)。其原因在于来华留学生在我国范围内的分布不均衡,东、西部地区的来华留学生人数明显高于中部地区。在样本期间内,东部地区和西部地区的平均来华留学生人数分别为 3371 人和 1050 人,而中部地区的平均来华留学生人数仅为 839 人。这使得来华留学生对城市创新能力的影响效应在我国呈现出由东、西部地区逐渐向中部渗透的现象。从来华留学生的学历类别来看,东、西部地区的学历来华留学生对城市创新能力的促进作用普遍高于非学历来华留学生,而中部地区则正好相反。在控制变量中,东部地区的经济发展水平是促进城市创新能力的主要因素;中部地区二者同样呈显著的正相关关系,人口密度、财政科学技术支出显著提高了中部地区的城市创新能力。与东、中部地区不一致,西部地区外商直接投资占 GDP 的比重才是提升该地区城市创新能力的重要因素。

表 6.5　　　　　　　　　分地区的样本回归分析

变量	东部地区			中部地区			西部地区		
	全部	学历	非学历	全部	学历	非学历	全部	学历	非学历
student	0.0116***	0.0272***	0.0114***	0.0089***	0.0085***	0.0101***	0.0096***	0.0227***	0.0135***
	(21.55)	(34.85)	(10.08)	(28.58)	(22.57)	(12.69)	(17.69)	(20.05)	(13.57)
pgdp	0.0012***	0.0012***	0.0012***	0.0001***	0.0001***	0.0002***	0.00004	0.00003	0.0001
	(16.45)	(21.96)	(13.47)	(4.73)	(4.02)	(5.31)	(0.87)	(0.85)	(1.25)
fdi	0.4308	0.7027	0.6955	-0.1423	-0.1981	-0.2444	0.8098**	0.5889*	1.2327***
	(0.62)	(1.3)	(0.83)	(0.191)	(-1.58)	(-1.54)	(2.23)	(1.72)	(3.08)
indu	0.4088	0.2638	-0.0075	0.0627	0.0493	0.1706**	0.0905	0.2652**	-0.0777
	(1.12)	(0.93)	(-0.02)	(1.05)	(0.72)	(1.97)	(0.82)	(2.52)	(-0.64)

续表

变量	东部地区			中部地区			西部地区		
	全部	学历	非学历	全部	学历	非学历	全部	学历	非学历
pop	6.1283 (1.28)	5.5412 (1.48)	8.6464 (1.5)	3.4233*** (2.93)	1.6424 (1.23)	-3.0417* (-1.84)	-0.2322 (-0.15)	0.5728 (0.39)	-0.4439 (-0.26)
tech	1.1461 (0.11)	-8.4652 (-1.01)	29.3477** (2.27)	8.3868*** (6.09)	10.207*** (6.44)	10.2803*** (5.13)	19.2809*** (3.17)	20.327*** (3.55)	20.9745*** (3.1)
hum	0.0041 (1.32)	0.0067*** (2.74)	-0.0001 (-0.02)	-0.0003 (-0.54)	0.0002 (0.28)	-0.0007 (-0.92)	-0.0016*** (-2.8)	-0.0009 (-1.6)	-0.0021*** (-3.24)
常数项	是	是	是	是	是	是	是	是	是
时间效应	是	是	是	是	是	是	是	是	是
城市效应	是	是	是	是	是	是	是	是	是
N	780	780	780	481	481	481	416	416	416
R^2	0.6426	0.7826	0.4811	0.7875	0.7176	0.5498	0.6325	0.6752	0.5463

注：***、**、*分别表示在1%、5%、10%水平下显著，括号内为t统计量。

2. 分城市规模样本回归

下面从城市规模角度考察大中小城市的来华留学生与城市创新能力的影响差异。表6.6报告了在大城市、中城市和小城市规模下，来华留学生总人数、学历和非学历来华留学生对城市创新能力的估计结果①。从不同城市规模来看，大城市的总来华留学生显著提升了城市创新能力，其中学历来华留学生对城市创新能力的促进作用高于非学历来华留学生（0.0241＞0.0122）；中城市的总来华留学生和非学历来华留学生显著提高城市创新能力，且非学历来华留学生的回归系数大于总来华留学生的回归系数（0.0047＞0.0023），而学历来华留学生虽然对城市创新能力的回归系数为正，但并未通过10%的显著性水平检验；小城市来华留学生与城市创新能力之间并无显著关系。其原因在于大约95%以上的来华留学生都集中在大

---

① 本节按2014年国务院发布的《关于调整城市规模划分标准的通知》对城市规模进行划分，以城区常住人口为统计口径，将2004—2016年各城市平均城区常住人口50万以下的城市为小城市；50万以上100万以下的城市为中等城市；100万以上500万以下的城市为大城市；500万以上1000万以下的城市为特大城市；1000万以上的城市为超大城市。为保证样本容量，本节将超大城市、特大城市和大城市合并为大城市。

城市，中城市和小城市的来华留学生占总来华留学生的比重分别不足5%和1%，这就导致来华留学生对城市创新能力的影响效应主要在大、中城市层面得以体现。在控制变量中，经济发展水平均提高了大、中、小城市的城市创新能力。外商直接投资对小城市创新能力的影响显著为负，其可能的原因是小城市各方面综合能力较弱，能吸纳到的外商直接投资仍然较少且质量不高，这便对小城市的创新能力起到了阻碍作用。产业结构对大城市和小城市的城市创新能力则起到了明显相反的作用，前者呈显著促进作用，后者呈明显的阻碍作用。财政科学技术支出对大、中、小城市的城市创新能力也主要起促进作用。

表 6.6　　　　　　　　　分城市规模的样本回归分析

变量	大城市			中城市			小城市		
	全部	学历	非学历	全部	学历	非学历	全部	学历	非学历
student	0.0116 *** (25.82)	0.0241 *** (34.91)	0.0122 *** (12.96)	0.0023 *** (7.88)	0.0007 (1.43)	0.0047 *** (11.37)	0.0002 (0.41)	0.0009 (1.07)	-0.0001 (-0.19)
pgdp	0.001 *** (17.18)	0.0011 *** (20.3)	0.001 *** (14.06)	0.0001 *** (7.13)	0.0001 *** (7.2)	0.0001 *** (7.76)	0.00003 *** (12.56)	0.00003 *** (13.07)	0.00003 *** (12.01)
fdi	0.5517 (0.87)	0.9399 * (1.72)	0.3386 (0.45)	-0.0319 (-0.8)	-0.0518 (-1.22)	-0.0234 (-0.63)	-0.0272 *** (-4.92)	-0.0272 *** (-5.09)	-0.0263 *** (-4.75)
indu	0.8991 *** (3.13)	0.641 *** (2.6)	0.5074 (1.47)	-0.0164 (-0.83)	-0.0164 (-1.09)	-0.018 (-1.37)	-0.0229 *** (-3.62)	-0.0232 *** (-3.72)	-0.0234 *** (-3.68)
pop	1.7141 (0.39)	2.3167 (0.61)	4.2501 (0.8)	0.1636 (0.73)	0.1241 (0.52)	0.0552 (0.26)	0.0609 (0.61)	0.0605 (0.62)	0.049 (0.49)
tech	10.0066 (1.5)	10.0417 * (1.75)	23.3865 *** (2.94)	2.66 *** (3.53)	2.8093 *** (3.47)	1.8184 ** (2.57)	0.5817 *** (3.22)	0.5698 *** (3.18)	0.5703 *** (3.14)
hum	0.0025 (1.1)	0.0044 ** (2.23)	0.0011 (0.42)	-0.00002 (-0.13)	0.0001 (0.47)	-0.0002 (-1.32)	0.00003 (1.53)	0.00003 (1.64)	0.00003 (1.49)
常数项	是	是	是	是	是	是	是	是	是
时间效应	是	是	是	是	是	是	是	是	是
城市效应	是	是	是	是	是	是	是	是	是
N	1079	1079	1079	468	468	468	130	130	130
R^2	0.6217	0.7168	0.4569	0.5724	0.5105	0.6253	0.8996	0.9006	0.8995

注：***、**、* 分别表示在1%、5%、10%水平下显著，括号内为 t 统计量。

3. 分阶段样本回归

2016年超过60%的来华留学生来自"一带一路"沿线国家,本节进一步对"一带一路"倡议提出前后来华留学生对城市创新能力的影响进行回归分析,重点关注其回归系数的大小。根据表6.7可知,"一带一路"倡议提出以前(即2004—2013年),总来华留学生对城市创新的回归系数为0.0079,而"一带一路"倡议提出以后(2014—2016年),该影响系数达到了0.0188。这说明"一带一路"倡议实施以来引致的来华留学生对我国的城市创新能力起到了明显的促进作用。然而,从学历类别上来看,"一带一路"倡议提出以后学历来华留学生和非学历来华留学生对中国城市创新能力的影响都被削弱了,且非学历来华留学生并未通过显著性检验。这主要是因为"一带一路"倡议提出以后,来华留学生规模和结构的变化均存在滞后性,故来华留学生对城市创新能力的影响也存在滞后性。

表6.7　　　　　　　　　分时间段的样本回归分析

变量	2004—2013年			2014—2016年		
	全部	学历	非学历	全部	学历	非学历
student	0.0079***	0.0172***	0.0119***	0.0188***	0.0109***	-0.005
	(34.95)	(37.28)	(27.53)	(8.31)	(6.56)	(-1.29)
pgdp	0.0007***	0.0007***	0.0007***	0.0018***	0.0019***	0.0021***
	(20.96)	(22.3)	(18.75)	(7.53)	(7.43)	(7.91)
fdi	0.0467	0.099	-0.0221	-0.5757	-0.4437	-0.188
	(0.25)	(0.54)	(-0.1)	(-0.68)	(-0.5)	(-0.2)
indu	0.22**	0.2133**	0.1543	0.1609	0.434	0.3869
	(2.36)	(2.37)	(1.49)	(0.32)	(0.82)	(0.68)
pop	2.0046	3.2052**	1.0796	-2.3928	-0.5972	-0.7061
	(1.33)	(2.2)	(0.64)	(-0.25)	(-0.06)	(-0.07)
tech	-0.0995	0.0896	5.315	-2.8923	-2.1878	-7.8086
	(-0.03)	(0.03)	(1.4)	(-0.35)	(-0.25)	(-0.84)
hum	0.0006	0.001	0.0001	0.0001	0.0017	0.0016
	(0.86)	(1.38)	(0.08)	(0.02)	(0.54)	(0.47)
常数项	是	是	是	是	是	是
时间效应	是	是	是	是	是	是
城市效应	是	是	是	是	是	是
N	1290	1290	1290	387	387	387
R^2	0.6847	0.7057	0.6079	0.4749	0.4281	0.3338

注:***、**、*分别表示在1%、5%、10%水平下显著,括号内为 t 统计量。

6.4.3 中介效应检验

海外智力回流可能通过投资效应、人力资本效应和技术外溢效应等途径影响城市创新能力,本节借助中介效应模型对上述传导途径进行实证检验。其中,投资效应采用外商直接投资额占 GDP 比重予以衡量,人力资本效应采用高等教育在校生人数占全社会总就业人数的比重予以衡量,技术效应采用财政科学技术支出占 GDP 的比重予以衡量。

表 6.8 报告了中介效应的估计结果,其中式(6.2)为来华留学生对中介变量的影响,式(6.3)为中介变量对城市创新能力的影响,式(6.4)为来华留学生和中介变量同时对城市创新能力的影响,对应的表 6.4 基准回归的估计系数。根据表 6.8 可知,来华留学生主要通过人力资本效应和技术外溢效应影响城市创新能力,而投资效应的中介作用并不显著。具体而言,当把外商直接投资额占 GDP 比重视为中介变量时,式(6.3)来华留学生的估计系数不显著,式(6.4)中外商直接投资额占 GDP 比重的系数也并不显著,因此外商直接投资额占 GDP 比重并不符合中介变量的标准。对于人力资本效应和技术外溢效应而言,式(6.2)来华留学生的估计系数非常显著、式(6.3)中介变量的估计系数非常显著,式(6.4)来华留学生的估计系数也非常显著且略小于式(6.2)的估计系数,表明高等教育在校生人数占全社会总就业人数的比重和财政科学技术支出占 GDP 的比重均符合中介变量的判断标准,即来华留学生主要通过人力资本效应和技术外溢效应影响城市创新能力。

表 6.8　　　　　　　　　　中介效应检验

变量	D = fdi			D = hum			D = tech		
	式(6.2)	式(6.3)	式(6.4)	式(6.2)	式(6.3)	式(6.4)	式(6.2)	式(6.3)	式(6.4)
student	0.0114***	−0.00003	0.0114***	0.0046***	0.0686***	0.0041***	0.0125***	0.00001	0.0121***
	(31.73)	(−1.12)	(31.72)	(8.86)	(5.54)	(7.95)	(31.02)	(6.93)	(29.83)
D			0.1771			0.0071***			32.694***
			(0.55)			(6.72)			(6.24)
中介效应占比			−0.0005			0.106			0.0352

注:***、**、*分别表示在1%、5%、10%水平下显著,括号内为 t 统计量。限于篇幅,本表仅给出核心解释变量来华留学生的系数估计结果。

综上，本节以中国 2004—2016 年 129 个地级及以上城市的来华留学生为研究对象，考察海外智力流入对我国城市创新能力的影响及其传导机制，并根据学生类别、区域分布、城市规模和来华时间进行异质性分析。研究发现：来华留学生显著提高了我国城市创新能力，其中学历来华留学生的促进效应高于非学历来华留学生；分地区来看，东、中、西部地区来华留学生均显著提高城市创新能力，且东、西部地区的促进效应大于中部地区；分城市规模来看，大、中城市的来华留学生显著提升城市创新能力，而小城市来华留学生与城市创新能力之间并无显著关系。对比分析"一带一路"倡议提出前后来华留学生的估计系数发现，"一带一路"倡议实施出后来华留学生对城市创新能力的促进作用明显大于倡议提出前。借助中介效应模型考察来华留学生影响城市创新能力的传导机制发现，来华留学生主要通过人力资本效应和技术外溢效应影响城市创新能力。本节的研究不仅从城市层面考察来华留学生与城市创新能力的关系，补充了现有文献在中国地级及以上城市层面的研究；而且，借助中介效应模型分析来华留学生影响城市创新能力的作用机制，有助于更准确地认识来华留学生影响城市创新能力的传导途径。

第 7 章

结论与展望

7.1 主要研究结论

本书主要基于本国智力外流、海外智力流入、本国智力回流等视角，从流动规模、流动方向、流动动因等方面考察了全球以及中国智力资本的跨国流动发展现状与趋势，探讨了影响智力资本跨国流动的主要因素，构建了智力资本跨国流动的技术进步效应理论分析框架，并运用中国移出移民、海外留学生以及来华留学生等相关数据进行了实证分析。本书的结论大致可以归纳为以下五个方面：

第一，近年来全球智力资本跨国流动不仅在规模上呈逐年递增之势，而且还呈现出外流、回流、环流等多种流动形式，高素质专业人才成为国际智力流动的主体，从欠发达国家到发达国家仍为主要流动方向。改革开放 40 多年来，中国与外国智力资本跨国流动日益频繁，不仅中国成为了世界第四大移民输出国，而且外国来华留学生和境外来华专家规模亦不断扩大。特别是在党的十八大以来，近 300 万留学人员学成归国，形成了我国历史上最大规模的留学人员归国潮。可以说，他们为中国技术进步与经济增长提供了重要的智力支持。

第二，影响智力资本国际流动的因素主要包括宏观和微观两个层面。本书在参考前人研究的基础上，分别从智力外流、智力回流、智力环流的视角进行了分析。具体而言，智力外流的动因主要有：学术职业发展机会、工资薪酬待遇差异、人才管理激励机制、科研教育环境以及政策制度环境等。智力回流的动因主要有：薪酬待遇上升、经济发展较好、人才吸引政策、科技教育水平、社会文化因素以及产业结构调整等。智力环流的动因主要有：就业与工作需要、人才管理机制、政策制度环境以及经济全球化的发展等。本书主要从宏观视角分析了影响中国留学生回流的主要因素，通过实证研究发现，中国智力回流规模与中国经济发展规模、财政科技投入强度、经济开放度、国内收入差异及国际收入差异之间存在长期均衡关系；前期回流人员规模会对后期人员回流决策产生积极的示范效应，当前期的回流比率越高时，后期回流人员数量会相对增加。

第三，中国移出移民对母国技术创新水平存在负效应。本书运用中国移出移民与技术创新相关统计数据，考察了中国智力外流对国内技术创新的影响程度，并对中国海外移民目的地进行聚类分析。研究发现，中国作为世界第四大国际移民来源国，其海外移民趋势与世界移民趋势大致趋同，中国海外移民的主要流向仍是发达国家；中国智力外流与技术创新水平之间存在长期均衡关系，中国的移民人数与技术创新水平呈反向关系，中国移民人数的增加在一定程度上对国内技术创新带来了负面效应，智力外流可能是阻碍我国技术创新的重要因素之一。

第四，中国留学生回流能带来正的技术进步效应。首先，本书从人力资本效应、物质资本效应、竞争示范效应和网络集聚效应等方面测算中国留学生回流的技术外溢效应。通过对中国 30 个省市区及七大区域的面板数据研究发现，中国留学生回流的技术外溢效应显著，但国内研发投入的增加对技术进步的影响大于留学生回流；中国留学生回流的技术外溢效应存在显著的地区差异，且留学生回流对 TFP 的间接作用呈明显区域异质性特征；留学生回流的技术外溢效应仍存在较大提升空间。其次，通过考察中国留学生回流的空间溢出效应及其对各地区技术进步的影响发现，技术进步在地理空间的邻接上表现出明显的空间依赖性，空间变量对技术进步空间溢出效应具有显著的正向促进作用；回流留学生虽然对中国各地区技术进步的贡献度有所下降，但依旧是中国获取国际先进技术的重要渠道；与母国物质资本投入相比，回流留学生对中国技术进步的促进作用仍有待提高。再次，进一步考虑空间地理因素，采用全局 Moran 指数 I 和散点图来考察留学生回流、研发溢出存量和全要素生产率的空间关联特征，再通过构建空间杜宾模型来估计回国留学生对回流地技术进步的首次溢出效应及回流地以外其他地区技术进步的二次溢出效应。研究结果显示：回流留学生研发溢出存量及全要素生产率均存在着的正的空间自相关性，回国留学生有助于回流地的技术进步，但对回流地以外其他地区的技术进步无显著促进作用。最后，运用中国高新技术产业开发区的面板数据，检验智力资本回流对创新效率的影响及其作用机制。研究结果表明：国际智力资本回流显著促进中国高新技术产业开发区的创新效率，但存在地区差异，其中中部地区促进效应最强，西部地区次之，东部地区最弱；智力资本回流与本土人力资本的交互作用影响中国高新技术产业开发区创新效率，东北地区有正向影响，中部地区有负向影响。

　　第五，来华留学生有助于中国城市创新能力提升。运用中国地级及以上城市的来华留学生数据，考察海外智力流入对我国城市创新能力的影响及其传导机制，并根据学生类别、区域分布、城市规模和来华时间进行异质性分析。研究表明：总体上，来华留学生显著提高了我国的城市创新能力，其中学历来华留学生的促进效应高于非学历来华留学生；从区域分布来看，东、中、西部地区来华留学生均显著提高了城市创新能力，且东、西部地区的促进效应大于中部地区；从城市规模来看，大、中城市的来华留学生显著提升城市创新能力，而小城市来华留学生与城市创新能力之间并无显著关系；以"一带一路"倡议提出时间为分界点，比较发现倡议实施后来华留学生对城市创新能力的促进作用明显大于倡议提出前；来华留学生主要通过人力资本效应和技术外溢效应影响城市创新能力。

7.2　政策建议

7.2.1　推动有益智力外流，减少本国智力流失

　　如前文所述，智力资本外流对于流出国的经济发展来说，既有可能是抑制作用，也有可能是促进作用。不利（或抑制）的智力外流，会通过减

少流出国的人力资本存量，从而影响该国的科技与经济发展。而有益（或促进）的智力外流，则会通过知识溢出、资金回流等方式，促进母国经济和技术创新的发展。本书通过考察中国移出移民与技术创新水平之间的关系发现，中国海外移民对国内技术创新水平产生了一定的阻碍作用，给国内劳动力资源配置和技术创新能力提升带来了负效应。由此可见，面对竞争日益激烈的国际人才市场，中国应想方设法留住人才，既保证适当的有益智力外流，同时有效减少智力流失（如移民）。

首先，应继续保持经济稳定增长，不断增强综合国力。全球智力资本流动的历史表明，智力资本总体上趋向于经济发展好、综合实力强的国家。党的十八大以来形成的我国历史上最大规模的留学人员归国潮，恰好反映了作为世界第二大经济体对智力资本的强大吸引力。正如习近平主席指出，当前世界正面临百年未有之大变局，国际形势日趋错综复杂，最重要的还是做好我们自己的事情。中国只有继续坚持自主创新、深化改革、扩大开放，才有可能确保经济持续稳定、高质量发展，逐步缩小与发达国家的经济差距和工资差距，吸引中国移出移民对母国的投资回流与知识回流，尽可能减少智力流失带来的负面影响。

其次，应积极推动教育改革，提升国内教育水平。《2015中国投资移民白皮书》基于对近300位中国高净值人群进行的专项调研发现，为使子女获得更好教育已成为他们选择移民海外的主要原因。"十三五"时期我国高校毕业生规模年均超过800万人，但许多大学生不能找到与学历、专业相适合的工作；与此同时，我国却需要高薪引进大批海外高层次人才。这种严峻的就业形势充分反映了我国高等教育与市场需求脱节的现象。因此，我国应加快推进高等教育供给侧改革，如各高校的学科与专业设置是否按市场需求进行动态调整等，使人才结构更好地适应国家和地区经济的发展需求。同时，积极引进外国优质教育资源，兴办国内空缺的新专业，学习国外成熟的教学管理经验、办学模式及机制，加强与国外优质教育资源合作，推动办学管理体制的改革，提升中国教育的国际竞争力。此外，应降低人才流动壁垒，最大化人才利用效率。要促进体制内外的人才流动，建立起我国人才"旋转门"流动机制，为他们提供更多的创新创业机会。要放宽出入境限制，让智力资本在国家之间自由流动，让更多人才走出去学习锻炼的同时，鼓励他们回国发展和服务。

7.2.2 加大海外招才引智，促进本国智力回流

当今世界高素质人才已成为各国竞相争夺的稀缺资源。提升本国人力资本水平存量除了加大本国的教育投资力度外，吸引海外智力流入（如海外高水平专家、留学人员等）也是一个重要途径。前面的研究已表明，无论是来华留学生，还是中国回流的留学生，总体上都能给中国带来正的技术进步效应。不过，中国国内研发投入的增加对技术进步的影响大于留学生回流，中国留学生回流的技术外溢效应仍存在较大的提升空间，学历来华留学生对中国城市创新能力的促进作用强于非学历来华留学生，海外智力流入对技术创新的影响潜力还有待发掘。因此，中国应主动作为采取有效措施，在积极引进海外智力的同时，力促本国智力资本回流，为转变经济发展方式、实现创新驱动发展战略、保障改善民生提供强大的人才智力支撑。

首先，应加大海外智力引进力度，积极探索技术移民政策。研究发现，许多发达国家都曾经历过人才大量流失的历史阶段，但随后他们都通过吸引海外人才以弥补国内智力流失。移民人才是发达国家创新创业的重要力量，近几十年来发达国家一直在享受"移民红利"。因此，中国可以借鉴发达国家经验，大力推动人才引进工程，不仅重视人才引进的数量，更重视人才引进的质量。树立人才引进柔性观念，特别注重高素质、高技能人才引进，不断拓宽吸引国外智力的渠道。同时，要不断加大国内物质资本投入尤其是R&D经费投入，提高R&D经费使用效率，为学者、高校、企业及科研机构等，创造一个吸引和留住海外智力资本的良好环境。完善外籍人才管理服务体系，加强科技创新和知识产权保护，通过广泛吸引海外优秀人才来华创新创业，以充分发挥其人才创新效应。

其次，应优化国内人才发展环境，有效促进中国海归回流。前面的研究表明，中国的留学政策对留学与回流规模影响较大，政策的开放性及灵活性与留学及回流人员的规模变化趋同；留学及回流人员数量跟母国的经济社会发展存在显著的正相关关系，而东道国的经济表现也会影响留学生回流。为此，中国应继续保持经济稳定增长的发展态势，这是在欧美经济持续低迷的国际环境下，吸引海归回流的前提。针对当前留学生表现出来

的新特点，中国应大力发展海外留学人员工业园区、科技园区、创业园区等作为海归们发展创业的平台，为留学生回流后提供更多的创新、创业及就业机会。同时，继续提高国内科技与教育经费投入强度，不断改善海归们非常重视的科研与教育环境，缩小软硬件资源与发达国家的差距。提升国内本土人力资本水平，加强自主创新能力和对国际先进技术的消化吸收再创新能力。完善吸引海外中高端留学生回流的政策措施。对高层次人才的回流，可以接受其多样化的为国服务方式，从国际公民的角度完善相关政策；同时规范中端留学生回流就业市场，加强海内外信息沟通机制。

再次，应继续推进来华留学教育，尤其是学历来华留学生教育。事实表明，国家间是否签订学历学位互认协议是吸引学历生尤其是博士研究生来华留学的重要因素，重视签订学历学位互认协议有助于吸引高学历学生来华留学。截至目前中国已与46个国家和地区签订了学历学位互认协议，其中"一带一路"国家24个。因此，中国要加快与其他国家学历学位互认步伐，不断吸引各国优秀青年来华学习深造。要注重提升来华留学生质量，不过分追求来华留学生规模，来华留学的外国学生素质越高，越能促进本国人力资本水平的提高，进而促进本国创新能力。要鼓励来华留学生选择中西部地区留学，推动来华留学生在全国城市范围内的均衡流动。各级部门应对中西部地区的来华留学教育给予重点支持，落实各项吸引来华留学生的优惠政策，注重提高中西部地区高等院校的教育质量。要进一步完善国际毕业生的落户、就业工作，国际毕业生具有本国和生源国双重教育背景，既有利于外国企业"走进来"，也有利于中国企业"走出去"。积极主动采取激励措施如提高奖学金金额等，吸引外国留学生尤其是"一带一路"沿线国家学生来华深造。此外，要完善来华留学生在中国兼职、创业、实习等配套设施平台，积极创办更多的来华留学生创业园区，为他们学习、就业提供充分的支持和保障。继续完善创新创业环境，拓宽中小企业融资渠道，鼓励来华留学生自主创业。

7.2.3 推进国际智力环流，构建人才共享模式

21世纪以来，随着交通网络和信息技术的不断发展，传统的智力资本

流动模式开始出现新的变化,智力环流现象让原来的智力外流或者回流已不再是简单的单向或双向人才跨国流动模式,而表现为一种多方向的人才流动。在智力资本环流模式下,智力资本已不再表现为单纯的人才外流或者流入,随着人才的反复流动,智力资本成为了一种共享资源。梳理智力资本跨国流动的历史发展进程可以发现,智力资本跨国流动在经过外流、回流阶段后,会发展到环流阶段。前面的分析也已表明,智力环流的动因主要包括就业与工作需要、人才管理机制、政策制度环境、经济全球化发展等。因此,中国只有积极主动地对接并推动这种国际智力资本流动新模式,才能实现智力资本的知识与利益共享,为提高本国科技创新能力提供充足的智力支持。

首先,应实行开放的人才政策,从为我所有变为为我所用。智力资本环流是人才在不同国家或地区进行多次、频繁地迁徙流动,而不会把某国作为迁徙终点国。而且流动的国家也不仅限于母国与留学目的国,他们会根据工作或学习的需要,将流动的范围扩展到原籍国和留学国之外的国家和地区。从全球吸引优秀人才为我所用是我国引智工作的重要内容。当前中国的海外智力资本主要分布在欧美等发达国家和地区或地缘上较近的国家,海外散居侨民资源数量庞大,同时,中国也是世界上最大的留学生源国。要对接这种智力资本的流动新模式,共享全球智力资源,就需要制定并完善开放、灵活、稳定且具有操作性的人才吸引和使用机制,努力打造开放型的国际人才和智力集聚地,让国际高端智力资源为我所用。

其次,应加强国际交流与合作,探索智力资本共享模式。智力环流所涉及的国家至少在两个以上,要加强智力环流就需要尽快建立与国际接轨的有利于人才流动的人力资源和社会保障体系,与其他国家签订相关协议,健全人才公共服务体系,为本国出国人员、境外来华专家、华裔等提供相应保障。在与他国互利共赢的基础上,推动国家之间的高端智力资本尤其是高层次创业创新型智力共享模式,让知识、技术、管理经验等实现共享共用。特别要重点关注"一带一路"沿线国家和地区的智力资本跨国流动,在实现政策沟通、设施联通、贸易畅通、资金融通、民心相通的同时实现智力共享。

7.3 未来展望

本书围绕智力资本跨国流动的技术进步效应这个主题,基于智力资本流动的方向,系统分析了全球以及中国智力资本跨国流动的现状与趋势,探讨了影响智力资本跨国流动的动因,并运用相关模型与统计数据,分别检验了基于中国移出移民、中国留学生回流、来华留学生的技术进步影响效应,得到了一些有益的研究结论。当然,本书在许多方面仍存在需要进一步修改或者完善的地方,主要包括:

首先,本书暂未对智力资本环流问题做更深入细致地研究。本书最初的研究设想是从智力外流、回流、环流的视角系统研究智力资本跨国流动的技术进步效应。虽然书中已对智力资本环流的相关问题进行了阐述,但只是对其内涵、动因以及技术进步效应进行了简要的定性分析。通过文献梳理发现,已有极少量文献对此有过简单的案例研究,鉴于数据获取的困难,从理论模型构建、实证角度进行验证的难度较大。随着人才共享、智力环流模式的不断发展,以及研究方法的不断更新,这或许会成为未来该领域研究的一个重要方向。

其次,本书研究过程中最大的难点和关键问题便是指标选取与数据挖掘。如留学生回流数据暂无法直接获取,只能通过中国流入各国或地区留学生数与全国当年的回流比相乘估算获得。又如反映技术创新能力的重要指标——R&D 投入、专利授权量等,虽然可以获取其省级面板数据,但地级及以上城市的统计数据部分缺失,本书对于缺失的 R&D 经费支出数据采用相邻三年研发经费支出占 GDP 比重的均值乘以当年 GDP 估算而得,而部分章节关于创新产出的研究只得采用专利申请量作为替代指标。此外,本书采用的专利指标或许只能反映技术创新的数量,而技术创新的其他方面,如产品市场竞争力、对新技术的吸收和消化能力等,是专利数据所不能涵盖的。可见,对模型与指标的不断发掘与修正,对相关数据库的不断更新与完善,也是作者将来研究的一个重要任务。

最后,本书虽然重点讨论了智力资本跨国流动与技术进步的关系,但没有考虑智力资本因受教育程度或来源地或留学地不同等原因,呈现的异质性特征及其进入(或回到)中国后可能带来的技术进步效应差异。同时,由于每个国家都有其独特的政治文化背景及社会经济条件,这可能会导致从各国流入中国的智力资本对中国的技术进步效应会有所不同。因此,基于智力资本主体的学缘与学历差异性,比较智力资本跨国流动的动态规律和技术进步效应,将是作者今后需要进一步研究的内容。

  总之,学无止境。今后我们将继续努力学习与探索,以获取更多有益于提升中国智力资本存量和科技创新能力的研究思路及对策建议。

参考文献

[1] Adda J, Dustmann C. A Dynamic Model of Return Migration [R]. IZA Ninth Summer School Paper, 2006, No. 2653.

[2] Agrawal A, Kapur D, Mchale J, et al. Brain Drain or Brain Bank? The Impact of Skilled Emigration on Poor–Country Innovation [J]. Journal of Urban Economics, 2011, 69 (1): 43–55.

[3] Almeida P, Kogut B. Localization of Knowledge and the Mobility of Engineers in Regional Networks [J]. Management ence, 1999, 45 (7): 905–917.

[4] Arrow K. The Economic Implication of Learning by Doing [J]. Review of Economic Studies, 1962, 29 (3): 155–173.

[5] Audretsch D B, Stephan P E. Company–Scientist Locational Links: The Case of Biotechnology [J]. American Economic Review, 1996, 86 (3): 641–652.

[6] Bai W, Johanson M, Martin O M. Knowledge and Internationalization of Returnee Entrepreneurial Firms [J]. International Business Review, 2017 (26): 652–665.

[7] Barrientos P. Analysis of International Migration and its Impacts on Developing Countries [R]. Development Research Working Paper Series, 2007.

[8] Beine M, Docquier F, Rapoport H. Brain Drain and Economic Growth: Theory and Evidence [J]. Journal of Development Economics, 2001, 64 (1): 275–289.

[9] Beine M, Docquier F, Rapoport H. Brain Drain and Human Capital Formation in Developing Countries: Winners and Losers [J]. The Economic

Journal, 2008, 118, (4): 631-652.

[10] Beine M, Docquier F, Rapoport H. Measuring International Skilled Migration [J]. World Bank Economic Review, 2007, 21 (2): 249-254.

[11] Bénassy J P, Brezis E S. Brain Drain and Development Traps [J]. Journal of Development Economics, 2013, (102): 15-22.

[12] Bhagwati J, Hamada K. The Brain Drain, International Integration of Markets for Professionals and Unemployment: A Theoretical Analysis [J]. Journal of Development Economics, 1974, 1 (1): 19-42.

[13] Blomstrom M, Persson H. Foreign Investment and Spillover Efficiency in an Underdeveloped Economy: Evidence from the Mexican Manufacturing Industry [J]. World Development, 1983, 11 (6): 493-501.

[14] Bogue D J. Principles of Demography [M]. New York: Wiley and Sons, 1969.

[15] Borjas G J, Bratsberg B. Who Leaves? The Emigration of the Foreign-Born [J]. Review of economics and atatistic, 1996, 78 (1): 165-176.

[16] Bucovetsky S. Efficient Migration and Income Tax Competition [J]. Journal of Public Economic Theory, 2010, 5 (2): 249-278.

[17] Cellini R. Migration and Welfare: A Very Simple Model [J]. Journal of International Development, 2010, 19 (7): 885-894.

[18] Cerase F P. Expectations and Reality: A Case Study of Return Migration from the United States to Southern Italy [J]. International Migration Review, 1974, 8 (2): 245-262.

[19] Chang S L. Cause of the Brain Drain Solutions: The Taiwan Experience [J]. Studies in Comparative International Development, 1992, 7 (1): 27-43.

[20] Chen Y C. The Limit of Brain Circulation: Chinese Returnees and Technological Development in Beijing [R]. Center on China's Transnational Relation Working Paper, 2006, No. 15.

[21] Chen Y, Friedman R, Yu E, et al. Examining the Positive and Negative Effects of Guanxi Practices: A Multi-level Analysis of Guanxi Practices and Procedural Justice Perceptions [J]. Asia Pacific Journal of Management,

2011, 28 (4): 715 - 735.

[22] Choudhury P. Return Migration and Distributed R&D in Multinationals-A Study Using Micro Data [J]. Social Science Electronic Publishing, 2010.

[23] Coe D T, Helpman E, Hoffmaister A. North - South R&D Spillovers [J]. Economic Journal, 1997, 107 (1): 134 - 149.

[24] Coe D T, Helpman E. International R&D Spillovers [J]. European Economic Review, 1995, 39 (5): 859 - 887.

[25] Commander S, Chanda R, Kangasniemi M, Winters L A. Must Skilled Migration Be a Brain Drain? Evidence from the Indian Software Industry [R]. IZA Discussion Papers 2004, No. 1422.

[26] Commander S, Kangasniemi M, Winters L A. The Brain Drain: A Review of Theory and Facts [J]. Brussels Economic Review, 2006, 47 (01): 29 - 44.

[27] Constant A, Massey D S. Self - Selection, Earnings, and Out - Migrations: A Longitudinal Study of Immigrants to Germany [R]. IZA Discussion Papers, 2002, No. 672.

[28] Cook G A S, Pandit N R, Beaverstock J V, et al. The Role of Location in Knowledge Creation and Diffusion: Evidence of Centripetal and Centrifugal Forces in the City of London Financial Services Agglomeration [J]. Environment and Planning A, 2007, 39 (6): 1325 - 1345.

[29] Damette O, Fromentin V. Migration and Labour Markets in OECD Countries: A Panel Cointegration Approach [J]. Applied Economics, 2013, 45 (16): 2295 - 2304.

[30] De la Croix D, Docquier F. Do Brain Drain and Poverty Result from Coordination Failures? [J]. Journal of Economic Growth, 2012, 17 (1): 1 - 26.

[31] Dequiedt V, Zenou Y. International Migration, Imperfect Information, and Brain Drain [J]. Journal of Development Economics, 2013, (102): 62 - 78.

[32] Docquier F, Lodigiani E. Skilled Migration and Business Networks [J]. Open Economies Review, 2010, 21 (04): 565 - 588.

[33] Docquier F, Machado J. Global Competition for Attracting Talents and

the World Economy [J]. The World Economy, 2016, 39 (4): 530 – 542.

[34] Docquier F, Rapaport H. Globalization, Brain Drain and Development [J]. Journal of Economic Literature, 2012, 50 (3): 681 – 730.

[35] Dustmann C, Kirchkamp O. The Optimal Migration Duration and Activity Choice after Re – migration [J]. Journal of Development Economics, 2002, 67 (2): 351 – 372.

[36] Dustmann C. Return Migration, Uncertainty and Precautionary Savings [J]. Journal of Development Economics, 1997, 52 (2): 295 – 316.

[37] Eaton J, Kortum S. Trade in Indeas Patenting and Productivity in the OECD [J]. Journal of international Econoics, 1996, 40 (34): 251 – 278.

[38] Edler J, Fier H, Grimpe C. International Scientist Mobility and the Locus of Knowledge and Technology Transfer [J]. Research Policy, 2011, 40 (6): 791 – 805.

[39] Fangmeng T. Brain Circulation, Diaspora and Scientific Progress: A Study of the International Migration of Chinese Scientists, 1998 – 2006 [J]. Asian and Pacific Migration Journal, 2016, 25 (3): 296 – 319.

[40] Federici A, Mazzitelli A. Dynamic Factor Analysis with STATA [J]. Stata com, 2009.

[41] Filatotchev I, Liu X, Lu J, et al. Knowledge Spillovers through Human Mobility across National Borders: Evidence from Zhongguancun Science Park in China [J]. Research Policy, 2011, 40 (3): 453 – 462.

[42] Fosfuri A, Motta M, Rende T. Foreign Direct Investment and Spillovers through Workers' Mobility [J]. Journal of International Economics, 2001, 53 (1): 205 – 222.

[43] Gagliardi L. Does Skilled Migration Foster Innovative Performance? Evidence from British Local Areas [J]. Papers in Regional Science, 2015, 94 (4): 773 – 794.

[44] Gao T. Ethnic Chinese Networks and International Investment: Evidence from Inward FDI in China [J]. Journal of Asian Economics, 2003, 14 (4): 611 – 629.

[45] Gibson J, Mckenzie D. Eight Questions About Brain Drain [J].

Journal of Economic Perspectives, 2011, 25 (3): 107 – 128.

[46] Gibson J, Mckenzie D. Scientific Mobility and Knowledge Networks in High Emigration Countries: Evidence from the Pacific [J]. Research Policy, 2014, 43 (9): 1486 – 1495.

[47] Grossman G M, Helpman E. Trade, Knowledge Spillovers, and Growth [J]. European Economic Review, 1991, 35 (23): 517 – 526.

[48] Grubel H B, Scott A D. The International Flow of Human Capital [J]. American Economic Review, 1966, 56 (01): 268 – 274.

[49] Ha W, Yi J, Zhang J. Brain Drain, Brain Gain, and Economic Growth in China [J]. China Economic Review, 2016, (38): 322 – 337.

[50] Hamada K, Bhajwati N J. Domestic Distortions, Imperfect Information, and the Brain Drain [J]. Journal of Development Economics, 1975 (02): 263 – 280.

[51] Haque N U, Kim S J. Human Capital Flight: Impact of Migration on Income and Growth [J]. IMF Staff Papers, 1995.

[52] Heberle R. The Causes of Rural – Urban Migration a Survey of German Theories [J]. American Journal of Sociology, 1938, 43 (6): 932 – 950.

[53] Javorcik B S, Ozden C, Spatareanu M, et al. Migrant Networks and Foreign Direct Investment [J]. Journal of Development Economics, 2011, 94 (02): 231 – 241.

[54] Kapur D, McHale D. The Global Migration of Talent: What Does it Mean for Developing Countries? [J]. Center for Global Development, 2005.

[55] Kim J, Lee N Y. High – Skilled Inventor Emigration as a Moderator for Increased Innovativeness and Growth in Sending Countries [J]. East Asian Economic Review, 2019, 23 (01): 3 – 26.

[56] Kokko A. Foreign Direct Investment, Host Country Characteristics and Spillovers [R]. The Economic Research Institute, Stockholm, 1992.

[57] Kugle M, Rapoport H. Migration and FDI: Complements or Substitutes? [R]. Paper Presented at the CEPR/ESF Conferenceon Outsourcing, Migration, and the European Economy, Rome, 2006.

[58] Kuhn P, Mcausland C. The International Migration of Knowledge

Workers: When is Brain Drain Beneficial? [R]. NBER Working Paper, 2006, No. 12761.

[59] Le T. Brain Drain or Brain Circulation: Evidence from OECD's International Migration and R&D Spillovers [J]. The Scottish Journal of Political Economy, 2008, 55 (5): 618 - 636.

[60] Le T. R&D Spillovers through Students Flows, Institution, and Economic Growth: What can we Learn from African Countries? [J]. Scottish Journal of Political Economy, 2012, 59 (1): 115 - 130.

[61] Le, T. Are Student Flows a Significant Channel of R&D Spillovers from the North to the South? [J]. Economics Letters, 2010, 107 (3): 315 - 317.

[62] Lee E. A Theory of Migration [J]. Demography, 1966, 3 (1): 47 - 57.

[63] Lee G. The Effectiveness of International Knowledge Spillover Channels [J]. European Economic Review, 2006, 50 (8): 2075 - 2088.

[64] Lee J J, Kim D. Brain Gain or Brain Circulation? U. S. Doctoral Recipients Returning to South Korea [J]. Higher Education, 2010, 59 (5): 627 - 643.

[65] Lichtenberg F, Potterie B V P D L. International R&D Spillovers: A Re - Examination [R]. NBER Working Papers, 1996, No. 5688.

[66] Lin D, Lu J, Liu X, et al. Returnee CEO and Innovation in Chinese High - tech SMEs [J]. International Journal of Technology Management, 2014, 65 (1): 151 - 171.

[67] Lucas R E. On the Mechanics of Economic Development [J]. Journal of Monetary Economics, 1988, 22 (1): 3 - 42.

[68] Luo Y L, Wang W J. High - skilled Migration and Chinese Taipei's Industrial Development [R]. In International Mobility of the Highly Skilled, Paris: OECD. 2002.

[69] Maré D C, Richard F, Steven S. Innovation and the Local Workforce [J]. Papers in Regional Science, 2014, 93 (1): 183 - 201.

[70] Massey D S, Arango J, Hugo A, et al. An Evaluation of International Migration Theory: The North American Case [J]. Population and Develop-

ment Review, 1994, 20 (4): 699 - 751.

[71] Mayr K, Peri G. Return Migration as Channel of Brain Gain [R]. NBER Working Papers, 2008, No 0408.

[72] Mccormick B, Wahba J. Overseas Work Experience, Savings and Entrepreneurship Amongst Return Migrants to LDCs [J]. Scottish Journal of Political Economy, 2001, 48 (2): 164 - 178.

[73] Mesnard A. Temporary Migration and Capital Market Imperfections [J]. Oxford Economic Papers, 2004, 56 (2): 242 - 262.

[74] Miyagiwa K. Scale Economies in Education and the Brain Drain Problem [J]. International Economic Review, 1991, 32 (3): 743 - 759.

[75] Mountford A. Can a Brain Drain be Good for Growth in the Source Economy? [J]. Journal of Development Economics, 1997, 53 (02): 287 - 303.

[76] Naghavi A, Strozzi C. Intellectual Property Rights, Diasporas, and Domestic Innovation [J]. Journal of International Economics, 2015, 96 (1): 150 - 161.

[77] Newland K. Circular Migration and Human Development [R]. Published in: Human Development Research Paper (HDRP) Series, 2009, No. 42.

[78] Ngoma A L, Ismail N W. The Impact of Brain Drain on Human Capital in Developing Countries [J]. South African Journal of Economics, 2013, 81 (2): 211 - 224.

[79] Ozgen C, Peters C, Niebuhr A, et al. Does Cultural Diversity of Migrant Employees Affect Innovation? [J]. International Migration Review, 2014, 48 (1): 377 - 416.

[80] Pakes A, Griliches Z. Patents and R&D at the Firm Level: A First Look [R]. NBER Working Paper, 1980, No. W0561.

[81] Park J. International Student Flows and R&D Spillovers [J]. Economics Letters, 2004, 82 (3): 315 - 320.

[82] Parrotta P, Pozzoli D, Pytliková M. The Nexus Between Labor Diversity and Firm's Innovation [J]. Journal of Population Economics, 2014, 27 (2): 303 - 364.

[83] Peri G. Knowledge Flows, R&D Spillovers and Innovation [R].

ZEW Discussion Paper, 2003, No. 03/04.

[84] Pholphirul P, Rukumnuaykit P. Does Immigration always Promote Innovation? Evidence from Thai Manufacturers [J]. Journal of International Migration & Integration, 2017, 18 (1): 291-318.

[85] Piore M J. Birds of Passage: Migrant Labor and Industrial Societies [M]. Cambridge: Cambridge University Press, 1980.

[86] Rauch J E, Trindade V. Ethnic Chinese Networks in International Trade [J]. Review of Economics and Statistics, 2002, 84 (1): 116-130.

[87] Rauch J E. Business and Social Networks in International Trade [J]. Journal of Economic Literature, 2001, 39 (4): 1177-1203.

[88] Ravenstein E G. The Laws of Migration [J]. Journal of Statistical Society of London, 1885, (48): 167-235.

[89] Ravenstein E. The Laws of Migration: Second Paper [J]. Journal of the Royal Statistical Society, 1889 (52): 241-305.

[90] Romer P M. Increasing Returns and LongRun Growth [J]. Journal of Political Economy, 1986, 94 (5): 1002-1037.

[91] Sassen S. Globalization and Its Discontents: Essays on the New Mobility of People and Money [M]. NewYork: New Press, 1998.

[92] Saxenian A L. Brain Circulation and Capitalist Dynamics: The Silicon Valley - Hsinchu - Shanghai Triangle [R]. CSES Working Papers, 2002, No. 8.

[93] Saxenian A L. From Brain Drain to Brain Circulation: Transnational Communities and Regional Upgrading in India and China [J]. Studies in Comparative International Development, 2005, 40 (2): 35-61.

[94] Saxenian A, Hsu J Y. The Silicon Valley - Hsinchu Connection: Technical Communities and Industrial Upgrading [J]. Industrial and Corporate Change, 2001, 10 (4): 893-920.

[95] Schmitt N, Soubeyran A. A Simple Model of Brain Circulation [J]. Journal of International Economics, 2006, 69 (2): 296-309.

[96] Stark O, Bloom D. The New Economics of Labor Migration [J]. American Economic Review, 1985, 75 (2): 173-178.

[97] Stark O, Helmenstein C, Prskawetz A. Human Capital Depletion, Human Capital Formation, and Migration: A Blessing or a "Curse"? [J]. Economics Letters, 1998, 60 (3): 363 – 367.

[98] Stark O. Rethinking the Brain Drain [J]. World Development, 2004, 32 (1): 15 – 22.

[99] Straubhaar T. International Mobility of the Highly Skilled: Brain Gain, Brain Drain or Brain Exchange [R]. HWWA Discussion Paper, 2000, No. 88.

[100] Vidal J P. The effect of Emigration on Human Capital Formation [J]. Journal of Population Economics, 1998, 11 (4): 589 – 600.

[101] Williams A M. International Labor Migration and Tacit Knowledge Transactions: A Multilevel Perspective [J]. Global Networks, 2007, 7 (1): 29 – 50.

[102] Yang D. Why do Migrants Return to Poor Countries? Evidence from Philippine Migrants Responses to Exchange Rate Shocks [J]. Review of Economics and Statistics, 2006, 88 (4): 715 – 735.

[103] Zhou Y U, Hsu J Y. Divergent Engagements: Roles and Strategies of Taiwanese and Mainland Chinese Returnee Entrepreneurs in the IT Industry [J]. Global Networks, 2011, 11 (3): 398 – 419.

[104] Zucker L G, Darby M R. Star Scientists, Innovation and Regional and National Immigration [R]. NBER Working Paper, 2007, No. 13547.

[105] 白洁. 对外直接投资的逆向技术溢出效应——对中国全要素生产率影响的经验检验 [J]. 世界经济研究, 2009 (09): 65 – 69.

[106] 白敏植. 人才外流的成因及对流出国的影响分析 [J]. 河北工程大学学报, 2007 (03): 15 – 17.

[107] 陈波. 从人才流失到人才环流: 一个理论模型 [J]. 国际商务研究, 2015 (36): 5 – 15.

[108] 陈怡安, 杨河清. 海归回流对中国技术进步的影响效应实证 [J]. 经济管理, 2013 (04): 82 – 93.

[109] 陈怡安. 技术差距、技术进步效应与海归回流的知识溢出 [J]. 经济管理, 2014 (11): 154 – 165.

[110] 陈怡安. 中国海归回流企业家精神的空间溢出效应研究 [J]. 世界经济文汇, 2017 (03): 102-120.

[111] 陈怡安. 中国海外人才回流的国际知识溢出与技术进步研究 [D]. 北京: 首都经济贸易大学, 2014.

[112] 邓丽娜. FDI、国际技术溢出与中国制造业产业升级研究 [D]. 济南: 山东大学, 2015.

[113] 董英南, 逯宇铎, 刘大志. 国际R&D知识溢出对我国区域创新的影响研究——基于空间杜宾模型的分析 [J]. 科技与管理, 2016 (02): 26-32.

[114] 范爱军, 刘强. 国际技术扩散测度国外研究综述 [J]. 国际贸易问题, 2011 (08): 41-47.

[115] 范兆斌, 刘德学. 跨国移民、人力资本结构与技术创新 [J]. 国际贸易问题, 2012 (06): 3-17.

[116] 方守江. 中国学生国际流动: 驱动力及风险防范 [D]. 上海: 华东师范大学, 2010.

[117] 傅义强. 当代西方国际移民理论述略 [J]. 世界民族, 2007 (03): 45-55.

[118] 高雅洁. 留学生信息利用行为及其阻碍因素研究 [D]. 天津: 天津师范大学, 2017.

[119] 高远东. 中国区域经济增长的空间计量研究 [D]. 重庆: 重庆大学, 2010.

[120] 高子平. 海外科技人才回流意愿的影响因素分析 [J]. 科研管理, 2012 (08): 98-105.

[121] 高子平. 海外科技人才回流与信息不对称问题研究 [J]. 当代青年研究, 2012 (10): 25-31.

[122] 郭庆旺, 贾俊雪. 中国全要素生产率的估算: 1979-2004 [J]. 经济研究, 2005 (06): 51-60.

[123] 郭玉聪. 福建省国际移民的移民网络探析——兼评移民网络理论 [J]. 厦门大学学报 (哲学社会科学版), 2009 (06): 113-120.

[124] 韩伯棠, 连浩, 王奋. 人力资源国际流动的制度分析与路径依赖研究 [J]. 中国科技论坛, 2003 (06): 171-178.

[125] 何琼峰,王良健. 人力资本区域迁移与经济增长理论模型——国际智力外流模型的拓展 [J]. 西北人口, 2008 (04): 12-15+19.

[126] 何一鸣,张洪燕. 中国对外直接投资与逆向技术溢出关系的实证研究 [J]. 中国海洋大学学报(社会科学版), 2011 (01): 52-55.

[127] 侯纯光,杜德斌,刘承良等. 全球人才流动网络复杂性的时空演化——基于全球高校留学生流动数据 [J]. 地理研究, 2019 (08): 1862-1876.

[128] 花军委. 我国人才回流问题研究 [D]. 青岛:中国海洋大学, 2007.

[129] 黄海刚,连洁. 国际高层次人才吸引的典型政策体系分析 [J]. 复旦教育论坛, 2019 (05): 76-83.

[130] 黄海刚. 从人才流失到人才环流:国际高水平人才流动的转换 [J]. 高等教育研究, 2017 (01): 90-97+104.

[131] 黄海刚. 散居者策略:人才环流背景下海外人才战略的比较研究 [J]. 比较教育研究, 2017 (09): 57-64.

[132] 贾辉. 海外留学归国人员就业难成因分析与建议——基于北京市的调查分析 [J]. 现代经济探讨, 2012 (11): 37-41.

[133] 蒋艳辉,曾倩芳,冯楚建,等. 非高管型海归、本土科技人才与企业突破性创新——来自中小型高新技术企业的经验证据 [J]. 中国软科学, 2018 (02): 149-159.

[134] 李宝元. 人力资本国际流动与中国人才外流危机 [J]. 财经问题研究, 2009 (05): 106-111.

[135] 李程宇,卢现祥. 海外智力回流对于我国省域科研产出的空间效应分析 [J]. 昆明理工大学学报(社会科学版), 2014 (04): 52-60.

[136] 李春浩. 国际人才对技术创新的影响 [D]. 北京:对外经济贸易大学, 2019.

[137] 李平,董馨莉. 海归回流对中国技术创新的非线性研究——基于经济增长结构视角 [J]. 现代财经(天津财经大学学报), 2017 (02): 3-13.

[138] 李平,宫旭红,张庆昌. 基于国际引文的技术知识扩散研究:来自中国的证据 [J]. 管理世界, 2011 (12): 21-31.

[139] 李平,许家云,张庆昌. 智力跨国外流有利于中国技术创新吗?

[J]. 财经研究, 2013 (02): 113-123.

[140] 李平, 许家云. 国际智力回流的技术扩散效应研究——基于中国地区差异及门槛回归的实证分析 [J]. 经济学 (季刊), 2011 (03): 935-964.

[141] 李平, 许家云. 基于国际人力资本流动视角的中印技术创新模式比较研究 [J]. 中国人口科学, 2011 (03): 54-63+112.

[142] 李平, 杨立娜. 人力资本跨国外流与汇款对技术创新影响 [J]. 现代财经, 2013 (02): 18-27.

[143] 李平, 张玉, 许家云. 智力外流、人力资本积累与经济增长 [J]. 财贸经济, 2012 (07): 71-78.

[144] 李享, 谷潇磊, 张琳, 等. 2018年国家高新区综合发展与数据分析报告 [J]. 中国科技产业, 2019 (12): 61-72.

[145] 李怡明, 李丞. 从欧洲的留学现状看中国的人才外流与流失 [J]. 社会科学论坛, 2012 (02): 243-249.

[146] 林琳, 孟舒. 中国智力回流动因的实证检验 [J]. 统计与决策, 2009 (17): 94-95.

[147] 林琳. 公共政策与海外人才引进——发展中国家及新兴工业经济体的经验比较 [J]. 华中师范大学学报 (人文社会科学版), 2013 (04): 38-49.

[148] 林琳. 智力环流——人才国际流动"共赢"模式的新探索 [J]. 国外社会科学, 2011 (02): 25-31.

[149] 林琳. 智力流动与经济发展研究综述 [J]. 经济评论, 2009 (02): 147-153+160.

[150] 林琳. 中国的智力回流现状与原因初探 [J]. 华中农业大学学报, 2009 (03): 40-44.

[151] 林琳. 中国智力回流的动机研究 [J]. 发展经济学研究, 2012 (00): 267-285.

[152] 刘宏. 当代华人新移民的跨国实践与人才环流 [J]. 中山大学学报 (社会科学版), 2009 (06): 165-176.

[153] 刘宏. 人才环流与"抢人大战": 从运动型思维到常态化机制 [R]. 中国人民大学国家发展与战略研究院政策简报, 2018, No.12.

[154] 刘健, 牛强, 李国平. 我国智力外流的新特点及其对策研究 [J]. 科学学研究, 2005 (03): 352-356.

[155] 刘进, 刘真. 从人才流失到人才获得——"一带一路"沿线国家的机遇与挑战 [J]. 河北师范大学学报（教育科学版）, 2017 (04): 81-85.

[156] 刘满凤, 李圣宏. 基于三阶段 DEA 模型的我国高新技术开发区创新效率研究 [J]. 管理评论, 2016 (01): 42-52+155.

[157] 刘舜佳. 进口贸易研发知识二次溢出的空间测度——基于 Coe-Helpman-Durbin 模型的检验 [J]. 南方经济, 2013 (08): 57-68.

[158] 刘玮辰, 郭俊华, 史冬波. 科学家跨国流动促进了知识扩散吗？——基于青年千人的实证分析 [J]. 图书情报知识, 2020 (02): 32-41.

[159] 刘晓璨, 朱庆华, 潘云涛. 国际科技人才回流规律研究——以"千人计划"入选者为例 [J]. 现代情报, 2014 (09): 24-30.

[160] 刘志民, 杨洲. "一带一路"沿线国家来华留学生对我国经济增长的空间溢出效应 [J]. 高校教育管理, 2018 (02): 1-9.

[161] 龙应贵. 发展中国家人才外流现状及中国对策 [J]. 当代世界, 2010 (08): 59-61.

[162] 罗思平, 于永达. 技术转移、"海归"与企业技术创新——基于中国光伏产业的实证研究 [J]. 管理世界, 2012 (11): 124-132.

[163] 骆克任, 何亚平. 海外人才回流规模的预测及引进策略的若干思考 [J]. 上海交通大学学报（哲学社会科学版）, 2005 (04): 48-52.

[164] 吕品, 潘沈仁. FDI、进出口贸易对全要素生产率的影响——基于省市数据的空间计量分析 [J]. 浙江理工大学学报, 2014 (02): 29-35.

[165] 马冰心, 李会明. 人才国际流动的动因探讨 [J]. 科学学与科学技术管理, 2004 (07): 111-114.

[166] 马海涛, 张芳芳. 人才跨国流动的动力与影响研究评述 [J]. 经济地理, 2019 (02): 40-47.

[167] 牛敏. 高技术人才国际流动的研究 [D]. 武汉: 武汉理工大学, 2003.

[168] 牛雄鹰, 李春浩, 张芮. 国际人才流入、人力资本对创新效率的影响——基于随机前沿模型的研究 [J]. 人口与经济, 2018 (06): 12-22.

[169] 彭中文. 西方关于人力资本流动与技术溢出研究综述 [J]. 经

济纵横, 2006 (04): 77-79.

[170] 仇怡, 聂萼辉. 留学生回流的技术外溢效应——基于中国省际面板数据的实证研究 [J]. 国际贸易问题, 2015 (02): 34-42.

[171] 仇怡, 聂萼辉. 中国海外智力回流动因研究——基于1978—2011年留学生回流的实证分析 [J]. 求索, 2014 (01): 87-91.

[172] 仇怡, 聂萼辉. 中国留学生回流现状与影响因素分析 [J]. 当代经济管理, 2016 (01): 80-85.

[173] 仇怡, 袁慧慧. 智力资本回流对创新效率的影响研究——以中国高新技术产业开发区为例 [J]. 湖南财政经济学院学报, 2020 (04): 5-13.

[174] 仇怡. 技术创新、技术扩散与国际贸易 [M]. 长沙: 湖南人民出版社, 2008.

[175] 任增强, 刘力臻, 祝国平. 人力资本国际流动动因及影响研究述评 [J]. 经济纵横, 2010 (10): 138-152.

[176] 荣芳. 中国人力资本流动的可持续性探讨 [J]. 中国软科学, 2000 (05): 96-103.

[177] 单豪杰. 中国资本存量K的再估算: 1952—2006年 [J]. 数量经济技术经济研究, 2008 (10): 17-31.

[178] 石凯, 胡伟. 海外科技人才回流动因、规律与引进策略研究 [J]. 中国人力资源开发, 2006 (02): 23-26.

[179] 宋双双. 论中国的海外移民与海洋强国建设 [D]. 北京: 中共中央党校, 2014.

[180] 苏屹, 姜雪松, 雷家骕, 周周. 区域创新系统协同演进研究 [J]. 中国软科学, 2016 (03): 44-61.

[181] 孙健, 纪建悦, 王丹. 海外科技人才回流的规律研究 [J]. 中国软科学, 2005 (08): 6-10.

[182] 孙瑜. 海外人才回流上海的模型构建和政策分析 [D]. 大连: 大连理工大学, 2007.

[183] 谭崇台. 发展经济学 [M]. 山西: 陕西出版社, 2004.

[184] 田帆. 吸引海外人才回流创造人才红利 [J]. 宏观经济管理, 2015 (09): 78-79+82.

[185] 田海嵩. 高层次留学人员回国动机及发展影响因素研究——以

天津"千人计划"入选为例 [D]. 天津：天津大学，2012.

[186] 汪辉平，王美霞，王增涛. FDI、空间溢出与中国工业全要素生产率——基于空间杜宾模型的研究 [J]. 统计与信息论坛，2016（06）：44-50.

[187] 王辉耀，苗绿. 中国海归发展报告（2013）No.2 [M]. 北京：社会科学文献出版社，2013.

[188] 王辉耀，苗绿. 中国留学发展报告（2015）No.4 [M]. 北京：社会科学文献出版社，2015.

[189] 王辉耀，苗绿. 中国留学发展报告（2016）No.5 [M]. 北京：社会科学文献出版社，2016.

[190] 王辉耀. 国家战略——人才改变世界 [M]. 北京：人民出版社，2010.

[191] 王辉耀. 人才战争——全球最稀缺资源的争夺战 [M]. 北京：中信出版社，2009.

[192] 王辉耀. 我国高端人才流失原因及对策 [J]. 国际人才交流，2013（10）：50-51.

[193] 王辉耀. 中国留学发展报告（2012）[M]. 北京：社会科学文献出版社，2012.

[194] 王辉耀. 中国国际移民报告（2015）[M]. 北京：社会科学文献出版社，2015.

[195] 王辉耀. 中国国际移民报告（2018）[M]. 北京：社会科学文献出版社，2018.

[196] 王蓉蓉. 海外人才回流及社会适应研究——以上海为例 [D]. 上海：华东师范大学，2012.

[197] 王英，刘思峰. 国际技术外溢渠道的实证研究 [J]. 数量经济技术经济研究，2008（04）：153-161.

[198] 魏春丽，赵镇岳，艾文华，等. 科研人员的流动模式及其影响因素研究 [J]. 图书情报知识，2020（02）：16-23.

[199] 魏浩，陈开军. 国际人才流入对中国出口贸易影响的实证分析 [J]. 中国人口科学，2015（04）：72-82+127-128.

[200] 魏浩，耿园. 高端国际人才跨国流动的动因研究——兼论中国吸引高端国际人才的战略 [J]. 世界经济与政治论坛，2019（01）：121-146.

[201] 魏浩,王宸,毛日昇. 国际间人才流动及其影响因素的实证分析 [J]. 管理世界, 2012 (01): 33-45.

[202] 魏浩,袁然,赖德胜. 中国吸引留学生来华的影响因素研究——基于中国与全球 172 个国家双边数据的实证分析 [J]. 教育研究, 2018 (11): 76-90.

[203] 魏浩,袁然. 国际人才流入与中国进口贸易发展 [J]. 世界经济与政治论坛, 2017 (01): 112-133.

[204] 魏浩,袁然. 国际人才流入与中国企业的研发投入 [J]. 世界经济, 2018 (12): 144-166.

[205] 魏浩,袁然. 全球华人网络的出口贸易效应及其影响机制研究 [J]. 世界经济研究, 2020 (01): 25-40+135.

[206] 魏浩,赵春明,申广祝. 全球人才跨国流动的动因、效应与中国的政策选择 [J]. 世界经济与政治论坛, 2009 (06): 19-26.

[207] 文婷. 全球化背景下人才跨国环流与地方产业发展研究 [J]. 科技进步与对策, 2008 (06): 172-176.

[208] 文建东. 发展经济学中的智力外流理论最新进展述评 [J]. 国外社会科学, 2003 (05): 38-43.

[209] 吴建军,仇怡. 对外直接投资与母国技术进步: 理论、模型与经验研究 [M]. 北京: 中国经济出版社, 2014.

[210] 吴建军,黄丹. 留学生回流、研发溢出与全要素生产率——基于空间杜宾模型的经验研究 [J]. 湘潭大学学报 (哲学社会科学版), 2018 (02): 99-104.

[211] 吴建军,黄丹. 中国留学生回流的技术进步空间扩散效应研究 [J]. 求索, 2017 (09): 73-79.

[212] 吴建军,聂莘辉,仇怡. 海外智力回流动因及其技术外溢效应研究述评 [J]. 湖南科技大学学报 (社会科学版), 2015 (01): 107-111.

[213] 吴建军,王雪莹. 智力外流对母国技术创新的影响——基于中国移民数据的实证分析 [J]. 城市学刊, 2016 (04): 1-6.

[214] 吴绍玉,汪波,李晓燕,等. 双重社会网络嵌入对海归创业企业技术创新绩效的影响研究 [J]. 科学学与科学技术管理, 2016 (10): 96-106.

[215] 吴玉鸣. 大学、企业研发与区域创新的空间统计与计量分析 [J]. 数理统计与管理, 2007 (02): 318-324.

[216] 许家云, 李平, 王永进. 跨国人才外流与中国人力资本积累——基于出国留学的视角 [J]. 人口与经济, 2016 (03): 91-102.

[217] 许家云, 李淑云. 基于CES生产函数模型的海外人才回流问题研究 [J]. 中国科技论坛, 2012 (12): 102-106.

[218] 薛安伟. 国际直接投资与进出口对技术效率的影响——基于中国省际面板数据的实证分析 [J]. 世界经济研究, 2017 (02): 78-87.

[219] 阎志军, 陈晨. 省际OFDI、出口贸易对全要素生产率的影响——基于空间杜宾模型的实证分析 [J]. 工业技术经济, 2016 (11): 59-67.

[220] 颜廷, 张秋生. 20世纪末以来澳大利亚移民政策的转型及其对华人新移民的影响 [J]. 华侨华人历史研究, 2014 (03): 20-33.

[221] 杨芳娟, 刘云, 梁正. 高端科技人才归国创业的特征和影响分析 [J]. 科学学研究, 2018 (08): 1421-1431.

[222] 杨海. 留学人员回流趋势的相关实证分析 [J]. 甘肃社会科学, 2010 (01): 121-123.

[223] 杨河清, 陈怡安. 海归回流: 知识溢出及门槛效应——基于中国的实证检验 [J]. 人口研究, 2013 (05): 91-102.

[224] 杨河清, 陈怡安. 海归回流对中国技术进步的影响效应实证 [J]. 经济管理, 2013 (04): 82-93.

[225] 杨立娜. 海外智力外流对发展中国家技术创新的影响 [D]. 淄博: 山东理工大学, 2014.

[226] 杨权. 中国智力流失及其经济影响估算 [J]. 统计研究, 2013 (06): 30-36.

[227] 杨希燕, 唐朱昌. 移民网络促进FDI流入——基于中国经验的分析 [J]. 世界经济研究, 2011 (01): 64-69.

[228] 叶阿忠, 陈生明, 陈晓玲. 空间溢出视角下人才跨国外流与技术创新——基于半参数面板空间滞后模型 [J]. 科技进步与对策, 2014 (21): 143-148.

[229] 易丽丽. 发达国家人才吸引政策新趋势及启示 [J]. 国家行政学院学报, 2016 (03): 45-49.

[230] 詹国辉,李泽恺. 智力资本外流对技术创新的影响效应探究 [J]. 科研管理, 2018 (06): 96-102.

[231] 张枢盛,陈继祥. 中国海归企业发展研究——技术创新中的二元网络与组织学习 [J]. 科学学研究, 2013 (11): 1744-1751.

[232] 张樨樨. 我国海外人才流失的动因分析 [J]. 工业技术经济, 2009 (03): 128-130.

[233] 张信东,吴静. 海归高管能促进企业技术创新吗? [J]. 科学学与科学技术管理, 2016 (01): 115-128.

[234] 张阳. 我国专业人才跨国流动影响因素与趋势研究 [D]. 青岛: 青岛大学, 2016.

[235] 张勇,王玺,古明明. 中印发展潜力的比较分析 [J]. 经济研究, 2009 (05): 21-30.

[236] 张再生. 中国的智力回流及其引致机制研究 [J]. 人口学刊, 2003 (06): 21-25.

[237] 张振. 中国人才流散与回流问题探析 [J]. 天津大学学报, 2018 (01): 83-86.

[238] 赵敏. 国际人口迁移理论评述 [J]. 上海社会科学院学术季刊, 1997 (04): 127-135.

[239] 赵彦云,刘思明. 中国专利对经济增长方式影响的实证研究: 1988—2008年 [J]. 数量经济技术经济研究, 2011 (04): 34-48+81.

[240] 郑巧英,王辉耀,李正风. 全球科技人才流动形式、发展动态及对我国的启示 [J]. 科技进步与对策, 2014 (13): 150-154.

[241] 中国海洋大学课题组. 我国海外人才回流的动因分析 [J]. 软科学, 2004 (05): 58-60.

[242] 周建中,施云燕. 我国科研人员跨国流动的影响因素与问题研究 [J]. 科学学研究, 2017 (02): 247-254.

[243] 周姣,赵敏. 我国高新技术产业开发区创新效率及其影响因素的实证研究 [J]. 科技管理研究, 2014 (10): 1-6.

[244] 周灵灵. 国际移民和人才的流动分布及竞争态势 [J]. 重庆理工大学学报(社会科学), 2019 (07): 1-15.

[245] 周琴. 国际科技人才流动影响因素研究 [D]. 武汉: 华中科技

大学, 2012.

［246］朱建华. 人力资本外流对我国经济增长的影响分析［D］. 杭州：浙江大学, 2008.

［247］朱军文, 李奕嬴. 国外科技人才国际流动问题研究演进［J］. 科学学研究, 2016（05）：697-703.

［248］朱敏, 高越. 智力外流对中国技术创新的影响——基于地区差异的实证研究［J］. 科学学与科学技术管理, 2012（10）：147-154.

后 记

　　研究智力资本跨国流动是否能对中国技术进步带来正向影响，是我在华中科技大学攻读博士学位期间就特别感兴趣的话题。我在阅读文献与查找资料的过程中，偶得几篇关于国际学生流动和R&D外溢的文献，当时就觉得这个研究主题很有新意。但由于撰写学位论文，精力有限，且彼时关于这个主题的国外文献只有寥寥4篇，国内几乎没有相关研究资料，再加之中国的相关数据也无法获取，故作罢！博士毕业进入高校工作后，每每想重拾研究，却总是因为数据的获取性问题而一拖再拖。所幸的是，改革开放40年来，祖国日益繁荣昌盛，经济发展的开放程度更是加速推进，全球的商品、资本、服务、技术等要素都以更大的规模和更新的方式在国内外频繁流动。特别是2013年"一带一路"倡议的提出，更是以前所未所有的速度推动着中国与各国智力资本的跨国流动。中国经济的长足发展，研究数据的不断扩充，这让我们有机会可以开始进行尝试性的研究工作。从2012年着手收集数据，到今天书稿的完成，其中的艰辛我们自知。尽管还有一些问题因各种原因暂未展开深入研究，但作为我们对这个主题系统研究的阶段性成果，本书也算是了却了我们的一桩夙愿！

　　我出生于1978年，是与改革开放共奋进的一代。从小到大，我亲眼见证了从计划经济时代到社会主义市场经济时代的转变，见证了普通老百姓从生活物资贫乏到全球采买的喜悦，见证了吸引外商来华投资到主动对外直接投资的自豪，也亲历了老百姓享受党和政府各项便民、惠民、利民举措的幸福。特别是每一次出国的经历，都会让我更加热爱自己的祖国，更加为祖国的繁荣昌盛感到无比的骄傲。习近平总书记指出，中国的发展离不开世界，世界的繁荣也需要中国。尽管当今世界正处于百年未有之大变局，尽管新冠肺炎疫情仍在全球蔓延，但中国改革创新、开放发展的方向不会变，这将进一步为开放型世界经济发展提供重要的智力支持与要素驱动。全球经济的发展经验表明，无论中国作为智力资本流入的接纳国，还是智力资本流出的来源国，中国既是智力资本跨国流动的受益者，更是世界经济增长的贡献者。中国改革开放 40 年取得的成绩，离不开全球智力资本提供的重要支持。与此同时，中国庞大的海外智力群体，也给当地的经济社会文化发展作出了直接或间接的重要贡献。

  本书是我和吴建军教授共同完成的研究成果，是我们在湖南科技大学共同奋斗 15 载收获的又一笔精神财富。感谢湖南科技大学的领导、同事和可爱的学生，对我们学习、工作的支持和帮助。感谢研究生黄丹、聂蓉辉、袁慧慧、张丽君、王雪莹、青佩明、王嘉铫、邓雯璐、段瑜、彭惠敏、韩晚晚等同学在写作过程中对数据查找、文献整理与文稿校对工作提供的帮助，其中黄丹和聂蓉辉两位研究生随我们一起进行了大量的数据核算与分析工作。感谢中国财政经济出版社田明晖编辑的辛勤工作。本书的出版得到了湖南省自然科学杰出青年基金项目（项目批准号：2017JJ1016）的资助，在此一并表示感谢！

  本书的完成过程，让我刻骨铭心。我最亲爱的父母在两天之内相继因病去世，作为独生子女，这让我一度崩溃，痛苦之情，无以言表，也让我在一段时间内都无法继续本书的后续修改与完善工作。我的父母一辈子勤劳诚恳、乐善好施，全力栽培我成长成才。谨以本书敬献给我逝去的双亲，愿您们在另外一个世界不再有病痛！

  特别感谢我懂事、乖巧的女儿憬公主，一路上有你真好！希望你脚踏实地，把自己的人生道路越走越开阔！

  最后，感谢在本书写作过程中给予帮助的所有老师、学生、朋友和亲人，尤其感谢各位专家老师提出的宝贵修改意见与建议。本书作为湖南省自然科学杰出青年基金项目的研究成果，参考了大量的国内外研究文献，除了书中已经标注的以外可能还会存在遗漏。在此，我们谨向原作者表达最真诚的感谢与敬意，并向有可能遗漏的作者致以由衷的歉意。由于时间和学识所限，本书内容难免会存在一些疏漏之处，敬请读者批评指正！

仇 怡
2020 年 9 月